JN033406

エネルギー転換の国際政治経済学

高橋 洋著 Hiroshi TAKAHASHI

日本評論社

目　次

序　章　**エネルギー転換から考える国際政治経済関係**────1

　　もし日本がエネルギーを輸入しなければ…　1／エネルギーの未来　1／エネルギー
　　転換の世界的進展　3／エネルギーを巡る国際政治経済関係　6／本書の目的と構成
　　7

第1章　**化石燃料と再生可能エネルギー**────11

　第1節　エネルギーという財　11
　　スマホ、自動車、エネルギー　11／エネルギーの戦略的重要性　12／多種多様なエネ
　　ルギー　13／エネルギー政策の3Eとエネルギーミックス　15
　第2節　化石燃料の長所と短所　16
　　化石燃料の重要性　16／エネルギー密度の高さ　17／化石燃料の偏在性と代替困難性
　　18／化石燃料の貿易と輸送　19／21世紀のエネルギー問題　20
　第3節　再生可能エネルギーの可能性　22
　　再生可能エネルギーの長所　22／バイオマスの特殊性　23／再生可能エネルギーの高
　　コスト　24／再生可能エネルギーの「不安定性」　25／従来型再エネと新興型再エネ
　　26
　第4節　省エネルギーとエネルギー効率の向上　29
　　省エネルギーの意義とエネルギー効率　29／エネルギー変換効率、消費効率、経済
　　効率　30／省エネルギーの課題　31

第2章　**国際政治経済学とエネルギー安全保障**────33

　第1節　国際政治経済学の射程　33
　　国際政治学におけるリアリズムとリベラリズム　33／国際政治経済学の誕生　35／相
　　互依存論を巡る論争　36
　第2節　経済安全保障の概念　38
　　経済安全保障の定義　38／経済的基盤の防御的確保　39／経済的手段の政治的行使
　　40

第3節　エネルギー安全保障の概念　42

　エネルギー安全保障の定義　42／エネルギー安全保障上の３つのリスク　43／資源国
のエネルギー安全保障と資源の呪い　45／エネルギー自給率　47／エネルギー安全保
障の施策　48

第4節　エネルギーの国際貿易の現状　50

　国際経済におけるエネルギー　50／化石燃料の生産量と消費量　51／化石燃料の輸出
量と輸入量　53／化石燃料の貿易額　55／化石燃料の国際輸送重量　57

第3章　化石燃料時代の国際政治経済関係────────────────59

第1節　産業革命と化石燃料時代の幕開け　59

　近代以前の原始的再生可能エネルギー　59／産業革命と石炭の利用　61／第二次産業
革命と石油の戦略的重要性　62

第2節　日本の対米開戦と米国の石油禁輸措置　63

　戦争とエネルギー　63／日米対立と石油禁輸措置　64／日本の対米開戦　65

第3節　石油の時代と石油メジャー　66

　スタンダード・オイルとその解体　66／石油メジャーと国際石油カルテル　67／石油
の時代の確立と米国の純輸入国化　68

第4節　資源ナショナリズムと石油危機　71

　資源ナショナリズム　71／国際レジームとしての OPEC　72／中東発の石油危機　73

第5節　石油の国際市場の形成と中国の資源外交　75

　石油の国際市場の形成　75／資源獲得競争　76／中国の資源外交　77／一帯一路とア
ジアインフラ投資銀行　79

第6節　米国発のシェール革命　80

　非在来型ガスとしてのシェールガス　80／シェール革命と米国の復活　81／シュール
革命の国際政治への影響　83

第7節　欧州のエネルギー安全保障とロシア　85

　石炭鉄鋼共同体から始まった欧州連合　85／欧州のエネルギー安全保障政策　85／化
石燃料輸出大国ロシア　87／ロシアによるガス供給停止問題　88／ノルド・ストリー
ム2を巡る論争　90／小括　91

第4章　気候変動問題とエネルギー転換────────────────93

第1節　気候変動問題から気候危機へ　93

　気候変動問題　93／気候危機の警鐘　94／気候安全保障　95

第2節　二酸化炭素排出の現状　96

　国別二酸化炭素排出量　96／消費部門別二酸化炭素排出量　97／エネルギー源別二酸

化炭素排出量　99

　第3節　気候変動枠組条約とパリ協定　100
　　気候変動枠組条約の国際レジーム　100／京都議定書の締結　101／パリ協定の合意
　　101／「2度目標」の衝撃　102／世界は気候変動対策に取り組めるか　103

　第4節　エネルギー転換の考え方　105
　　エネルギー転換の理念　105／ドイツのエネルギー転換の経緯　106／「分散型」の構
　　造改革　108／発展途上国におけるエネルギー・アクセス　109／ICT によるスマー
　　ト化　110

　第5節　原子力と CCS の位置付け　111
　　ゼロ・エミッション電源としての原子力　111／原子力が抱える問題　112／核不拡散
　　問題　113／CCS・CCUS の可能性と課題　114

第5章　エネルギー転換の最前線───────────────────117

　第1節　再生可能エネルギーの大量導入とコスト低減　117
　　再生可能エネルギー発電の世界的な大量導入　117／再生可能エネルギー発電のコス
　　ト低減　119／再生可能エネルギー電源の出力変動対策　121

　第2節　ドイツのセクターカップリング　122
　　再エネ導入の先進国ドイツ　122／セクターカップリングの構想　124／エネルギーシ
　　ステムの電化　125／ Power-to-X と水素エネルギー　126

　第3節　脱石炭火力政策の国際的波及　128
　　欧州にとってのエネルギー転換の戦略性　128／イギリスの脱石炭火力政策　129／脱
　　石炭火力連盟の結成　130

　第4節　多国籍企業と非政府組織が主導するエネルギー転換　131
　　ESG 投資の拡大　131／国連の SDGs の取り組み　132／ RE100のイニシャティブ
　　133／ダイベストメントと座礁資産　134

　第5節　米国、中国、サウジアラビアのエネルギー転換　135
　　米国のトランプ政権と市場主導・州主導のエネルギー転換　135／再生可能エネルギ
　　ー大国・中国の覇権戦略　137／サウジアラビアの脱石油へ向けた取り組み　140

第6章　エネルギー転換時代の国際政治経済関係の展望────────143

　第1節　2050年のエネルギー需給　143
　　IRENA のエネルギー転換シナリオ　143／ Eurelectric の欧州の消費電力量予測　145
　　／エネルギー転換による経済波及効果　146

　第2節　エネルギー転換のエネルギー安全保障論　147
　　エネルギー安全保障の概念の消滅　147／再生可能エネルギーの安全保障論の展開
　　148／ IRENA の「新たなる世界」　149

第3節　エネルギーを貿易しない国際経済　150

2050年のエネルギー貿易　150／エネルギー貿易額の減少　151／国際エネルギー輸送の減少　153／化石燃料取引市場の衰退と電力取引市場の拡大　153／レアメタル安全保障論　155

第4節　拡大する電力貿易　157

電力貿易の意義　157／国際送電の現状と国際送電網　158／欧州における電力貿易とエネルギー転換　159／電力の安全保障　161／水素エネルギーの貿易　162

第5節　エネルギーを争奪しない国際政治　163

エネルギー安全保障概念の消滅　163／エネルギー転換の各国への影響　164／国際レジームの変容　167／リベラリズムのエネルギー転換論　168／自国第一主義を超越できるか　169

第6節　エネルギー転換の課題　170

エネルギー転換の不確実性　170／エネルギー転換が実現しないシナリオ　171／エネルギー転換時代の課題　172

第7章　**日本から見たエネルギー転換** ———————————175

第1節　戦後日本のエネルギー情勢と化石燃料の海外依存　175

「資源小国」日本　175／1970年代の石油危機の衝撃　176／日本のエネルギー外交　178／2010年の「エネルギー基本計画」　178

第2節　東京電力福島第一原発事故と脱原発の論争　180

福島原発事故後の3E＋S　180／民主党政権の「革新的エネルギー・環境戦略」　182／第二次安倍政権と2014年の「エネルギー基本計画」　183

第3節　エネルギー転換しない日本　184

石炭火力発電の新増設問題　184／日本への国際的批判と「化石賞」　184／太陽光発電の大量導入　186／日本はなぜエネルギー転換しないのか　188／エネルギー転換時代の日本の国際的立場　190／もし日本がエネルギー転換を進めれば　192

第4節　東アジアの国際関係とエネルギー転換　193

東アジアにおけるエネルギー転換の現状　193／東アジアにおける国際送電の可能性　195／東アジアの国際関係は改善するか　196

終　章　**エネルギー転換時代の世界の行方、日本の行方** ———————197

化石燃料時代の国際関係　197／エネルギー転換の進展　198／エネルギー転換時代の世界の行方　199／エネルギー転換時代の日本の行方　200／ポスト・コロナのエネルギー情勢　200／本書の課題と展望　202

あとがき　205
参考文献一覧　208
図表一覧　213
索引　216

エネルギー転換から考える国際政治経済関係

もし日本がエネルギーを輸入しなければ・・・

　財務省の貿易統計によれば、2019年の石炭・石油・天然ガスの輸入額は、17兆円であった。日本の輸入総額は78.6兆円なので、実に21.6%を占める（**図1**）。2008年には35%を占めたこともあり、20%を下回る年はほとんどない。もしこれがなくなれば、要するに日本がエネルギーを輸入しなければ、どうなるだろうか。これが本書のテーマである。

　「日本がエネルギーを輸入しなければ」とは、中東のホルムズ海峡危機などによって「石油の輸入が出来なくなれば」、という状況を読者は思い浮かべるかもしれない。実際に1970年代の石油危機の際に、日本はそれに近い事態に陥った。しかし筆者が考えているのはそうではない。もし「日本がエネルギーを輸入する必要がなくなれば」、という意味である。

　どうして輸入する必要がないのか。それは、日本国内で使うエネルギーの多くを再生可能エネルギー（以後、再エネ）によって賄えるからである。現在欧州を中心にエネルギー転換が急速に進んでいるが、それが日本にも及び、30年後の2050年には、エネルギーの全部を自給とまではいかなくても、輸入額が3分の1程度に減っているのではないか。これが筆者の仮説であり、確信でもある。

エネルギーの未来

　まずは、**図2**を見てもらいたい。これは、世界の一次エネルギー供給量の将来予測である。2016年は実績値だが、2030年と2050年については、2つのシナリオに基づいた予測値である。「予定政策シナリオ」とは、現在各国政府が予定している気候変動対策を実施した延長線上の場合のことで、2016年実績に対して石炭

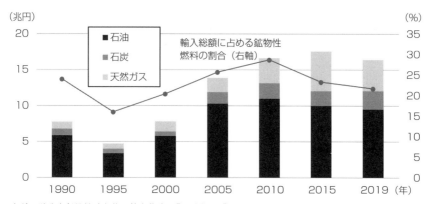

図1　日本の化石燃料の輸入額

出所：財務省貿易統計を基に筆者作成。「石油」は「石油及び同製品」、「石炭」は「石炭、コークス及び練炭」、「天然ガス」は「液化天然ガス」の分類に該当する。「鉱物性燃料」には、これら3品目以外に液化石油ガスなども含む。

図2　世界の一次エネルギー供給量の将来予測

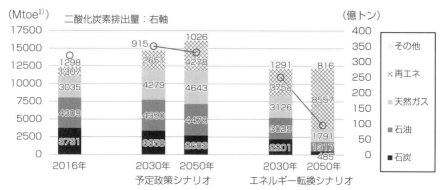

出所：IRENA（2020a）を基に筆者作成[2]。

は2050年に28％減だが、石油も天然ガスも供給量全体も増加している。多くの読者はエネルギーの未来について、このようなイメージを持っているのではないか。

　これに対して、気候変動枠組条約のパリ協定の2度目標（第4章第3節）を達

1）toe とは tonnes of oil equivalent の略称で、石油換算トンのこと。石炭、天然ガスといった異なるエネルギーの熱量を換算するための単位。Mtoe は百万 toe。

成する、「エネルギー転換シナリオ」の場合には、2050年に石炭の供給量は87％減、石油は70％減、天然ガスですら41％減になる。逆に再エネは6倍以上に増え、全体の66％を占めている。エネルギー供給全体が2050年に減っているのは、省エネルギー（以後、省エネ）が進んだからである。この結果、二酸化炭素排出量は2016年の320億トンから95億トンに減少している。これまで右肩上がりで増え続けてきた化石燃料の消費は、今後大いに減り得るのである。

　この予測は、偏った非政府組織（Non-Governmental Organization: NGO）が出した非科学的な希望的観測ではない。国際再生可能エネルギー機関（International Renewable Energy Agency: IRENA）という、日本も参加している国際機関が、精緻な予測モデルを構築して算定したものである。「エネルギー転換シナリオ」は、「再エネとエネルギー効率向上を柱とした、野心的だが現実的な（ambitious, yet realistic）エネルギー転換の道筋」に基づいており、これを実現しなければ、パリ協定を満たせないといった水準のものである。

　更に、IRENAよりも保守的な国際エネルギー機関（International Energy Agency: IEA）も、World Energy Outlook 2019で同様の将来予測を行なっている。こちらは2040年までの想定であるが、上記の「エネルギー転換シナリオ」と類似した「持続可能開発シナリオ」では、2030年の数値は近く、2040年の数値はIRENAの2030年と2050年の中間になっている。IRENAと比べてやや変化が控え目だが、方向性は異なっていない。

　いずれの予測も、今後世界的に再エネの大量導入が進み、化石燃料の消費は大いに減るというものである。本当に、再エネは化石燃料に取って代わられるのか、省エネは進むのか。これら2つを柱とするエネルギー政策であり構造改革方針でもあるのが、世界中で急速に進んでいる「エネルギー転換」（Energy Transition, Energy Transformation）である。

エネルギー転換の世界的進展

　エネルギー転換とは、化石燃料に大きく依存した従来のエネルギーの需給構造を、再エネと省エネを中心とした構造に改革することを指す。気候変動問題が顕

2）IRENA（2020a）の予測数値は2016年比であったため、IEA（2019g）の一次エネルギー供給量などの数値を基に実数に換算し、図2のグラフを作成した。

図3　OECD諸国の電源別発電設備容量の推移

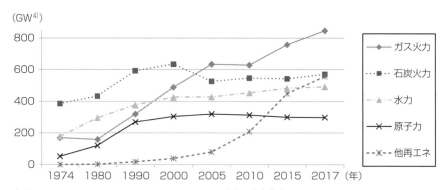

出所：IEA Electricity Information 2007, 2012, 2019を基に筆者作成

在化・深刻化する中で、環境負荷が大きくいずれ枯渇する化石燃料に依存し続けるのは、持続可能ではない。このような21世紀のエネルギー問題に対して、欧州などの諸国は、再エネの政策的な大量導入や脱石炭火力の推進、エネルギー効率の向上など、本格的にエネルギー転換に取り組んでいる。

　2000年代までは、再エネによる発電は極めて高コストであったことから、エネルギーの主力にはなり得ないとされてきた。それが、消去法的ながら化石燃料の時代が今後も続くと思われてきた大きな理由であった。しかし、ここ10年程度の間に、各国で急速に再エネの導入が進んでいる（**図3**）。特に近年は風力と太陽光が、原子力や石炭火力と比べても最も安い電源となり（図44）、大量導入が先進国[3]だけでなく発展途上国にも広がっている（第5章第1節）。風力発電と太陽光発電の導入量で圧倒的な世界最大を誇るのは、実は中国である。

　エネルギー転換が本格的に進めば、経済社会は激変する。太陽光パネルメーカ

3）本書では、経済協力開発機構（OECD）諸国が母体となる国際エネルギー機関（IEA）の資料を多用することもあり、OECD諸国を「先進国」と呼び、その他の国々を「発展途上国」と呼ぶことを原則とする。民主主義体制の工業国とほぼ同義である。1人あたりGDPでは、サウジアラビアやUAEも高いが、これらは先進国に含まない。また、発展途上国の中で、いわゆるBRICs諸国などを「新興国」と呼ぶ。

4）電力の単位は、kW（キロワット）やGW（ギガワット）である。1 GW＝1000MW＝100万kWである。これらは瞬間的に流れる電力の大きさを指すが、これに時間を掛け合わせて一定時間に流れた電力量を指す単位が、kWh（キロワットアワー）である。

ーや風力発電事業者は繁栄し、石炭火力発電（以後、石炭火発）事業者は存亡の危機に立たされる。ガソリン車はなくなり、充電スタンドが至る所に整備されると共に、電気自動車（EV）は送配電網を通して電力市場と接続され、時間帯に応じて充放電（売買電）価格が目まぐるしく変動するだろう。ここでは、情報通信技術（ICT）を通したビッグデータの活用による需給の最適化が鍵を握る。

　そのような動きは既に始まっている。米国の新興EVメーカーであるテスラの時価総額は、2020年7月にトヨタを抜き、自動車業界で世界トップに立った[5]。新車販売台数ではトヨタの30分の1に過ぎないが、その将来性が買われているのである。ドイツでは、世界最大級の電力会社のE.ONとRWEがエネルギー転換に適応できず、業績を悪化させ、火力発電部門を切り離し、成長性が高い再エネ発電や小売りサービスにそれぞれ特化するという、大胆なリストラ策を2020年にかけて断行した。2020年4月に米国の原油先物市場WTI（ウェスト・テキサス・インターミディエイト）の取引価格が、史上初めてマイナスを記録したが[6]、新型コロナウィルスによる非常事態下とはいえ、化石燃料時代の終わりの始まりを暗示しているのではないか。

　エネルギー転換の潮流は、経済だけでなく政治によって動かされている。特に欧州はエネルギー転換の先導者であり、ドイツやデンマーク、スペインといった国々は、野心的な再エネの導入目標の設定や固定価格買取制度によって、2000年前後から継続的に再エネの導入量を増やしてきた。欧州連合（EU）としてもエネルギー転換に積極的であり、欧州大の排出権取引制度を運営し、2050年までの温室効果ガスの排出実質ゼロ（カーボン・ニュートラル）を目指している。

　このようなエネルギー転換の潮流に大きく乗り遅れているのが、日本である。2019年末の気候変動枠組条約のマドリード会議（COP25）において、日本政府が「化石賞」を受賞したことが話題になったが（第7章第3節）、気候変動問題はグローバルな環境問題として、日本も前向きに取り組まざるを得ない状況になっている。そのような中で、2020年10月に菅義偉首相が、国会の所信表明演説で2050年までのカーボン・ニュートラルを宣言したが、具体的な行動はこれからである。以上の観点から、エネルギー転換の詳細を日本の読者に紹介することが本

5）日本経済新聞（2020年7月1日）。
6）日本経済新聞（2020年4月27日）。

書の目的の1つであるが、最大の目的はその先にある。再エネを中心としたエネルギー転換の結果、構造的な変化が予想される国際政治経済関係を分析することである。

エネルギーを巡る国際政治経済関係

　かねてよりエネルギーは、国際政治経済学の対象だった。日本はほぼ全ての化石燃料を海外からの輸入に頼っている[7]ように、エネルギーは莫大な規模で国際的に取引される財である。それは、経済社会に不可欠であり、特に石油は運輸燃料として代替困難な戦略性を有する上、中東などに偏在しているため、その確保に国家が大きな役割を果たすことが求められてきた。こうしてエネルギーは、国際政治の観点から介入の対象とされてきたのである。

　エネルギーが、戦略的な財として国際的に注目を集めるようになったのは、歴史的には産業革命以降の話である。18世紀のイギリスに始まる産業革命により、石炭の国家的重要性が見出されるようになり、二度の大戦を経て化石燃料は常に争奪の対象になってきた。産油国政府が政治目的から石油危機を引き起こし、あるいは国際的な石油企業が価格をつり上げ、消費国政府はこれらへの対応を迫られてきた。化石燃料の時代には、持てる者と持たざる者が明確に分かれ、持てる者が一方的に優位に立つため、対立が助長されてきたのである。

　しかしそのような対立的な国際政治経済関係は、21世紀に入って終焉に向かうのではないか。これが、本書を執筆する筆者の最大の問題意識である。化石燃料を巡る非対称な争いの時代に代わるのは、再エネを巡る自立と協調の時代であり、それを強く促しているのが、21世紀に入って世界的に進展するエネルギー転換である。エネルギー転換は、気候変動対策のためだけに必要なのではなく、エネルギー安全保障上の問題の解消にも大きく寄与する。このような問題意識を表したのが、**図4**である。

　再エネがエネルギーシステムの中心になれば、エネルギーの貿易が激減し、タ

7）資源エネルギー庁ウェブサイトによれば、日本は原油の99.7％、天然ガス（LNG）の97.5％、石炭の99.3％を海外に依存している。https://www.enecho.meti.go.jp/about/special/johoteikyo/energyissue2019.html
　尚、本書においてウェブサイトから引用する場合には、全て2020年12月27日時点のアクセスを確認している。

図4　本書の問題意識：エネルギー転換による国際政治経済関係の構造変化

＜20世紀：化石燃料時代＞		＜21世紀：エネルギー転換時代＞
化石燃料	主たるエネルギー	再生可能エネルギー
偏在、枯渇、環境負荷大	エネルギーの特徴	遍在、非枯渇、環境負荷小
大量に貿易、一方向	国際経済	貿易しない（除く、電力）
争奪、非対称な対立	国際政治	争奪しない、自立と協調

出所：筆者作成。

ンカーやパイプラインが不要になる。日本のような化石燃料輸入国は貿易収支が大幅に改善し、エネルギー安全保障上のリスクが大きく低下する。対照的に、中東の産油国は国家財政上の危機に陥り、ホルムズ海峡危機もなくなる。再エネはどの国にもあるため、基本的に自国資源を開発し、自国内で利用する形態になる。と同時にその変動性に対処するため、電力の双方向の輸出入が必要とされる。究極的にはエネルギーを巡る争奪や紛争がなくなり、国際関係は非対称な対立から自立と協調へ移行するのではないか。

　このようなエネルギー分野の構造変化は、各国の外交政策や通商政策、産業政策に、エネルギー関連企業の経営戦略に、尽大な影響を与えるだろう。ドイツなど欧州諸国は、あるいは21世紀の覇権を狙う中国は、このようなエネルギーの未来を見据え、政治的・経済的な競争を始めている。これらを体系的に分析して将来展望を示すのが、本書の最大の目的である。

　先述の通り、先進国の中でエネルギー転換に最も距離を置いているのが、日本である。日本は、化石燃料時代の国際政治経済関係において最も不利な立場にいた。化石燃料をほとんど持たず、中東からの石油輸入に大きく依存し、だから原子力にも注力してきた。その一つの帰結が、2011年の東京電力福島第一原子力発電所の過酷事故（以後、福島原発事故）だったわけだが、そのエネルギー転換から最も恩恵を受ける国は、その後もエネルギー転換の潮流に乗ろうとしていない。これは、筆者から見れば大きな謎である。

本書の目的と構成

　このように本書の目的は、エネルギー転換という世界的潮流を前提として、そ

の国際政治経済関係への構造的な影響を分析することにある。未だに日本では、このような国際関係の変化はおろか、エネルギー転換自体についても十分に認識されていない。各国で進むエネルギー転換の最前線と化石燃料時代の終わりの始まりを紹介しつつ、今後の国際政治経済において予想される構造変化に焦点を当てて分析し、日本の取るべき対応策についても考える。

　学術的に言えば、本書は国際政治経済学を基盤としてエネルギー問題にアプローチする。これまでの化石燃料時代の非対称で対立的な国際関係が、エネルギー転換により対等で協調的な国際関係へと変容するというのが、筆者の仮説である。そのため本書は、先行研究を紹介するなど一定の学術的作法に則りつつ、現在進行中の具体的事例を紹介するとともに、グラフなどの客観的なデータを多数示すことで、構造変化を分かりやすく説明することを心がける。

　より具体的には、本書は以下の構成に従って議論を進めていく。第1章と第2章では、エネルギー問題を国際政治経済学から議論するという本書の分析視角の前提を説明する。第1章では、エネルギーという財の特徴を、化石燃料と再エネの対比を中心に説明する。第2章では、国際政治経済学の学術的な射程を説明した上で、エネルギーと安全保障の関わり、エネルギーの国際貿易という分析枠組みを示す。

　第3章から具体的な議論に入り、まず産業革命以降の特に20世紀を「化石燃料時代」と位置づけ、そこにおける国際政治経済関係の特徴を分析する。エネルギー安全保障とは石油の安全保障を指し、その追求のために世界大戦や石油危機など、政治的にも多大なるコストが払われてきた。石油は偏在するがゆえに、その国際関係の本質は、「持てる者」と「持たざる者」との間の非対称な対立であった。

　第4章では、そのような化石燃料の時代に終止符を打とうとしている、エネルギー転換という概念と背景を説明する。気候危機が進行する中で、環境負荷が大きくいずれ枯渇する化石燃料の利用を減らすべく、世界各国は気候変動枠組条約の下に集まっているが、その取り組みは遅々として進まない。その切り札となるのが、再エネの大量導入と省エネの推進を柱とするエネルギー転換である。それは、「分散型」の構造改革という特徴を持ち、発展途上国のエネルギー・アクセスにも寄与し、「スマート化」を伴う。

　第5章では、エネルギー転換に取り組む各国政府や企業の最前線の動きを紹介

する。高コストと言われてきた再エネは、ここ10年程度の間に導入が急速に進み、莫大な投資が集まっている。再エネの出力変動の問題も対策が進んでおり、ドイツでは「セクターカップリング」が、新たな産業としても注目されている。また、フランスやイギリスは脱石炭火力を優先させて国際的に連携し、一方で中国はエネルギー分野から覇権を狙い、サウジアラビアは脱石油に備えるなど、各国は異なる戦略目標を定めて対応しようとしている。

　第6章では、第5章までの分析を踏まえ、本書の最大の関心事である国際政治経済関係の構造変化を展望する。IRENA（2019a）「新たなる世界」などの最新の研究に触れつつ、エネルギー貿易のあり方が大きく変容し、それが国際政治も変える可能性を指摘する。それは、基本的には相互依存関係が深化した協調的な世界である。一方でその実現は2050年といった先の話であり、様々な不確実性があるのも事実である。

　第7章では、このような世界的な潮流に背を向けてきた日本について考察する。日本では、原子力や石炭火力への依存、地域独占といった旧体制が強く残り、2011年の福島原発事故を経てもエネルギー転換に乗り出していない。それはなぜかについて考える。他方、東アジアでは、外交的には旧来の緊張関係が継続しているものの、中国や韓国はそれぞれの思惑からエネルギー転換に取り組み始めている。その国際政治経済関係の今後も占ってみたい。

　筆者としては、これらの章を順に読むことにより、本書の主張が体系的に理解してもらえるように企図している。第1章と第2章は前提となる基礎知識と学術的背景の説明であり、やや専門的な内容も含む。第3章は化石燃料時代という過去の話であり、既によく知っているという方もいるだろう。本書の最大のポイントは、第6章の国際政治経済関係の未来の話にあり、その背景要因は、第4章と第5章のエネルギー転換という現在進行中の話である。

　本書は、エネルギー転換による国際政治経済関係の構造変化という、世界的に顕在化しつつある最先端の現象を対象としつつも、基本的には日本人の読者を想定している。それは、エネルギー政策が旧態依然の日本への強い危機感があるからである。本書をきっかけとして、日本でもエネルギー転換への理解が広がり、新たな国際政治経済関係への関心が高まることを期待したい。

第1章

化石燃料と再生可能エネルギー

　第1章では、本書全体の議論の前提として、エネルギーという財に関する知識を整理する。本書の仮説は、20世紀の化石燃料時代が、21世紀に再エネを中心としたエネルギー転換時代に移行するというものである。化石燃料は様々な長所を持つからこそ、産業革命以降の最重要なエネルギーの座を占めてきた。それは同時にどのような短所を持ち、対照的に再エネはどのような長所と短所を持つのか、これら2つのエネルギーを比較しつつ考える。

第1節　エネルギーという財

スマホ、自動車、エネルギー

　現代は、あらゆるものが国境を越えて大量に取引され、スーパーでもコンビニでもインターネット上でも、簡単に手に入るグローバル経済の時代である。その中で「経済社会に必要不可欠な財」と聞いて、何を思い浮かべるだろうか。

　大学生にはスマートフォンかもしれないし、地方在住者には自家用車かもしれない。とは言え、自家用車は他に代替手段がないわけではないし、実際に所有していない人も多い。スマホは、今時発展途上国でも多くの人が所有しているが、20年前には存在しなかったのだから、実体的に無ければ生きていけないというわけではないだろう。そのような中で、現代の経済社会にとって国家的に重要性が高い財と言えば、エネルギーを挙げられるのではないか。

　考えてみれば、個人としてはスマホの充電にも自家用車の燃料にも、エネルギーが必要だ。更に経済社会全体としては、鉄道を動かすには電気が、スーパーに食品を運ぶにはガソリンが、製鉄所を稼働させるには石炭（コークス）が、欠か

図 5　世界の一次エネルギー供給量と国内総生産の推移

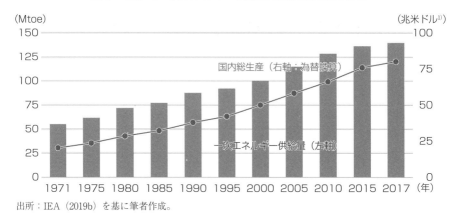

出所：IEA（2019b）を基に筆者作成。

せない。国家が戦争をするにもエネルギーが必要で、石油のために戦争を始めることすらある。にも関わらず、これらのエネルギーは個人でほぼ作ることができない。さらに日本にはほとんど存在せず、海外から取り寄せなければならない。エネルギーは、これ程までに現代の経済社会に必要で、かつ特別な対応が求められる財と言うことができよう。

エネルギーの戦略的重要性

　図 5 は、世界のエネルギーと経済との関係を見たグラフである。一次エネルギー供給量と国内総生産（GDP）の規模は、歴史的にきれいに比例して伸びてきたことがわかる。経済成長にはエネルギーが必要で、今後もエネルギー消費が拡大することが、示唆される。

　エネルギーに似た性質を持つ財としては、食料が挙げられるだろう。確かに、「腹が減っては戦さが出来ぬ」のであり、人間の生命の維持に直接的に不可欠な財として、古代から国家の重要な役割の 1 つは国民を食わせることであった。食料の多くを輸入に頼る日本では、政府の政策として、「食料安全保障」という言葉もある（第 2 章第 2 節）。一方で食料は、多くの国で何らかの生産が可能であり、逆の見方をすれば、食料生産が困難な南極では国家は成立しなかった。

1）本書で以後「ドル」と呼ぶ場合には、全て米ドルである。

表1　エネルギーと水資源、食料

	化石燃料	再エネ	水	食料
必需性	高	高	高	高
偏在性	高（石油）	低	低	中
代替困難性	高（石油）	低	高	中
貿易・運搬	大規模	不可（除く電力）	限定的	大規模
経済安全保障	対象	非対象	一部対象	対象

出所：筆者作成。

　数日間飲まないと死ぬと言われる水も、食料と同様の性質を持つ。砂漠地帯では極めて貴重な財であり、部族間の争いの対象にもなる。今後気候危機（第4章第1節）が深刻化すれば、偏在性が高まる恐れがある。とは言え、多くの地域では食料以上に大量に賦存し、近代まではタダ同然で供給されてきた。現在でも水道水は多くの国で安価に自給できるため、大規模に輸入される財ではない[2]。

　このようにエネルギーは、水や食料と比べても特異な、国家にとって戦略的に重要な財である（**表1**）。「戦略的」とは、元々軍事用語であるが、本書でこれを使う場合には、エネルギーが軍事を含む国家機能に不可欠という意味で特別な財であり、その確保のために国家が大きく関与せざるを得ないという含意がある。一方でエネルギーは、あくまで経済学で言うところの「私的財」であり、市場の失敗の1つである「公共財」ではない。供給の非排除性と消費の非競合性を満たす財が公共財であり、外交や防衛は政府が直接供給するが、これら2つが該当しない私的財は、原則として企業などにより市場で供給される[3]。その戦略的な私的財に国家政府がどう関与するかが、本書の重要な論点となる。

多種多様なエネルギー

　ここまで特に説明もせずにエネルギーについて述べてきたが、そもそもエネルギーとは何か。エネルギーとは、「人類が産業・運輸・生活などの経済社会分野

　2）例外的に、人口稠密の島国であるシンガポールは、自国で消費する水の半分をマレーシアから輸入してきた。これは、経済安全保障（第2章第2節）上の脆弱性と言える。

　3）供給の非排除性とは、対価を払わない消費者を排除できないことを、消費の非競合性とは、特定の消費が他の同時の消費を妨げないことを指す。双方を満たす財が公共財であり、共に満たさない財が私的財である。

図6　エネルギーの分類

```
               一次エネルギー        ⇒加工・精製・変換⇒     二次エネルギー
枯渇性 ┬─ 化石：石炭 ─────────────────── コークス
       │          石油 ─────────────────── ガソリン、重油、軽油、灯油
       │                                     プロパンガス
       │          天然ガス ───────────────── 都市ガス
       └─ 非化石：原子力 ───────────────── 電気

再生可能 ───────── 水力、地熱 ─────────── 熱
                    風力、太陽光、太陽熱
                    バイオマス ──────────── 水素
                    潮力、波力
```

出所：高橋（2017: 8）。

において、自然環境上の制約を克服するために使われる動力源」（高橋 2017: 7）である。

　エネルギーは多種多様であり、その分類方法も複数ある（**図6**）。ここまで触れてきた化石燃料は、植物や動物の死骸が化石となり、数千万年から数億年かけて生成された。石油、石炭、天然ガスが化石燃料の3本柱であり、これらは液体・固体・気体の違いはあるものの、基本的に燃やして熱を得る燃料として使われ、その際に二酸化炭素を排出する。石油（原油）は精製されて自動車用ガソリンやストーブ用の灯油になる。石炭は製鉄所の高炉や発電の用途に、天然ガスは発電と都市ガスとしての熱供給の用途に、主として使われる。

　化石燃料以外では、原子力と再エネの大きく2つに分けることができる。原子力とは、ウランが核反応時に発生する莫大な熱エネルギーを指し、主として発電用途に用いる。これを兵器に使えば核爆弾となる。原子力発電にはウラン鉱石を濃縮させた核燃料を使い、使った分だけなくなる。これが枯渇性エネルギーであり、化石燃料も枯渇性である。

　使っても枯渇せず、自然環境によりほぼ自動的に再生産されるのが、再エネである。水力、風力、太陽光などがあり、主として発電に使われる。地熱や太陽熱は、暖房や給湯などの熱供給も可能である。バイオマスは、動植物に由来する有機性資源を指す。稲わらや間伐材などの未利用資源、家畜の糞尿や食品ゴミなどの廃棄物、サトウキビなどの資源作物に分類でき、基本的に燃料として使われるため、発電も熱供給も可能である。

エネルギー源の物質的特徴による分類以外に、一次と二次という分類もある。一次エネルギーは、ほぼ自然界に存在する状態のエネルギーであり、石炭や原油が該当する[4]。水力や太陽光、風力も一次エネルギーである。二次エネルギーは、一次エネルギーを人工的に加工・精製し、消費に適した形態に変換したものであり、ガソリン、都市ガス、電気などが該当する。

エネルギー政策の3Eとエネルギーミックス

一般にエネルギー政策には、３つの目的があると言われる。それらは、経済効率性（Economic Efficiency）、エネルギー安全保障（Energy Security）、環境適合性（Environmental Sustainability）である。経済効率性は、「価格が低廉で多くの国民・消費者にとって手が届くこと」、エネルギー安全保障は、次章で詳述するが、「エネルギーが途絶することなく確実に供給されること」、環境適合性は、エネルギーの「供給体制や消費行動が自然環境や生活環境に過度に負荷をかけないこと」（高橋 2017: 65-69）、である。英単語の頭文字を取って「3E」（スリー・イー）と呼ばれる。更に福島原発事故後には、原発の安全神話が崩壊したことを受けて、安全性（Safety）の重要性が再認識され、日本では「3E＋S」が標榜されるようになった。

スマホや自動車も日常生活に不可欠だが、このような具体的な政策目的が設定されているわけではない。その理由は、前述の通り、国家がその確保に深く介入する必要があるかどうかの戦略性の違いから説明できる[5]。更に市場の失敗の観点からは、安全保障は国家が提供すべき公共財であり、環境適合性はエネルギーが巨大な負の外部性をもたらすからと説明できる。経済効率性については、消費者たる国民にとっては日常的に気になる指標だが、1990年代から自由化が進んだ結果、近年は原則として市場に委ねるという姿勢になっている。とは言え現在でも発展途上国では、政府がエネルギーの公定料金を安く設定することが珍しくない。

4）原油とは、地中から採取された状態の石油であり、これを精製することでガソリンや灯油など様々な石油製品（二次エネルギー）ができる。本書では、これらを総称して「石油」と呼び、統計などで限定される場合のみ、「原油」や個別の石油製品名を使うことにする。

5）例えば、スマートフォンの多くは海外製だが、それが安全保障上問題視されることはない。

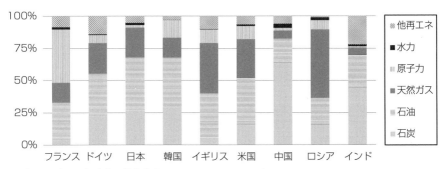

図7　主要国のエネルギーミックス（2017年）

出所：IEA（2019g）を基に筆者作成。

　一方で、これら3E は相反することが多い。例えば石炭は、低価格で経済効率性に優れるものの、気候変動問題や大気汚染の原因となり環境適合性は低い。逆に再エネは、純国産で環境にも優しい一方で、水力や地熱を除けばコストが高く、経済効率性が決定的な短所となってきた。このように3E は「トリレンマ」と呼ばれる状況にあり、政府は異なる経済社会状況の下で、複数のエネルギーを組み合わせることで、3E の実現を目指してきたのである。

　各国が利用している複数のエネルギーの組み合わせを、「エネルギーミックス」という。一般には一次エネルギー供給量についてその割合を見る。中国は石炭が65%、ロシアは天然ガスが50%、フランスは原子力が40%といった特徴がある（図7）。これを電力に限って見たものが、「電源ミックス」である。共に、将来目標として設定されることもある。本書でも、再エネを何年までに何%に増やすのかといった、エネルギーミックスの議論を行う。

第2節　化石燃料の長所と短所

化石燃料の重要性

　前節の通り、エネルギーは多種多様であるが、近代社会は圧倒的に化石燃料に依存してきた。図8は、世界の一次エネルギー供給量の歴史的推移をエネルギー源別に表している。人類は過去半世紀近い間にエネルギー消費を2倍以上に拡大

図8　世界のエネルギー源別一次エネルギー供給量と化石燃料比率の推移

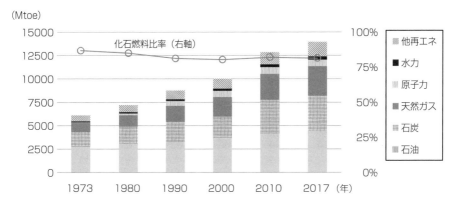

出所：IEA（2019g）を基に筆者作成。

させてきたが[6]、その80％以上を化石燃料が占め続けて来たのである。その中でも石油は、1973年には46％のエネルギーミックスを占め、近年は天然ガスの割合が高まりつつあるものの、引き続き最大の割合を誇っている。20世紀は化石燃料の時代、特に「石油の世紀」（ヤーギン 1991）と呼ぶに相応しいだろう。

　同じものを地域別で見たのが、**図9**である。1971年には世界全体の一次エネルギー供給の60％をOECD諸国、即ち先進国が占めていたが、2000年以降の供給量は横ばいになっており、2017年には先進国の割合は40％以下に低下している。それだけ発展途上国の消費が増えたのであり、全体として必要な量は増大し続けてきた。その結果、二酸化炭素の排出量も増え続けており、だから「気候危機」（第3章第1節）が顕在化している。この地球環境問題に人類はどのように立ち向かうか、化石燃料の消費を抑制できるかが、本書のテーマの1つである。

エネルギー密度の高さ

　このようにエネルギーと言えば化石燃料であるが、その最大の長所は、それ以

6）正確にはエネルギー供給とエネルギー消費は同じではない。一次エネルギーから二次エネルギーへ変換する際に、排熱などの変換ロスが生じる。また送電などの輸送過程での輸送ロスも生じる。そのため一次エネルギー供給量と最終エネルギー消費量の間には、30％程度の差がある。

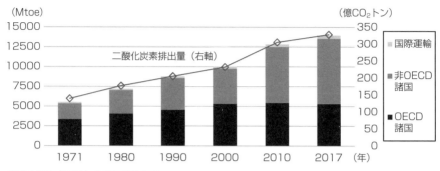

図9　世界の一次エネルギー供給量と化石燃料起源二酸化炭素排出量の推移

出所：IEA（2019b）を基に筆者作成。

前の原始的なエネルギーと比べて、エネルギー密度が圧倒的に高いことである。エネルギー密度とは、単位重量当たり、単位容積当たり、あるいは単位面積当たりのエネルギー熱量を指す。エネルギーという物質の中に、熱量がどの程度詰まっているかと考えれば良いだろう。エネルギー密度が高ければ、少量の石炭や石油で多くの運動量を提供してくれるため、巨大な動力を実現できる。例えば、風力に頼る帆船では大規模化や安定した遠洋航海に限度があったが、石炭を使う蒸気船の発明によって、鉄による装甲化が可能になり、また風況に左右されない航海が実現した。

　エネルギー密度が高ければ、利用機器の小型化も容易になる。小型でも十分な動力を確保できるため、スポーツカーや戦闘機といった超高速の輸送手段が実現した。これには、石油を用いる内燃機関の発明が大きく寄与した。薪炭では燃料自体の容積が大きくなるため、このような高速化は実現し得なかった。

　更にエネルギー密度の高さは、エネルギー自体の可搬性の高さという長所ももたらした。少量でも価値が高いからこそ、運輸燃料として取引の対象になるのである。自然現象に依存する水力や風力は、物理的に輸送できないし、する価値がない（コストが見合わない）ことと比較すれば、明らかであろう。結果的に、化石燃料は世界中に輸出され、世界中で利用されるようになったのである。

化石燃料の偏在性と代替困難性

　化石燃料の大きな短所は、その偏在性であろう。石炭も石油も天然ガスも、ど

こにでもあるわけではない。日本や韓国、フランス、イタリアには、いずれもほぼ賦存しない。ドイツでは、石炭は大量に産出されるが、石油や天然ガスは多くを輸入に頼っている。日本にも半世紀前までは石炭が豊富にあったが、商業的には掘り尽くしてしまった。全ての国々・人々に不可欠なのに、一部の国・地域に偏って賦存している。賦存の状態が著しく非対称だから、争奪の対象になる。これが、単なる必需性に止まらない、エネルギーの戦略的重要性を高めている。

　特に偏在性が高いのが石油である。米国政府のエネルギー情報局（EIA: Energy Information Administration）のウェブサイトによれば、2019年時点で世界の原油の確認埋蔵量の約半分が中東にあり、これにロシアとベネズエラを加えると70％を超える。同様に天然ガスの確認埋蔵量についても、39％が中東に、24％がロシアにある。石油や天然ガスを持たざる国は、産油・産ガス国から輸入することになる。しかしこれら産油・産ガス国の多くは権威主義体制を敷き、政治的に不安定であるため、輸入国にはエネルギー安全保障上の懸念が強い。

　そして偏在性が高い石油は、化石燃料の中でも特に戦略的重要性が高い。それは、運輸燃料として代替困難だからである。石油は、発電や暖房などの用途でも利用可能だが、一般に石炭や天然ガスより価格が高いため、近年では余り使われない。しかし運輸部門では、電車を除けばガソリンなど内燃機関用の液体燃料を必要とし、石油以外では代替困難である[7]。自動車以外にも飛行機や船舶は、日常生活だけでなく軍事においても不可欠であり、やはりジェット燃料や重油を使う[8]。その石油が化石燃料の中で最も偏在していることが、エネルギー問題を難しくしている。この点は、石油の類い希なる価値の裏返しであるとともに、食料や水資源と比べても顕著な短所になっている。

化石燃料の貿易と輸送

　化石燃料は偏在性が高い上、可搬性も高い。だからこそ、国境を超えて大規模な貿易が行われる。資源国から非資源国へと、一方通行で化石燃料が輸出される

7）現在でも、一部で天然ガス自動車が使われているが、ガススタンドも含む導入コストが普及の障壁となっている。また戦前には、蒸気自動車や木炭自動車があったが、いずれも普及しなかった。

8）例外が原子力潜水艦である。

のである。その際には、パイプラインなどの物理的ネットワークを経由する場合と、タンカーなど船舶で輸送する場合に分かれる。

　北米や欧州などでは、石油や天然ガスのパイプラインが国境を越えて敷設されている。そうすると、パイプラインをどこに敷設するか、どの国を経由するかが、国際政治的にも重要になる。電力の国際送電網（第6章第4節）もこれと同様である。

　対照的に東アジア諸国などは、石油の産地から遠く、海をまたぐことが多いため、パイプラインよりもタンカーで輸送した方が安上がりになる。天然ガスについては、気体のままでは容積が大き過ぎるため、−162度以下に冷却して液体にして運ぶ。これが液化天然ガス（LNG）である。船舶輸送の場合、海上のどこを通るかは選択の余地があるが、チョークポイント[9]と呼ばれる水上交通の要衝があり、これも国際政治上の論点となる。

　穀物から自動車、半導体まで、世界中であらゆる財が貿易されているが、国連貿易開発会議（UNCTAD）の統計によれば、2018年のエネルギーの輸出額は約2.3兆ドルに及び、輸出全体の約12.1%を占める[10]。これらの多くが、中東のホルムズ海峡を通ったり、ナイジェリアやベネズエラといった国から積み出されたりする。欧州諸国はロシアから大量の天然ガスを輸入しているが、パイプラインがウクライナ経由かバルト海経由かで、国際政治上の対立を引き起こすこともある（第3章第7節）。これも、偏在性に由来するエネルギーという財の特徴であり、次章のエネルギー安全保障につながる。

21世紀のエネルギー問題

　こうしてエネルギー、即ち化石燃料は、私的財であるにもかかわらず、国際政治にも国際経済にも大きな影響を与える。その偏在性という短所のため、実際に非資源国は石油の確保を目的として資源外交を行い、逆に資源国は天然ガスの輸出停止措置を政治的に行使してきた。エネルギー安全保障上のリスクがあるにも

9）重要な航路が集中する海峡や運河など、地政学上重要な水運の要衝。ホルムズ海峡、マラッカ海峡、スエズ運河、パナマ運河など。

10）UNCTAD Statistics, Data Center, Merchandise Trade Matrix.
　　https://unctadstat.unctad.org/wds/ReportFolders/reportFolders.aspx?sCS_ChosenLang = en

関わらず、一世紀以上に渡って化石燃料は利用され続けてきた。短所を上回る長所があったということだろう。

　しかし、化石燃料の短所は他にもある。まず、枯渇性である。「ピークオイル」が指摘されてからも枯渇していないものの[11]、やはりいつかは枯渇する。供給に限りがあるからこそ投機の対象ともなり、大きな価格変動が生じる。また、枯渇までに50年（石油）あるいは100年以上（石炭）かかるとしても、それは世界全体の話であり、地域によってはもっと早く枯渇が訪れ、経済産業への影響は甚大である。イギリスは、近年まで石油の純輸出国であったが、北海油田の枯渇により、純輸入国になってしまった。

　次に、本書の観点からより重要なのが、環境への悪影響である。第4章で詳述する気候変動問題が、現代のエネルギーによる環境問題の最たるものだが、中国やインドといった発展途上国では、未だに大気汚染も深刻である。大気汚染の主因は二酸化窒素や二酸化硫黄、PM2.5といった化石燃料からの排出物であり、毎年多数の死者が出ている。

　偏在性や枯渇性は、以前から指摘されてきたエネルギー安全保障上の問題である。一方、気候変動は、ここ数十年間で顕在化した地球規模の環境問題である。前述の3Eの政策目的の内、環境適合性は1990年代に追加された。これら短所は、化石燃料を柱とした既存のエネルギーシステムが長期的には持続可能でないことを示しており、これらを総合して「21世紀のエネルギー問題」と呼ぼう。21世紀のエネルギー問題を抜本的に解決するために、人類は化石燃料から脱却する手段を考えなければならない。それが、再エネへのエネルギー転換であり、本書が最も注目する再エネの可能性について、節を移して検討する。

11）ピークオイルとは、石油の産出量が過去最大に達し、以後は減少すること、あるいはその時期を指す。以前は供給面（賦存量の枯渇）から指摘されてきたが、近年は需要面から指摘されることが多い。

表2　再生可能エネルギー、化石燃料、原子力の特徴

	再エネ	化石燃料	原子力（ウラン）
地理的賦存	遍在（地域差あり）	偏在（特に石油）	偏在
可搬性	ほぼ無し	高い	限定的
利用・立地・形態	制約・多数・分散型	自由・多数・多様	限定・少数・集中型
輸出入	しない	大規模にする	する
枯渇・再生可能	再生可能	枯渇	枯渇
価格変動	しない：限界費用ゼロ	大きい	小さい
エネルギー自給	貢献（純国産）	貢献せず（非資源国）	貢献（準国産）
エネルギー密度	低い（除く水力、地熱）	高い	高い
発電コスト	高かった（初期費用大）	低い（負の外部性あり）	低い（社会的費用大）
環境適合性	高い（一部に景観破壊）	低い	高い（CO_2）低い（放射能）
技術的成熟度	低い	高い	高い

出所：筆者作成。後述のバイオマスは再エネだが当てはまらない項目もある。ウランは可搬性
に一定の制約を受け、原発の立地は限定される。

第3節　再生可能エネルギーの可能性

再生可能エネルギーの長所

　本章第1節で簡単に触れたが、再エネとは、水力、風力、太陽光、地熱、バイオマスといった、自然環境によりほぼ自動的に再生産されるエネルギーを指す。これらの再エネは近代以前から利用されてきたが、産業革命以降は圧倒的なエネルギー密度を誇る化石燃料に太刀打ちできなくなり、水力発電を除けばほとんど利用されなくなった。世界のエネルギーミックスの80％以上が化石燃料だと前述したが、再エネは13.9％に止まる（図8）。

　しかしながら再エネには、化石燃料とは根本的に異なる長所が複数ある（表2）。第1に、偏在性が低く、様々な地域に遍在している。概ね風はどこでも吹くし、太陽光はどこでも差す。北欧は日照時間が短い、イギリスは地熱がほぼないといった地域差は小さくないものの、逆に両地域ともに風が強い。砂漠に水力はないが、太陽光は豊富といったように、多様な再エネの中で何らかの代替・補

完が可能であることが多く、どの国も一定の「資源国」と言えよう。

　第2に、（後述のバイオマスを除いて）純国産のエネルギーであり、輸入の必要がない。これは、次章のエネルギー自給率に寄与し、エネルギー安全保障上の価値が極めて高いということだ。特にこの点が、第6章で議論する国際政治経済関係への影響につながる。

　第3に、自然環境が莫大な量を自動的に再生産してくれるため、賦存量に限りがなく、原則として枯渇しない。地球環境が適切に維持される限り、地熱やバイオマスを除いて、半永久的に利用できる。

　第4に、第3と同様の理由で、エネルギーとしての費用はゼロである。これは、価格変動や高騰の恐れがないことを意味するとともに、国際取引の対象にならないとも言える。但し、バイオマスや電力は除く。一方で、エネルギー供給（発電）においては、設備に対する初期投資の割合が大きくなる。固定費が大きく、変動費（限界費用：後述）が小さいということだ。

　第5に、相対的に自然環境に優しい。発電時に二酸化炭素を排出せず、大気汚染をもたらさず、放射能汚染や放射性廃棄物の最終処分といった解決困難な問題もない。気候変動対策の強力な手段たりうる。もっとも、ダム開発による自然破壊は以前から批判されてきたし、近年ではメガソーラーによる景観破壊や風車による騒音が問題視されている。

バイオマスの特殊性

　なお、再エネの中でもバイオマスは、上記の特徴が当てはまらない場合があることを付言しておきたい。バイオマスは、基本的に化石燃料と同じ用途に供される。燃焼時点でエネルギーとしてなくなるし、二酸化炭素も排出する。しかし、再度植林することで50年といった単位で再生可能と、また木々の生育過程で二酸化炭素が吸収されることからカーボン・ニュートラルと、みなされている。

　一方で、木質チップなどの費用はゼロではなく、可搬性が高いため取引の対象になり、価格変動もする。木質チップを海外から輸入すればエネルギー自給率に貢献しないし、熱帯雨林を違法に伐採した成果物である場合には環境適合性が低いし、いずれ枯渇しかねない。これらの場合には、上記の再エネの長所が当てはまらない。実際に日本のバイオマス利用の過程で、これらの問題が生じている。

　また、ブラジルや米国で普及しているバイオマスの一種として、植物由来のバ

イオ燃料がある。サトウキビなどの栽培作物を発酵させたバイオエタノールと、アブラヤシなどの油糧作物を搾油して作るバイオディーゼルなどに分けられる。再エネとしてのバイオ燃料の長所は、ガソリン自動車やガソリンスタンドといった既存のインフラをほぼそのまま利用でき、航空機や船舶といった電化が難しい運輸手段の燃料としても有望といった点である。一方で短所は、食用穀物の栽培との競合があり供給に農地面積上の制約がある、燃料としては再生可能かもしれないが、その製造（栽培）のために多くのエネルギーを消費する、などである。

　このように一般の再エネと異なるバイオマスは、化石燃料代替として熱電併給（コジェネ）や出力調整運転が可能という長所もあるものの、賦存量や生産量の観点から一定の限界があると見られている。そのため近年では、生産性の高い藻類や食物と競合しないセルロース系のバイオ燃料の開発が進められているが、現時点で商業化されているとは言い難い。

再生可能エネルギーの高コスト

　ここまで見てきた通り、再エネには様々な特筆すべき長所があるが、20世紀末まで水力を除けばほぼ省みられて来なかった。その最大の要因はコストにあった。再エネの経済効率性は著しく低かったのである。

　例えば太陽光発電は、2000年前後には 1 kWh 発電するのに100円近くかかっていた。これは、発電設備等の投資回収も含めた均等化発電単価[12]の数値だが、原子力や石炭火力で10円程度、高い石油火力でも20円程度であったから、商業ベースでは話にならなかった。そもそも天候に左右されることで設備利用率[13]が低く、風力発電は20％、太陽光発電は12％前後に止まっていた[14]。その結果、太陽光や風力といったエネルギー自体（限界費用）が無料でも、その設備費用が

---

12) 発電コストには、限界費用と均等化発電単価の 2 つの概念がある。限界費用とは、1kWh の追加的な発電に要するコストであり、概ね燃料費が該当する。発電設備の存在を所与とした短期的な概念であり、火力発電はこれが高くなる。一方の均等化発電単価は、初期投資を含めた稼働期間全体に要する費用を全発電電力量で割った単価である。投資回収の観点からは均等化発電単価が重要であるが、日々の運転においては限界費用が重要な指標となる。限界費用が低い電源から順に運転（給電）させる考え方を、メリットオーダーと呼ぶ。

13) 設備利用率とは、その発電設備が 1 年間（8,760時間）フル稼働した場合と比べた、実際の発電電力量（kWh）の割合を指す。設備利用率が高ければ高いほど年間の発電電力量が増え、固定費を回収できるため、kWh 当たりの均等化発電単価は下がる。

極めて割高になった。いくらエネルギー安全保障や環境適合性に寄与しても、電気料金が5倍、10倍になれば、消費者から支持されないだろう。

　これと関連する短所として、国土が狭い日本には設置場所がないという指摘もあった。前述の通り、再エネはエネルギー密度が低い。化石燃料と比べて多くの運動量を提供できないため、例えば太陽光発電には広大な土地を必要とする。よく、「原発1基分の発電電力量のためには、太陽光パネルを山手線内に敷き詰める必要がある」といった批判がなされるが、計算上は間違っていない。その結果、土地代の割合が高くなるのであり、屋根置きの太陽光パネルを除いて、再エネは人口稠密地域には向かないということである。

再生可能エネルギーの「不安定性」

　もう1つの大きな短所として、再エネは「不安定」だと言われてきた。太陽光や風力は、天候によって運転が左右される。風が止めば風車は止まるし、太陽光は夜には1kWhも発電してくれない。これらは「変動性再エネ」と呼ばれ、水力や地熱、バイオマスとも区別される。このような天候任せの発電方法に対して、火力や原子力は、運転側が発電を制御可能であるため、水力などとともに「安定電源」と呼ばれてきた。安定電源中心の電力システムに「不安定電源」を入れると、停電が起きかねないため、変動性再エネ電力の導入には、5％や10％といった上限があるというのである。これは、国内の安定供給という意味でエネルギー安全保障上の問題につながる。

　原理的には、大容量の蓄電池を大量に利用できれば、「不安定性」の問題は解決する。再エネの出力変動をその都度蓄電池の充放電で吸収し、夜間でも利用できるからである。しかしこれまで蓄電池は高価であり、再エネの出力変動対策として利用するのは現実的ではなかった。だから再エネは高コストであり、エネルギー転換は非現実だという議論が、特に日本ではなされてきた。

　高コストと不安定性以外にも、再エネは可搬性が低いという短所がある。これは、自然現象そのものである太陽光や水力を「輸送する」ことが物理的に不可能

---

14) 例えば、資源エネルギー庁資料「再生可能エネルギーについて」2012年5月。なお、水力は60％、地熱は80％とされる。https://www.jst.go.jp/ristex//env/03wisdom/katsudou/pdf/20120624_02.pdf

だからであり、立地制約を受けることを意味する。火力や原子力の場合には、燃料を自由に輸送できるため、理論上はどこでも（山手線内でも）発電所を建設できる[15]。しかし再エネについては、大河がなければ大規模水力発電所は造れないし、風況が悪いところに風力発電所を建てても意味がない。

また、立地場所が制約されるということは、地域との合意形成が求められるということでもある。その典型例は地熱で、温泉組合の反対で導入が進まないことはよく指摘される。一方、これは短所であると同時に、上手く進めれば地域活性化の手段という長所にもなりうる。例えば、木質バイオマスを地域で効果的に活用すれば、林業が活性化する。原子力はこの点に大いに苦労してきたわけだが、再エネもこの点から自由ではない。太陽光発電が景観を阻害することに対して近年地域の反対運動が起きているように、地域社会からの受容性をどう高めるかは、電源種別（表2）にかかわらず今後特に重要になるだろう。国際対立より国内対立に留意する必要性が高まると言ってもよい。

最後に、化石燃料と比べた再エネの短所として、主として発電用途に限られる点を指摘したい。化石燃料は、火を起こすという熱エネルギーを基本とするため、発電だけでなく熱供給や運輸など多用途に利用されてきた。しかし以前から再エネの主力であった水力は発電用途に限られ、直接的には熱供給や運輸に使えない。今後増加が見込まれる風力や太陽光も発電用途に限定され、熱供給に使えるのは、バイオマスや地熱、太陽熱などに止まる。そのため、再エネ導入といってもエネルギー全体の25％程度を占める電力部門が中心となり、他の75％の消費部門の脱炭素化は容易ではない。この点は、今後克服すべき未来の話であり、第5章第2節で触れる。

従来型再エネと新興型再エネ

産業革命以前のエネルギーは、薪炭や水車の水力といった「原始的な再エネ」の粗放的な利用が全てであった。産業革命により、これらは化石燃料に取って代わられたわけだが[16]、それでもエネルギー密度の高い水力や地熱は一定程度利

---

15) なお、原発は原理的に大量の冷却水が必要なため、大河の少ない日本では、全てが海岸沿い（の過疎地）に立地している。

16) 発展途上国においては、現代でも薪炭が粗放的な形で大量に利用されている。

表3　再生可能エネルギーの系譜

	種別	利用時期	特徴
原始的な再エネ	水力（水車） 風力（風車、帆船） 薪炭	古代〜現代	粗放的 小規模 動力、燃料として
近代的な再エネ	従来型再エネ 水力（発電）[16] 地熱[17] バイオマス	19世紀末〜	エネルギー密度が高い 賦存量に一定の限度 安定電源
	新興型再エネ 風力（発電） 太陽光（発電）	20世紀末〜	エネルギー密度が低い 賦存量は無限 変動電源

出所：筆者作成。

用されてきた。これらを「従来型再エネ」と呼ぶとすれば、1990年代以降に積極的に利用されるようになったのが、風力や太陽光などの「新興型再エネ」である（表3）[17]。従来型再エネと新興型再エネは、再エネとしての基本的な特徴は共有するが、その程度において異なる点がある。特に風力と太陽光は、エネルギー転換の牽引役として化石燃料に取って代わろうとしているのであり、長所・短所を含めて区別して考えることが重要である。

　その第1の理由は、新興型再エネの賦存量が圧倒的に大きいからである。従来型再エネの代表格である水力は、3Eをバランス良く満たすことが多いが、そのような大規模ダムの場所は限られ、特に先進国ではこれ以上の開発が難しい。これに対して新興型再エネは、日射量や風況における地域差はあるものの、砂漠や高原、屋根の上などより広範な地域に賦存する。近年では水上・洋上も活用され始めており、風力や太陽光には未開発のエネルギーが無尽蔵にある。

17）これら以外に潮力や波力は、更に新しい新興型再エネに該当する。但し、出力変動は小さく、一定の予測が可能である。

18）世界初の水力発電は1882年の米国、日本初の（自家用）水力発電は1888年の宮城県とされている。電気事業連合会ウェブサイト、「電気の歴史」https://www.fepc.or.jp/enterprise/rekishi/meiji/index.html

19）世界初の地熱発電は1904年のイタリア、日本初の地熱発電は1925年の大分県別府市とされている。JOGMEC ウェブサイト、「地熱発電のあゆみ」http://geothermal.jogmec.go.jp/information/history/history.html

例えば、総務省の緑の分権改革推進会議の「再生可能エネルギー資源等の賦存量等調査の手法と結果」（2011年3月1日）によれば、「種々の制約要因（法規制、土地用途、利用技術など）を考慮しない場合」の「賦存量」として、太陽光発電は532.7兆 kWh、風力発電は陸上と洋上を合わせて52.3兆 kWh に達する。日本の年間発電電力量は約1兆 kWh であるから、これら自然に降り注ぐエネルギー量は無限とすら言える。もちろんこれらは、現実には利用不可能なエネルギーが多くを占める。しかし、「制約要因を考慮した場合」の、さらに最も保守的なシナリオ1を選んだ場合の「推定利用可能量」でも[20]、太陽光が0.538兆 kWh、風力が0.445兆 kWh で、これら2つを足せば年間発電電力量に匹敵する。水力や地熱と比べてその賦存量は膨大で、長期的に頼るに値する。

　日本より太陽光に恵まれている地域は、世界中にある。世界の太陽光発電の賦存量を包括的に分析した World Bank（2020）によれば、中東、北アフリカ、サハラ以南アフリカ、南米のアンデス地域など、赤道周辺に特に太陽光に有利な地域が多く、これらの多くは発展途上国である。日本は、フランスやドイツなどとともに、単位面積あたり発電電力量では寧ろ恵まれない地域であり、発電コストも高くなる。だとすれば、今後エネルギー需要が増大する発展途上国において、太陽光が爆発的に拡大することが予想される。

　第2の区別すべき理由は、近年新興型再エネについて劇的なコスト低減が進んでいるからである。風力発電や太陽光発電は、コストが決定的に高かったため20世紀末まで普及しなかったが、2010年代に入って火力発電よりも低コスト化が進み、今や最も安い電源になっている。この最新の状況については、第5章第1節で触れる。

　第3の理由は、再エネの「不安定性」という短所は、従来型の水力や地熱ではなく、風力と太陽光という新興型に限った問題だからである。この変動性も再エネに頼れない理由であり続けたが、どのように克服しつつあるか、今後も対処できるのか、第5章で詳細に検討する。

20）シナリオ1とは、太陽光発電について、「屋根＋壁」でなく「屋根のみ設置」の場合、陸上風力について、「風速5.5m/s 以上」でなく「風速7.5m/s 以上」のみを対象とする場合。

第4節　省エネルギーとエネルギー効率の向上

省エネルギーの意義とエネルギー効率

　前述の通り、人類はエネルギー消費を拡大しつつ経済成長を成し遂げてきた。20世紀のエネルギー政策は、需要増を前提としてきたため、消費側に制約をかける発想に乏しかった。その結果、気候変動に限らない様々な環境問題が引き起こされ、またエネルギー供給上の限界も顕在化している。持続可能なエネルギーシステムを構築するには、化石燃料を再エネに置き換えるだけでなく、エネルギー消費量を削減する省エネが、もう1つの柱となる。

　消費のあり方を見直すことで、エネルギーの消費量が減れば、その分の化石燃料の二酸化炭素排出量を減らすことができる。さらに、化石燃料の輸入量が減るため、エネルギー自給率の向上はもちろんエネルギー費用の削減にもつながる。そのため省エネは、経済的及び社会的意義が高く、特に石油危機以降は重要な政策対象となってきた。

　日本では「省エネ」という言葉がよく使われるが、手段としての省エネには2種類がある。それらは、エネルギー消費の節減とエネルギー効率の向上である。欧州などでは、後者がよく使われる。その背景には、これまで現実にエネルギー消費の絶対量の削減には、先進国でも十分に成功してこなかった現実がある（図9）。

　第1にエネルギー消費の節減とは、単純にエアコンの設定温度を上げ（下げ）たり、自動車の運転時間を短くしたりする消費行動の変更を伴う。自動車の使用を控えて徒歩で済ませれば、当然ガソリンの消費量は減る。その場合、エネルギーによる効用は確実に下がっているのだが、そもそもそれ程必要なかった、あるいは余り負担に感じないといった場合も少なくないだろう。「我慢の省エネ」、「無理な節電」という場合もあるが、消費行動を変えて一定の効用を放棄すれば、結果としてエネルギー消費は確実に減る。

　これとは異なり、第2にエネルギー効率の向上とは、単位エネルギー当たりの効用を増やすことを指す。例えば燃費の良い車に乗り換えれば、同じ量のガソリンでこれまでより長い距離を走れる。その結果、エネルギー消費が減る可能性が

図10　主要国のエネルギー経済効率の推移

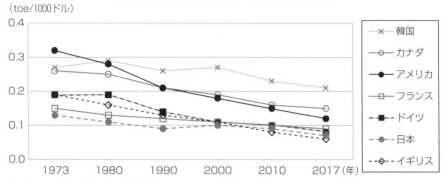

(toe/1000ドル)

出所：IEA（2019g）を基に筆者作成。GDP は2010年米ドル換算。

高いが、必ずしもそれを約束するものではない。ガソリン代が安くなるため、車で遠出する人もいるかもしれない。これまでエネルギー効率は向上し続けてきたが（**図10**）、人類の活動意欲は高まり続け、エネルギー消費量は減っていないのである。

　エネルギー効率の向上には、様々な技術革新が求められる。自動車の燃費を上げるのも、家電の消費電力を減らすのも、これら機器のメーカーの努力による。一度発電した後の排熱で再度発電するコンバインド・サイクル発電や、発電とともに排熱を熱供給に利用するコジェネもその一つである。と同時に、それら機器を買おう、使おうという消費者の意識も重要である。少々価格高でも高効率の機器への需要があれば、メーカーは開発する。一方、消費機器の供給者とエネルギー自体の供給者では、立場が異なることもある。ガソリンスタンドは、ガソリンをできるだけ多く売りたいため、売り上げ減をもたらす自動車の燃費の向上を歓迎しないかもしれない。

エネルギー変換効率、消費効率、経済効率

　エネルギー効率は、いくつかの指標で定量的に示すことができる。第1に、エネルギー変換効率である。これは、エネルギーを変換する機器において、投入量に対して利用できたエネルギー量の割合を指す。例えば石炭火発において、エネルギー変換効率は40％前後とされ、残りは排熱として捨てられる。同様に原子力は33％であるため、膨大な冷却水が必要になる。上記のコンバインド・サイクル

なら60％程度、コジェネなら70％程度に高まる。

　一方、エネルギーを利用して動かす機器については、エネルギー消費効率がある。これは、投入したエネルギーに対して得られる便益で示すことができる。例えばエアコンについて、1kW の電力でどれだけの冷暖房効果を得られるかを示すことができる。自動車の燃費（km/ℓ）も、考え方は同じである。

　より巨視的には、一国の一次エネルギー供給量を GDP で割ることにより、その国が単位当たりの経済成長にどの程度のエネルギーを使ったかがわかる。これが、エネルギー経済効率である。主要国についてエネルギー経済効率を求めると、全般的に向上し続けていることが分かる（図10）。より少ないエネルギーで経済成長しているということだ。一方で国別に見ると、日本はイギリスやドイツなどとともにエネルギー経済効率が高いのに対して、アメリカやカナダなどの資源国や韓国はそれほど高くない。一般に資源の少ない先進国は、省エネを重視し、相対的に無駄なくエネルギーを使っていることが多い。

省エネルギーの課題

　このように省エネの可能性は大きいものの、これを推進するには、再エネの場合とは異なる課題がある。第1の課題は、対象としての消費者が余りにも多く多様であるため、対策が一筋縄では行かないということだ。供給者は相対的に数が限られるため、政策による働きかけが容易だが、消費者の意識は多様であり、これを一律に規制するのは容易ではない。受け入れ可能かつ効果的な省エネ政策は多くない。これに対して近年は、ICT の力を借りた消費行動の最適化、即ち「スマート化」が期待される（第4章第4節）。

　第2の課題として、省エネを推進する経済主体が少ない。再エネや原子力の新規開発であれば、そこから利益を受ける関連事業者が推進し、政策的支援を求める。しかし省エネは、ガソリンにしろ電力にしろ、基本的に既存ビジネスの規模の縮小を意味し、それ自体がビジネスになりにくいため、推進勢力が少ないのである。その背後には、大量生産・大量消費型の20世紀の経済社会システムが横たわっているとも言える。

　最後に、国際政治経済関係への影響という本書の関心からは、省エネは限定的・間接的である。エネルギー消費の節減もエネルギー効率の向上も、基本的には国内の消費現場で行うものであり、それ自体が輸出入されるものではない。省

エネはこれまでも国際政治の主要課題ではなかったということである。そのため本書では、省エネを大きくは扱わないが、省エネが進めば化石燃料の輸出入が減り、化石燃料時代の終わりは確実に早まることは間違いない。省エネも、エネルギー転換の柱の1つとして重要である。

第2章

国際政治経済学とエネルギー安全保障

　序章で触れた通り、20世紀においてエネルギーは、国際政治にも国際経済にも大きな影響を与えてきた。そして21世紀にエネルギー転換が起きるとすれば、化石燃料が再エネと省エネに代わられるとすれば、その国際政治経済との関わり方は、大きく変容せざるを得ない。本書が化石燃料の時代を分析するにも、エネルギー転換の時代を分析するにも、国際政治経済学の知見が必要となる。本章では、国際政治学から派生した学問分野である国際政治経済学とは何か、エネルギーとどう関わるか、学術的背景を説明する。

第1節　国際政治経済学の射程

国際政治学におけるリアリズムとリベラリズム

　国際政治学は、国際社会における政治を研究対象とした政治学の一分野である。国際社会には、国内のような統一的な権力主体や一元的な秩序が存在せず、「アナーキー：無政府状態」と呼ばれる状況にある。ここにおける政治の最大の主体とは、21世紀の現在でも主権国家である。国家政府は、他国からの侵略を防ぎ、あるいは他国と同盟し、場合によっては他国を攻撃することで、国境という枠によって規定される自国の領土や国民の財産を守ってきた。したがって、国際政治とは国家政府間の政治であり、外交的交渉、政府の意思決定、戦争と平和などを分析するのが、国際政治学の射程である。これらを一言で言えば、「安全保障」となる。

　『国際関係・安全保障用語辞典』（小笠原他 2013）によれば、安全保障とは、「脅威の不在・脅威からの自由」を示す一般概念であり、「行為主体が、獲得した

価値を、それを剝脱しようとする脅威から、独自あるいは他者との協力によって守る」政策概念でもある。国際社会には中央の権威（世界政府）が存在しないため、「国家が他の国家からの侵略を軍事力によって守る」（同上）国防こそが、長らく安全保障の中心概念であった。

　国家の安全保障の世界では、ゼロ・サム的な考え方が基本とされる。国家同士が対立関係にある以上、自国が軍事力を拡大すれば、敵国は軍事的にマイナスとなる。自国の領土が攻撃されれば、それは攻撃した敵国にとってプラスとなる。一方のプラスは他方のマイナスとなる（総和がゼロ）のだから、国家は国益中心に是々非々で物事を判断し、協調の機運は生まれにくい。このような中で各国家は、様々な手段を使いつつ、自国の安全保障を確保しようとする。この国家という主体の役割を重視し、国家間のゼロ・サム的な相互作用に注目するのが、国際政治学のリアリズム（現実主義）の基本的な考え方である。

　国際政治学の主たる研究対象も、このような国家という主体による安全保障にまつわる外交や軍事の分野が中心であった。それらはハイ・ポリティクス（高次元の政治）と呼ばれ、経済や通商といったロー・ポリティクス（低次元の政治）の分野とは区別された。国家と国家の利害関係や外交交渉を見ていれば、国際関係は十分に説明できると考えられてきたのである。

　一方で現実に第二次世界大戦後は、国際連合といった国際機関が整備され、地域紛争の解決や国際金融など国境を超えた活動の調整において、一定の役割を果たしてきた。また経済のグローバル化が進み、多国籍企業が強大化し、国際関係にも影響を与えるようになってきた。そもそも貿易は、リカードの比較生産費説で説明されたように[1]、当時国双方に便益を生みやすい。自国も他国もプラスになるのであり、これはプラス・サムあるいはポジティブ・サムと呼ばれる。他国の便益の方が相対的に大きかったとしても、自国も便益を得るのだから、国際的な協調関係は生じやすい。これら、国際機関や多国籍企業の役割、あるいは国際経済上の交流の影響を重視するのが、国際政治学のリベラリズムの系譜である。リベラリズムは、個人や企業の自由な活動を前提として、対立より協調に期待し、国際関係について現状改革的姿勢が強くなる。

　1）２カ国間でそれぞれ比較優位にある商品の生産に特化して貿易を行えば、双方が利益を得て国際分業が進むという、国際貿易を肯定する理論。

　国際政治学の分野では、以前からリアリズムとリベラリズムの論争があった。国家間の対立を大前提としてその対立を巡る外交・軍事に注目するか、国家以外の主体にも注目して国際関係の対立の改善に期待するか。純粋に貿易や国際金融を経済学的に追究する国際経済学という分野もあるが、国際政治学者が国際関係を分析するに際して、経済面の考慮は一般に十分でなかった。国際政治経済学者のスーザン・ストレンジ（1994: 69）によれば、国際的な断面で「経済学と政治学が分離されている」ため、エネルギーのような私的財が国家の安全保障に与える影響への関心は低かったのである。

国際政治経済学の誕生

　しかし1960年代あるいは70年代以降、安全保障を巡る環境が複雑化し、安全保障の概念は多元化した。即ち、ベトナム戦争やドル危機、石油危機を経て、米国の相対的な国力が低下する中で、日米貿易摩擦が政治化するなど、経済面が国際関係に与える影響が大きくなってきた。経済的基盤や最先端技術があるからこそ国力が増し、軍事的にも優位に立てる。戦争自体が難しくなった時代において、軍事的戦争を仕掛けるよりも貿易戦争で勝った方が、国益のためには安上がりかもしれない。「各国政府にとっては、産業政策や経済政策がますます重要になり、逆に外交政策や防衛政策は以前ほどには重要ではなくなった」（ストレンジ1994: 93）のである。

　こうして、国際関係を国家間の外交・軍事的側面だけでなく、経済・通商的側面からも分析する、あるいは国際政治と国際経済の相互作用に注目するアプローチの重要性が、1980年代以降に指摘されるようになった。こうして、国際政治学が学際的に発展する形で生まれたのが、国際政治経済学である。特に1990年代以降は、東西冷戦が終結する一方で経済のグローバル化が進むなど、国際関係はさらに複雑化し、外交・軍事的側面だけでは説明できなくなっている。国際政治経済学の価値が増しているのである。

　国際政治経済学の主要な理論として、3つを挙げたい。第1に、「覇権安定論」である。これは、一つの超大国が覇権国として国際社会において指導力を発揮する時に、国際秩序は安定すると主張する[2]。覇権国とは、軍事力だけでなく経済力や文化的影響力を含む要素から判断され、自由貿易などに関する国際公共財（後述の国際レジーム）を提供する。覇権国が衰退すると、覇権に挑戦する大国

が台頭し、国際秩序は不安定化する。19世紀のパックス・ブリタニカに対し、20世紀はパックス・アメリカーナであるとされる。覇権安定論は、リアリズムの立場から経済的要素をマクロ的に統合し、国際関係を説明していると言えよう。

第2に、「相互依存論」である。これは項を移して詳述するが、国家間で経済面や文化面の相互依存関係が深まることで、相対的に国家政府や軍事力の役割は限定され、国際関係をプラス・サムの方向に導くと説く。国際機関や多国籍企業、NGOといった国家政府以外の主体の役割を評価し、協調に期待するという意味で、リベラリズムの立場にある。

第3に、相互依存論から波及した各論として「国際レジーム論」がある。国際社会がアナーキーだとしても、国家間で合意して国際的な枠組み（レジーム）[3] を形成することで、問題を協調的に解決することは不可能ではない。具体例が、自由貿易に関する世界貿易機関（WTO）の枠組みや、国際金融に関するブレトン・ウッズ体制（国際通貨基金と世界銀行）である。

エネルギー問題を扱う本書において、国際政治経済学に依拠するのは、エネルギーという財こそその分析対象として相応しいからである。第1章で説明した通り、エネルギーは市場で取引される私的財でありながら、その戦略性から国家の、政治の介入の対象となり易い。それは、国際的に偏在しているからこそ、大量に輸出入される一方で、国家間の対立と争奪の的になり、覇権のあり方を左右し、またエネルギーのために国際レジームが形成されてきた。エネルギーが、その国際的取引が、国際政治経済関係に大きな影響を与えてきたのであれば、それが構造的に変化する（エネルギー転換）時には、国際政治経済関係の再構築を要求するはずだというのが、筆者の仮説の背景にある。

相互依存論を巡る論争

国際政治経済学における主要な理論の1つで本書と深く関係するものとして、相互依存論を紹介したい。相互依存論は、二国間あるいは多国間において貿易や

2）論者として、チャールズ・キンドルバーガーやジョージ・モデルスキー、ロバート・ギルピンが有名。

3）Krasner（1983: 2）によれば、国際レジームは、「国際関係の特定の領域において、主体の期待が収斂するような、暗示的あるいは明示的な一連の原則、規範、ルール、意思決定手続き」である。

投資が活発化すれば、国家はそれを途絶させる紛争や戦争を回避するようになる、と説く。前述の通り、貿易は双方にプラス・サム的な利益をもたらすことから、両国はこれをぶち壊すような喧嘩をしにくくなる。結果的に、国際経済活動の深化が国家間の平和を招来するというのである。

　このような主張は、古くはプロイセンの哲学者イマヌエル・カントが、国際政治学の古典である『永遠平和のために』において指摘している。即ち、「商業精神は、戦争と両立できないが、おそかれ早かれあらゆる民族を支配するようになる」のであり、「国家権力の下にあるあらゆる力（手段）の中で、金力こそはもっとも信頼できる力であろうから、そこで諸国家は、自分自身が高貴な平和を促進するように強いられ」ている（カント 2005: 70-71）。より実証的には、ブルース・ラセットらの国際政治学者が、民主主義国家間で相互依存関係が深化すればするほど、戦争が起きにくくなることを膨大なデータを基に明らかにしている（Russet and Oneal 2000: 139）。

　一方で相互依存論に対しては、有力な反論も存在する。構造的リアリズムに基づく国際政治学者として著名なケネス・ウォルツは、第一次世界大戦前の欧州において、イギリスやドイツといった大国間の貿易が盛んであったことを挙げて、経済面では相互依存が高かったにも関わらず戦争を防げなかったことを指摘した。「一般に経済的便益への期待よりも軍事的損失への恐怖の方が大きい」（Waltz 1965: 737）からだという。

　やはりリアリストの国際政治学者であるジョン・ミアシャイマーは、相互依存は協調だけでなく紛争をもたらすこともあると主張した。なぜなら、「相互依存とは国家の安全保障上の脆弱性に他ならず、その国家が決定的に重要な財の供給を他国に依存している場合には、戦争などの際にその供給停止が起きることを恐れて、その供給への政治的関与を強化しようとする」（Mearsheimer 1990: 45）からである。「国家と国家が相互に脆弱性を持つとしても、その依存度は必ずしも対等ではなく、依存度が低い方は依存度が高い方に対してより大きな交渉力を持つため、より大きな譲歩を迫るかもしれない」とも指摘した。

　実はリベラリストである前述のカントも、統治形態と戦争を結びつける形で相互依存論の限界を認めている。即ち、「共和的体制」では、「戦争をすべきかどうかを決定するために、国民の賛同が必要となる」ため、その負担を負うことになる国民は、「割に合わない賭け事をはじめることにきわめて慎重になる」が、専

制国家では、独裁者にとって「戦争はまったく慎重さを必要としない世間事」になるという（カント 2005: 32-33）。要するに、民主主義体制の場合と権威主義体制の場合とを分けた議論であり、これが「デモクラティック・ピース論（民主的平和論）」と呼ばれる所以である。

　このカントの古典的議論を受けて、相互依存と国家体制との関係を整理したのが、Gelpi and Grieco（2003: 54）である。これによれば、民主主義国家間では、相互依存の深化が戦争のリスクを下げる要因として働く。しかし権威主義国家にとっては、必ずしも幅広い国民の支持を得る必要はないため、貿易による利益を途絶させる戦争に対する忌避感は低く、むしろ相互依存が戦争の口実になることもあるという。

　このような国際政治経済学上の論争は、本書にとって極めて示唆的である。エネルギーが、ミアシャイマーの言う「決定的に重要な財」だとすれば、国家政府には「その供給への政治的関与を強化しよう」という誘因が働く。中でもその依存度が対等でない場合には、例えば交渉上優位に立つ産油国は、消費国に対して「大きな譲歩を迫る」可能性がある。更にその産油国が権威主義体制の場合には、経済的利益を犠牲にしても紛争や対立に至る可能性は高まることになる。

第2節　経済安全保障の概念

経済安全保障の定義

　前節のように経済面から一国の安全保障を考える概念として、「経済安全保障」がある。以前は安全保障といえば、外交・軍事の話に相場が決まっており、これら政治的手段が国際政治に影響を与えてきた。しかし、1970年代以降は経済面にも注目が集まるようになったことは、前述した。一国の産業や貿易の状況、最先端技術や戦略的資源の有無といった経済的基盤が、外交力や軍事力にも影響し、結果的に安全保障を左右するとすれば、これらに対して国家が政治的目的から関与することが促される。

　一般に経済は、市場を通して財やサービスが効率的に取引される仕組みであり、消費者個人や個々の企業の自由な選択に委ねられている。そこでは、市場の失敗といった場合を除き、政府は過度に関与すべきでないというのが、経済学におけ

表4　国際政治経済における経済安全保障

領域	主体	手段	目的
国際政治	国家政府 （国際機関） （NGO）	→ 外交・軍事（政治的手段）	→ （国家）安全保障 経済安全保障 （エネルギー、食料）
国際経済	多国籍企業	① 経済的基盤の防御的確保 ② 経済的手段の政治的行使 → 貿易、投資、技術開発	→ 経済効率性 （利潤最大化）

出所：筆者作成。

る自由主義の基本的な考え方である。多国籍企業は、利潤の最大化を目的とした
経済的行動を通じて国際経済に影響を与える。一方で安全保障は、市場の失敗の
1つとしての公共財であるから、そもそも政府による直接供給が求められる。し
たがって経済安全保障とは、安全保障という名の下に、政府が自国を含む国際経
済に関与することを正当化する概念と言うことができる。

　野林他（2007: 103）によれば[4]、経済安全保障は、「国家やそれを支える国民
経済の一体性、その維持、発展が脅かされているという認識の下にとられる対外
経済政策、あるいは経済を『力の資源（手段）』として市場のルールを逸脱して
用いる行為およびその相互作用」と定義される。これを参考に本書では、経済安
全保障のあり方を以下の2つに分類したい（**表4**）。

経済的基盤の防御的確保

　第1に、自国にとって戦略的に重要な「経済的基盤の防御的確保」である。一
般的な安全保障が「脅威の不在」であるならば、一国の安全保障にまで影響を与
えかねない経済上の脅威がない状態の実現と言っても良い。

　例えば近年の米中貿易摩擦において、2019年5月に米国のドナルド・トランプ
大統領は、自国の安全保障にとってリスクのある外国企業の通信機器を、米国企
業が使用することを禁止した。その際の大統領声明では、「情報・通信技術のイ

　4）「経済安全保障: Economic Security」は、冷戦直後に米国のクリントン政権が使ったこと
　　から一般化した用語とされる。

ンフラとサービスに積極的かつ急速に脆弱性をつくり出し、それを悪用している外国の敵たちからアメリカを守る」ためと説明した[5]。これは、中国のファーウェイなどを念頭に置いたものとされているが、米国の貿易上の利益のためだけでなく、経済安全保障の確保のためと考えられる。同様の構図は、1980年代の日米半導体摩擦の際にもあった。

　軍事に関係する最先端技術以外に、国家が防御する経済的基盤の例として、エネルギーと食料が挙げられる。日本の外務省経済局には、資源安全保障室が存在する。外務省のウェブサイトによれば、同室の業務内容は、「エネルギー、鉱物資源、食料の安定供給の確保等」であり、その具体例として、「エネルギー安全保障」と「食料安全保障」が明記されている。これら2つの財が、特に重要な経済安全保障の対象と位置付けられているのである。

　後者の食料安全保障について、外務省のウェブサイトには、「食料は人間の生命の維持に欠くことができないものであるだけでなく、健康で充実した生活の基礎として重要なもの」である一方、「世界的な人口増加等による食料需要の増大、気候変動による生産減少など、国内外の様々な要因によって食料供給に影響を及ぼす可能性があ」るため、「不測の事態が生じた場合の具体的な対応手順の整備等を進めておく」という[6]。やはり生命に直結するという意味で食料は特殊な私的財であり、一方でその供給を海外に依存するという脆弱性を持っている。それが故に、その安定的な確保に国家の積極的な役割が求められるのである。

経済的手段の政治的行使

　経済安全保障の第2のあり方とは、国家の安全保障を実現するために、自国に優位性のある財やその貿易にまつわる措置を、政治的理由から取引手段として他国に対して行使することである。野林他（2007: 106）はこれを、「経済の『力の資源』としての利用」と呼んだが、具体的にはココム（対共産圏輸出統制委員会）などの輸出規制や経済制裁、石油危機のようなエネルギー貿易の武器化が挙げられる。軍事力そのものではなく、「決定的に重要な財」に関わる国際経済上の手段を使って、相手国を自らの政治的意図に服させようとする能動的な働きか

5）BBC News Japan, https://www.bbc.com/japanese/48291217
6）外務省ウェブサイト。https://www.mofa.go.jp/mofaj/gaiko/food_security/index.html

けである。

　2019年に日本政府は、韓国に対して半導体素材の輸出管理を強化した。韓国が大量破壊兵器関連製品について輸出規制違反を行なったことに対する、安全保障上の理由としているが、日韓間の徴用工問題への対抗措置であると疑う人は、日本国内でも少なくないだろう。これは、日本による「経済的手段の政治的行使」に該当すると考えられるが、それが可能なのは、フッ化水素などの半導体素材の偏在性が高いからであろう。日本企業の提供する製品が代替困難な中で、これへの輸出管理を強化することが、半導体産業に依存する韓国に対する経済的手段、即ち、韓国政府への圧力になるのである。

　このような「安全保障のための経済的手段」の重要性を強調するのが、長谷川（2013）である。「経済的手段」の中には、報復関税や禁輸措置など経済的損害を与えるものだけでなく、関税上の優遇措置や軍事技術の移転など相手国に経済的利益を与えるものもあるが、いずれも自国の経済的利益の実現よりも安全保障上の目的の実現のために、行使すると考えられる。さらに長谷川（2013: 7-8）は、その「戦略的ねらい」に着目して、経済的手段を「シグナル」、「強化」、「封じ込め」、「強制」、「買収」、「相殺」、「抽出」、「誘導」の8つに分類している。

　本書のエネルギーの観点からは、第1の「経済的基盤の防御的確保」も、第2の「経済的手段の政治的行使」も共に重要な概念である。特に輸入国の立場からは、エネルギーは防御的に確保すべき国家的に重要な財であり、後述のエネルギー安全保障につながる。輸出国の立場からは、エネルギーは安全保障のために政治的に行使する手段となりえ、後述の石油危機につながる。

　他方でこれら2つの経済安全保障には、「効率と安全のジレンマ」（田所 2008: 188）が発生することに留意が必要である。政府が経済的基盤の防御的確保を講じれば、一定の政策費用がかかる上、その市場介入によって経済的利益を阻害する可能性が高い。例えば日本がコメを自給するには、高関税により海外の安いコメを買わないことになるため、国内の消費者には経済的負担をかけることになる。またロシアがウクライナへの天然ガスの供給を政治的理由で停止すれば、国営のガスプロムは売り上げを減らしているはずである（第3章第7節）。前述の半導体素材の輸出管理についても、韓国企業が国産化に成功すれば、日本の輸出企業は永遠に市場を失うかもしれない。経済効率性と経済安全保障の間には、トレードオフの関係が存在するのである。

ここまでの議論をまとめれば、安全保障とは、伝統的な外交・軍事的側面と、近年重要性を増している経済・通商的側面に分けることができる。そして後者の経済安全保障は、「経済的基盤の防御的確保」と「経済的手段の政治的行使」の2つに分類できる。本書はエネルギーの観点から経済安全保障に注目するわけだが、政府が究極的に追求するのは、政治と経済の両面を含む国家全体の安全保障ということになる。そこで、本書で多用する概念としての経済安全保障と区別するため、軍事面を含む国家全体の安全保障を「国家安全保障」と呼ぶことにする。

第3節　エネルギー安全保障の概念

エネルギー安全保障の定義[7]

　それでは、外務省資源安全保障室の所管事務でもある、エネルギー安全保障とは何か。前章第1節では、簡単に「エネルギーが途絶することなく確実に供給されること」と定義した。エネルギーを直接所管する資源エネルギー庁の『エネルギー白書2010』によれば、エネルギー安全保障は、「国民生活、経済・社会活動、国防等に必要な『量』のエネルギーを、受容可能な『価格』で確保できること」と定義されている。またエネルギー政策基本法にも、第2条（安定供給の確保）として、エネルギー安全保障への言及がある。「世界のエネルギーに関する国際情勢が不安定な要素を有していること等にかんがみ」、政府は「エネルギーの供給源の多様化、エネルギー自給率の向上及びエネルギーの分野における安全保障を図る」。

　エネルギー安全保障は、国際的にも共有された概念である。例えば欧州委員会によれば、エネルギー政策の目的は、「経済競争力」、「安定供給: Security of Supply」、「環境」の3つに集約できる（Commission of the European Communities 1995: 15-31）。その内「安定供給」は、「将来の必要不可欠なエネルギー需要が確実に満たされるよう、受け入れ可能な経済的条件の下で域内のエネルギー資源や戦略的備蓄を共有するとともに、域外の多様なエネルギー資源を安定的に確保すること」である。

　7）より詳細なエネルギー安全保障の定義については、Johansson（2013a）を参照のこと。

　自然環境が無料で供給してくれる再エネを除くエネルギーは、私的財であるため、政府が直接供給する必要はない。海外では、石油会社や電力会社が国営企業といった場合はあるものの、政府自体がエネルギーを供給する必要はない。一方で、エネルギーは水資源と同様に経済社会の機能に不可欠な財である上、食料以上に自国だけで十分な量を供給できないことが多い。海外からの輸入に依存せざるを得ないことから、エネルギー安全保障のために政府の介入が正当化されるのである。

　『エネルギー白書 2010』によれば、エネルギー安全保障の概念が登場したのは、産業革命以降である。「18世紀の産業革命を契機に、従来の薪炭から石炭へエネルギー源がシフトし、蒸気機関を動力とする艦船や鉄道等が利用されるように」なった。次に飛行機や戦車が本格的に使われた第一次大戦を経て、石油が戦略的エネルギーとして認識されるようになった。こうして、「国力増進と戦争遂行のためのエネルギー安定確保」という視点から、エネルギー安全保障の概念が確立されていったのである。

　その後、第二次大戦を経て、石油の戦略的エネルギーとしての地位は盤石なものとなり、石油を巡る国家間の争いは繰り返された。この石油時代の対立的な国際政治経済関係を扱うのが次章であるが、日本の対米開戦の一因に対日石油禁輸措置があったことは、よく知られている（外務省 1992: 18-20）。また1970年代の石油危機では、中東諸国による石油を巡る「経済的手段の政治的行使」が世界中に甚大な影響を与え、先進各国にエネルギー安全保障の重要性を認識させる決定的な契機になった[8]。20世紀においてエネルギー安全保障とは石油の安全保障であった。

エネルギー安全保障上の 3 つのリスク

　『エネルギー白書 2010』では、さらに「エネルギー安全保障を脅かしうる主要なリスク」が列挙されており、それらを筆者なりに整理すると以下の 3 つになる。

　第 1 に、地政学的リスクである。地政学: geopolitics とは、その言葉通り、地

8）エネルギー安全保障に関する包括的な文献レビューである Azzuni and Breyer（2018）によれば、石油危機を受けた1975年頃からエネルギー安全保障に関する学術論文が執筆されるようになった。

理学から国際政治にアプローチする学問分野であり[9]、国家間の対立や協調を考える際に、地形や気候、資源の有無や人口規模、国土面積や国境の状況など、地理的要素の影響に注目する。エネルギーの開発と輸送の文脈において、産油国や関係地域の地理的条件や政治・軍事情勢、その下で行使される禁輸措置や消費国間の資源獲得競争は、大きなリスク要因となりうる。特に化石燃料は国境を越えて取引される規模が大きいため、中東やアフリカといった地域の政治的安定や外交関係が、エネルギーの貿易に大きな影響を及ぼす。

第2に、地質学的リスクである。これは、埋蔵量の減少や資源の偏在など、エネルギーの自然的・物理的な賦存上の制約に関わるリスクを指す。化石燃料やウランは枯渇性エネルギーであるためいずれは無くなるし、不足すれば価格高騰が起きる。これへの対処策として、短期的には新たな資源を開発・確保することが、長期的・構造的には、枯渇することのないエネルギーに転換することが考えられる。

第3に、供給体制上のリスクである。一次エネルギーの開発現場では、事業上の問題や技術的な事故が起き得る。また、都市ガスやガソリン、電力といった二次エネルギーは、国内のガス網や電力網を通じて消費者へ提供されるが、このインフラが未整備だったり、運用技術の水準が低かったり、市場制度が不十分だったりすれば、発電所不足や災害による停電、投機による価格高騰が起きるかもしれない。一部の発展途上国で停電が頻発することはよく知られており、設備投資や技術者の育成などの対策が考えられるだろう。

このようにエネルギー安全保障には3つのリスクがあり[10]、いずれにも対処が必要だが、国際政治経済学の観点からは重要性が異なる。まず第3の供給体制上のリスクとは、エネルギーに関する技術や設備に負うところが多く、一義的には国内の公益事業者が対処すべきであろう。政府の役割は事業規制や事業者の支援であり、基本的に国内問題であるため、国際政治経済学との関係は薄い。

---

9) 学問分野としての地政学については、フリント（2014）を参照のこと。

10) 『エネルギー白書2010』では、これら3つ以外に、「需給逼迫リスク」、「市場価格リスク」、「天災・事故・ストライキ・パンデミック等のリスク」が挙げられていた。筆者は、これら3つは本文中の3つに包含され得ると考えている。例えば、「需給逼迫リスク」は、物理的な側面では「地質学的リスク」の表れであるし、市場における投機の結果であれば「供給体制上のリスク」の一例と言える。

　逆に第1の地政学的リスクこそ、国際政治経済関係に直接的影響を及ぼす。地政学的リスクは、輸出国との交渉など公共財たる外交の問題であり、民間企業が対処できる範囲を越える。2015年のいわゆる安保法制の国会審議において、当時の中谷元防衛大臣は、「ホルムズ海峡というのは日本のエネルギー安全保障上ずっと潜在的な危険性がある」と述べ[11]、エネルギーの国際貿易が「存立危機事態」の1つになると位置付けた。2019年末に日本政府は、イランと対立するトランプ米大統領の呼びかけに配慮する形で、中東海域への自衛隊派遣を決めたが、その背景に中東に賦存する石油があることは言うまでもない。エネルギーは経済的手段として頻繁に行使されるのであり、これへの対処こそが国際政治経済学的な意味でのエネルギー安全保障の主題であり続けた。

　第2の地質学的リスクは、一義的にはエネルギー開発企業などが技術的・商業的に対処すべきことであり、そもそも自然環境上の所与の制約であるため、政府ができることには限りがある。他方で、地質学的リスクに根本的に対処するには、くり返しになるが、エネルギー転換が求められる。エネルギー転換については第4章で詳述するが、これによって国際政治経済関係が構造的に変わるというのが、本書の最大のテーマであり、このような長期的な意味では、地質学的リスクも本書の対象である。換言すれば、21世紀のエネルギー転換時代には、地質学的リスクから脱却するが故に、地政学的リスクからも解放されるというのが、筆者の主張である。

資源国のエネルギー安全保障と資源の呪い

　日本においてエネルギー安全保障は、消費国として「経済的基盤の防御的確保」の意味で議論されることが多いが、資源国の立場からは別の議論がなされる。即ち、消費国にとっては安定供給（Security of Supply）が関心の的になるが、資源国にとっては、海外の安定的な輸出市場を確保する、エネルギー消費の安全保障（Security of Demand）が重要である。

　例えば、欧米から経済制裁を受けているイランは、最大の輸出商品である石油や天然ガスを自由に輸出できない。そもそもイランのような発展途上の資源国は、

11）第189回国会衆議院我が国及び国際社会の平和安全法制に関する特別委員会（2015年6月15日）。

貿易収入の多くをこれら一次産品に依存する場合が多いため、輸出市場を確保できない状況は、「経済的基盤の防御的確保」上の危機に該当する。逆に消費大国としての米国が、消費市場の閉鎖という「経済的手段の政治的行使」をしているとも言える。

したがって、資源国は国際政治経済関係において常に優位に立つとは限らない。エネルギーを有することによる弊害もある。特に以前から指摘されてきたのが、「資源の呪い: resource curse」である。資源の呪いとは、石油や鉱物資源などが豊富で輸出収入が大きい地域では、これと反比例する形で工業化や経済成長が遅れ、内戦が起きるなど政治体制も不安定化するという、逆説的な指摘である。

1970年代のオランダ病[12]もその一種と言えるが、Auty（1993）はザンビアやボリビアといった鉱業中心の発展途上国を中心に実証し、「資源の呪い」と名付けた。優位性のある資源産業に依存する結果、他の産業が育たない、資源開発のために農地が荒廃する、資源を巡って内戦が起きる、ことなどが原因とされる。さらにSachs and Warner（1995）は、同様の仮説について、産油国を対象に実証研究を行なった。

これら主として経済的な悪影響に関する議論に対して、有力な資源の存在が政治的な悪影響を与えうることを論じたのが、Ross（2001）である。これは、1971年から1997年までの113カ国を対象に回帰分析を行い、石油やその他の鉱物資源が権威主義体制をもたらしやすいことを指摘した。その要因として、石油収入というレントによって代表制の必要性が下がる「レンティア効果」、産油国政府が潤沢な資金を有することで民主化圧力を弾圧する「抑圧効果」、経済成長しても教育などの社会的変化が生じない「近代化効果」を指摘している。

もっともノルウェーのような先進資源国では、国家ファンドを設立して輸出収入を再投資することにより、資源の呪いに当てはまらない例もある。しかし、資源の呪いが中東やアフリカの産油国の多くに当てはまるのは否定し難いだろう。モノカルチャー的な資源国の莫大な輸出収入が、国民経済全体の発展に有効活用されず、権威主義体制が存続するのである。

---

12) 1959年にガス田が発見され、石油危機の時に莫大な天然ガスによる輸出収入を得たオランダでは、逆に製造業など資源以外の輸出産業が衰退し、失業者が増えた結果、経済や財政が悪化したことを指す。

一方、エネルギーなどの資源と紛争の関係を分析したのが、地政学者のル・ビヨンである。Le Billon（2001: 569-573）では、資源をその地理的分布から、鉱物資源のような特定地域への「一点集中型: point resources」と、森林資源や漁業資源のような広範な地域に渡る「分散型: diffuse resources」に分けた。一点集中型は、中東の産油国に見られるように、国家的な統制の対象になりやすく、場合によってはそれを巡ってクーデターが起きやすいという。対照的に分散型は、メキシコにおける農地やパレスチナにおける水資源を巡る争いのように、大衆反乱の対象になることがあるという。ル・ビヨンは、一国内での内戦などを想定していたものの、一点集中型資源として石油や天然ガスを捉え、分散型資源として再エネを捉えれば、本書において応用の余地があるだろう。

エネルギー自給率

エネルギー安全保障が国家的に重要だとして、その指標となるのがエネルギー自給率である。エネルギー自給率とは、国内で消費に回される一次エネルギーのうち、自国内で調達できる割合を指す。高ければ高いほど輸入依存度が低いため、安全保障上優れており、100％であれば必要なエネルギーを全て国内で確保できていることになる。とは言えそのような場合にも、いわゆる自給自足ではなく、通常は輸入も輸出も同時に行っている。例えば石炭は輸出するが石油は輸入する、あるいは同じ天然ガスでも価格に応じて輸出したり輸入したりすることもある。自給率が100％を超えれば、純輸出国ということになる。

図11は、主要国のエネルギー自給率の推移を示しているが、大きな格差があることが分かる。オーストラリアのような資源国は、自国内で必要な量の3倍を生産し、輸出に回している。米国は1970年代以降自給率が低下傾向にあったが、2000年以降反発しているのは、シェール革命（第3章第6節）のお陰である。逆にイギリスは北海油田のお陰で1980年から2000年にかけて自給率が100％を超えていたが、2000年以降低下しているのは、その枯渇が進んでいるためである。

日本や韓国は化石燃料に乏しいため、先進国の中でも特に自給率が低い。さらに日本の自給率が2017年に下がっているのは、2011年の福島原発事故を受けて、多くの原発が運転を停止しているからである。日本の6％（2017年）とは、主として水力発電と太陽光発電によるが、危機的状況と言えよう。

なお、原子力については、ウラン鉱石を輸入していれば原理的には自給ではな

図11　主要国のエネルギー自給率の推移

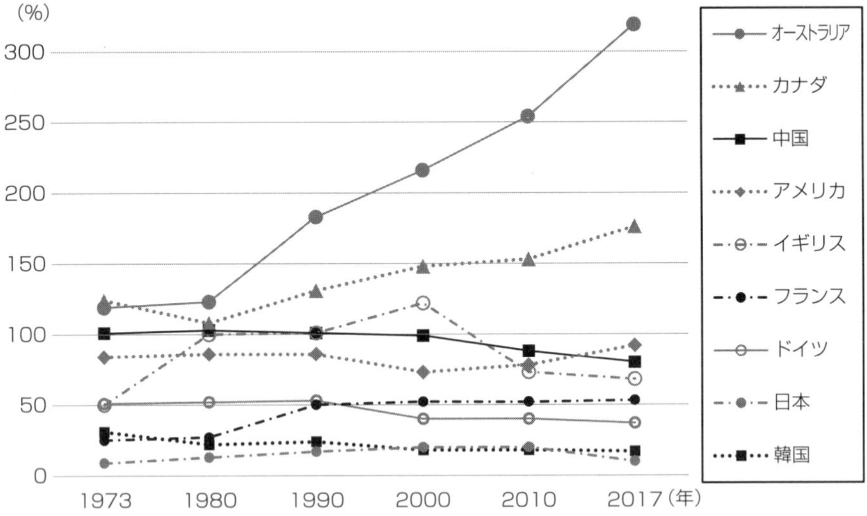

出所：IEA（2019g）を基に筆者作成。

いが、IEA などでは自給率に含めている。その理由は、少量のウランを1度取り替えると1年以上に渡って大量に発電できること、ウラン鉱石はカナダやオーストラリアなど政情の安定した国に多く分布していること、使用済み核燃料を再処理することで理論的には半永久的に利用できる（核燃料サイクル）ことなどであり、「準国産」エネルギーと呼ばれている。

エネルギー安全保障の施策

　それでは、エネルギー安全保障という政策目標を達成するために、あるいはエネルギー自給率を向上させるために、政府は何をすれば良いのであろうか。ここでは、地政学的リスクへの対処という観点から具体的な施策を考える。

　第1に、必要なエネルギーの自国内での開発である。化石燃料は偏在しており、海外からの輸入に頼らなければならないため、安全保障上の問題が起きる。オーストラリアのようにエネルギーを国内供給できるよう、油田やガス田の海底探査や開発を行う、そのような企業を支援することが考えられる。かねてより日本政府は、近海でのメタンハイドレート[13]の開発を進めているが、それはこのような理由に基づく。

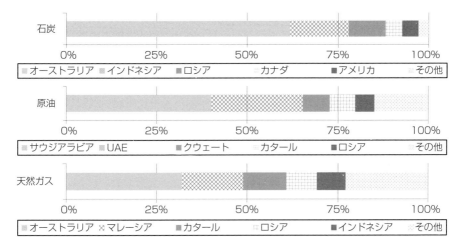

図12　日本の化石燃料の輸入元上位 5 カ国 (2017年)

出所：IEA（2019a），IEA（2019e），IEA（2019f）を基に筆者作成。

　第 2 に、エネルギーを国内開発できないのであれば、輸入にまつわるリスクを下げる。輸入元を多様化する、友好国や政治的に安定した国にする、シーレーン防衛上の問題の低い地域にする、などが考えられる。そうすれば、同じ量を海外から輸入するにしても、輸出国の事情や輸送上のリスクに左右されにくくなる。日本は、原油については75％以上を中東から輸入しているが、天然ガスや石炭については、オーストラリアやマレーシア、インドネシアなど、アジアやオセアニアの政治的に安定した国から輸入しており、エネルギー安全保障上のリスクが低いとされている（**図12**）。

　第 3 に、いざという時のために国内でエネルギーを備蓄・貯蔵する。石油については、1970年代の石油危機を契機として先進国間で協調的に備蓄を行う体制が構築された。日本については、2020年10月末時点で国家備蓄が145日分、民間備蓄が98日分ある[14]。このため政府は、北海道苫小牧市などに国家石油備蓄基地

13）メタンガスが海底で氷状に結晶化した固体。日本近海に大量に埋蔵されていることから、次世代のエネルギーとしての期待が高いが、採掘コストが極めて高く、商業化は進んでいない。

14）資源エネルギー庁石油精製備蓄課「石油備蓄の現況」（2020年12月）。

を有するとともに、民間タンクの借り上げも行なっている。天然ガスも貯蔵が可能であるが、欧米と比べて日本の備蓄は限定的である。

　第4に、省エネルギーが挙げられる。前章で触れたが、自動車の燃費の向上や節電努力などにより、エネルギー消費量全体を減らせば、エネルギー輸入量を減らし、海外依存度を下げることができる。消費機器の更新・改良などに一定の投資費用がかかるが、エネルギー費用の削減も期待できる。そのための規制や補助などの省エネ推進政策が求められる。

　第5に、代替エネルギーの開発がある。これは第1の自国内開発に近いが、石油などの化石燃料を国内の再エネなど他のエネルギーに置き換えるのである。前述の通り、石油から天然ガスに置き換えるだけでも、エネルギー安全保障上の意義があるが、更に自国の再エネに置き換えれば、エネルギー自給率も高まる。但しこれは、比較的長期的・構造的な対応となる。基本的には事業者が行うが、そのための計画の策定や基礎技術の開発、支援を政府が行う。

　第6に、市場機能の活用がある。エネルギーが輸出国政府の管理・影響下にあるからこそ、経済的手段として政治的に行使される。そのエネルギーの取引を市場中心にし、その市場規模を国際的に拡大すれば、一国の政府による価格操作や供給抑制などの介入が難しくなる。リスク分散という第2の施策とも重なる。1980年代以降の国際石油市場（第3章第5節）は、これを一定程度実現した。

第4節　エネルギーの国際貿易の現状

国際経済におけるエネルギー

　本章で見てきた通り、エネルギーという財は国内外の政治に様々な影響を与えている。一方でエネルギーは基本的に私的財であり、市場を通して、国境を越えて、莫大な量が取引されている。本章の最後に、国際経済におけるエネルギーの位置付けを定量的に整理してみたい。

　図8の通り、2017年の世界の一次エネルギー供給量は139.7億 toe で、その内81.2％が石油・石炭・天然ガスの化石燃料である（IEA 2019g）。化石燃料の間では、概ね石油：石炭：天然ガス＝10：8：7である。同じデータで、1973年には化石燃料比率が86.8％で、この時の内訳は10：5：3だった。割合は変化している

ものの、未だに人類が化石燃料、特に石油に大きく依存していることは間違いない。

2017年の化石燃料以外の18.8％ポイントの内、原子力は4.9％ポイント、水力は2.5％ポイント、他再エネの内太陽光や風力、地熱などは1.8％ポイントで、これら合計9.2％ポイントはほぼ全て電力になる。残りの9％ポイント強はバイオ燃料・廃棄物だが、この多くは発展途上国の原始的バイオマスと思われる。これらの非化石エネルギーの内、貿易の対象になるのは、電力とウラン鉱石、バイオマスの一部である。電力貿易については第6章第4節で詳述するが、その規模・金額は小さい[15]。国際貿易上重要なのは圧倒的に化石燃料であり、以下では石油、天然ガス、石炭について定量的データを示す。

化石燃料の生産量と消費量

まず石油（原油）について世界の生産量と消費量を見ると、**図13**の通りである。先進国は、生産量に占める割合は26.2％に過ぎないが、消費量では47.6％に上る。逆に中東[16]は、生産量に占める割合は32.6％に上るが、消費量では8.3％に過ぎない。石油の生産が中東などの発展途上国に偏っていることは、生産量と消費量における「他先進国」の大きさの違いからも明らかである。だから、地政学的リスクが高くなる。

同様に天然ガスについては、先進国が生産量に占める割合は35.6％で、消費量では46.1％に上る（**図14**）。やはり偏在しているものの、石油と比べれば先進国の発展途上国への依存度は低くなる。シェール革命（第3章第6節）以降、米国が世界最大の産ガス国になっており、自給できていることが分かる。また生産量に占める中東の割合は16.8％に止まり、中東依存度は低い。グラフには現れないが、アルジェリア、インドネシア、マレーシア、ウズベキスタンなど（「他途上国」）も生産量が多く、地理的に分散している。

最後に石炭については、上記2つと大きく異なる。中国とインドの2カ国で生産量の半分以上を占める一方で、これらはほぼ自給に回されている（**図15**）。発

---

15) WTO（2019）によれば、2018年の電力の輸出額は336億ドルで、これが「燃料鉱物製品」に占める割合は1％であった。

16) 本書でいう「中東」は、北アフリカやトルコ、中央アジア（旧ソ連）を含まない。

図13　原油の生産量と消費量（2017年）

＜生産量：4,516百万トン＞

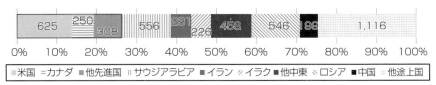

625	250 / 308	556	231 / 226	458	546	199	1,116		

0%　10%　20%　30%　40%　50%　60%　70%　80%　90%　100%

■米国　＝カナダ　■他先進国　‖サウジアラビア　■イラン　／イラク　■他中東　＼ロシア　■中国　＝他途上国

＜消費量：4,407百万トン＞

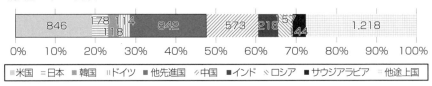

846	178 114 118	842	573	218 57 144	1,218				

0%　10%　20%　30%　40%　50%　60%　70%　80%　90%　100%

■米国　＝日本　■韓国　‖ドイツ　■他先進国　／中国　■インド　＼ロシア　■サウジアラビア　＝他途上国

出所：IEA（2019f）を基に筆者作成。

図14　天然ガスの生産量と消費量（2017年）

＜生産量：147百万TJ＞

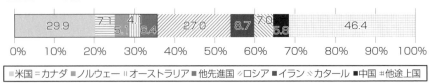

29.9	7.1 5.1 4.1 6.4	27.0	8.7	7.0 5.8	46.4				

0%　10%　20%　30%　40%　50%　60%　70%　80%　90%　100%

■米国　＝カナダ　■ノルウェー　‖オーストラリア　■他先進国　／ロシア　■イラン　＼カタール　■中国　＝他途上国

＜消費量：144百万TJ＞

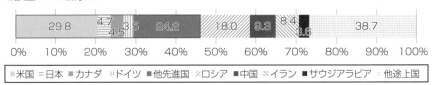

29.8	4.7 4.5 3.5	24.2	18.0	9.3	8.4 9.6	38.7			

0%　10%　20%　30%　40%　50%　60%　70%　80%　90%　100%

■米国　＝日本　■カナダ　‖ドイツ　■他先進国　／ロシア　■中国　＼イラン　■サウジアラビア　＝他途上国

出所：IEA（2019e）を基に筆者作成。

展途上国全体でも生産量は消費量とほぼ一致しており、先進国の生産量は全世界の23％に止まるが、ほぼ自給できている。先進国は、環境負荷が大きい石炭を使わなくなってきていると言い換えても良い。尚、可採年数については、石油が50.2年、天然ガスが52.6年に対して、石炭は134年と余裕がある（『エネルギー白書2019』）。石炭はエネルギー安全保障上のリスクが低い化石燃料と言えよう。

図15　石炭の生産量と消費量（2017年）

＜生産量：7,563百万トン＞

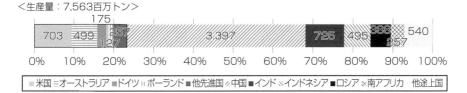

＜消費量：7,638百万トン＞

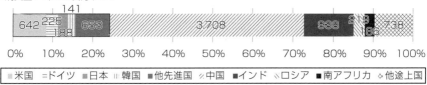

出所：IEA（2019a）を基に筆者作成。

化石燃料の輸出量と輸入量

　石炭を除いて、生産量と消費量の主要国が異なるということは、これを貿易で補っているはずである。次に化石燃料の輸出量と輸入量を見る。

　世界の原油生産量4,516百万トンに対し、輸出量は2,332百万トンであり、半分以上が輸出に回されている。そして図16の通り、全輸出量に占めるサウジアラビアなど中東の割合は41.8％に及ぶのに対して、先進国の割合は19.4％に過ぎない。その反面、先進国は石油を大量に輸入している。その割合は全体の59.7％に達する。それでも近年、中国やインドの消費量が増えたため低下した方で、2000年には先進国が77.6％を占めていた。日本や韓国は一方的な輸入国であるが、米国のように生産量も消費量も輸入量も世界一という、珍しい事例もある。ただ、長らく世界一だった米国の石油輸入量は、近々中国に抜かれそうである。

　天然ガスについては、生産量の32.5％が輸出されており、輸出量に占める先進国の割合は39.6％と、石油の2倍に増える（図17）。ノルウェーや米国、カナダなど、世界的な産ガス国が存在するからである。一方、中東の存在感は小さく、ロシアの存在感が大きい。輸入国は圧倒的に先進国であり、72.2％を占める。天然ガスは、相対的に低炭素な発電用の化石燃料として、石炭より高価なことが影響している。また欧州や北米ではパイプラインが発達し、先進国の間で融通し

図16　原油の輸出量と輸入量（2017年）

＜輸出量：2,332百万トン＞

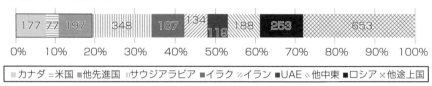

■カナダ ＝米国 ■他先進国 ‖サウジアラビア ■イラク ⫽イラン ■UAE ⫻他中東 ■ロシア ✕他途上国

＜輸入量：2,414百万トン＞

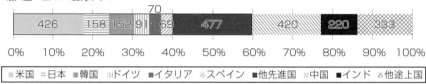

■米国 ＝日本 ■韓国 ‖ドイツ ■イタリア ⫽スペイン ■他先進国 ⫻中国 ■インド ✕他途上国

出所：IEA（2019f）を基に筆者作成。

図17　天然ガスの輸出量と輸入量（2017年）

＜輸出量：46百万TJ＞

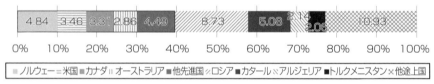

■ノルウェー ＝米国 ■カナダ ‖オーストラリア ■他先進国 ⫽ロシア ■カタール ⫻アルジェリア ■トルクメニスタン ✕他途上国

＜輸入量：48百万TJ＞

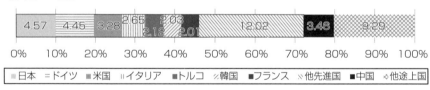

■日本 ＝ドイツ ■米国 ‖イタリア ■トルコ ⫽韓国 ■フランス ⫻他先進国 ■中国 ◈他途上国

出所：IEA（2019e）を基に筆者作成。

合っているという理由もある。なお、日本や韓国は全て LNG である。

　石炭については、**図18**の通り、輸出量は生産量の20％未満である。生産国で消費されている割合が高いのであり、貿易量は相対的に小さくなる。輸入量に占める発展途上国の割合が、３つの化石燃料の中で最も高く、発展途上国のエネルギ

図18　石炭の輸出量と輸入量（2017年）

＜輸出量：1,364百万トン＞

オーストラリア	米国	他先進国	インドネシア	ロシア	コロンビア	南アフリカ	他途上国

＜輸入量：1,375百万トン＞

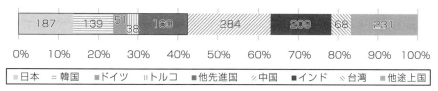

日本	韓国	ドイツ	トルコ	他先進国	中国	インド	台湾	他途上国

出所：IEA（2019a）を基に筆者作成。

ー消費の中心であることがわかる。石炭の価格が相対的に安いからだが、これは大気汚染の原因となる。先進国の中では、主要産炭国でない日本と韓国の輸入量の多さが目立っている。

化石燃料の貿易額

　これだけの量の化石燃料が輸出入されている。第 1 章第 2 節で触れたが、2019年の全世界の燃料（Fuels: 燃料、電力）の輸出額は2.3兆ドルである。これは、全ての財の輸出額18.9兆ドルの12.1％に該当し、「化学製品」（2.2兆ドル）、「電気機器」（1.8兆ドル）、「食品」（1.6兆ドル）、「自動車」（1.5兆ドル）よりも大きい。化石燃料はそれだけ巨大産業なのである。

　燃料の輸入額を国別に見たのが、**図19**である。近年の経済成長を受けて、今や世界で燃料の輸入額が最も大きいのは中国である。その燃料費3,552億ドルは、中国の全輸入額の17.1％に達し、エネルギー自給率は漸減しており（図11）、中国政府の悩みの種となっている。さらに燃料費の割合が20％を超えるのが、日本、韓国、インドである。多額のエネルギー費用を資源国に払っており、エネルギー安全保障上脆弱である。また、熱量（toe）ベースでは、石油、天然ガス、石炭が概ね同水準であったが（図 8 ）、金額では石油が全体の81％を占めており、熱

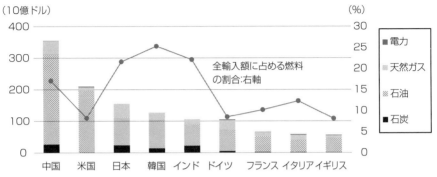

図19 主要国の燃料の輸入額とその割合（2019年）

出所：UNCTAD ウェブサイトを基に筆者作成。同統計上、「燃料」に「電力」も含む。

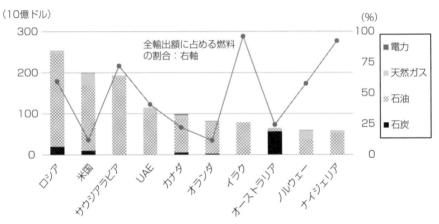

図20 主要国の燃料の輸出額とその割合（2019年）

出所：UNCTAD ウェブサイトを基に筆者作成。尚、輸出量から考えると米国の石油輸出額は過大であり、データの誤りと思われる。

量単価の高い巨大市場であることが分かる。

　逆に資源国にとっては、輸出額に占める燃料の割合が高くなる。世界最大の化石燃料輸出国はロシアだが、その割合は59.5％に達する（**図20**）。ロシアにとってこれは、需要面のエネルギー安全保障（security of demand）の脆弱性を意味する。現今の新型コロナウィルス禍のように、石油価格の下落や消費国の景気停滞によりこの貿易収入が減少すれば、大きな悪影響を及ぼす。更に、イラクやナ

図21　日本の海上出入貨物量（2018年）

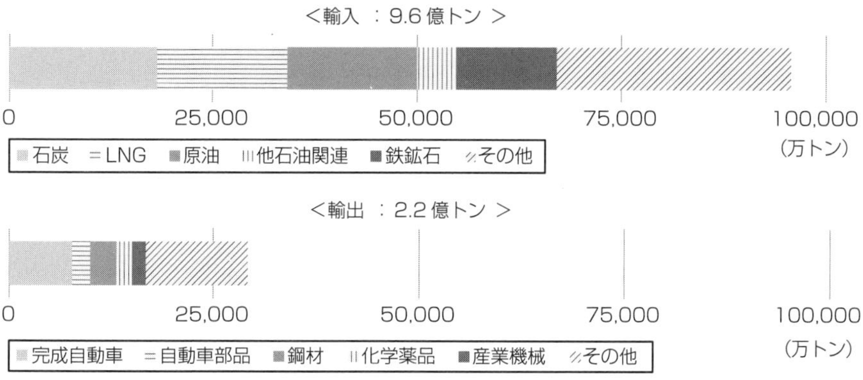

＜輸入：9.6億トン＞

0	25,000	50,000	75,000	100,000

■石炭　＝LNG　■原油　‖‖他石油関連　■鉄鉱石　〃その他　　　　（万トン）

＜輸出：2.2億トン＞

0	25,000	50,000	75,000	100,000

■完成自動車　＝自動車部品　■鋼材　‖‖化学薬品　■産業機械　〃その他　（万トン）

出所：国土交通省港湾統計を基に筆者作成。

イジェリアは90％を超えており、典型的な一次産品のモノカルチャー経済と言えよう。これらは権威主義体制と言え、「資源の呪い」（第2章第3節）が該当する場合が多い。逆に、カナダやオランダといった民主主義体制の資源国の依存度は低い。

化石燃料の国際輸送重量

　これら多額の化石燃料は国境を越えて輸送されており、金額だけでなく輸送重量で表すことができる。日本は世界でも有数の化石燃料輸入国であるが、国土交通省の港湾統計によれば、2018年の日本の海上輸入貨物量9.6億トンのうち、石炭が1.8億トン、LNGが1.6億トン、原油が1.6億トンを占める（**図21**）[17]。その他の石油（ガソリン、重油など）や関連製品（LPGなど）も含めると、化石燃料の輸入量は5.5億トンで全体の58％となる。化石燃料は物理的に重いという理由もあるが、輸入貨物に占める化石燃料の割合は突出している。これらに続く貨物量を誇るのは鉄鉱石ぐらいで、食料安全保障上重要な農水産品の貨物量は、麦やとうもろこしなど合計で0.5億トンに止まる。

17）国土交通省港湾統計（年報）。https://www.e-stat.go.jp/stat-search/files?page =1&layout
= datalist&toukei =00600280&tstat =000001018967&cycle =7&year =20180&month =0&result_back =1&tclass1val =0

日本の輸入貨物量の過半を化石燃料が占めるということは、それだけの量のタンカー等の船舶が、化石燃料のために使われていることを意味する。島国である日本の貿易はほぼ全てが海上貨物によるため、海運業にとって化石燃料は圧倒的に大きな市場ということになる。だからこそ、巨大な専用タンカーが建造されるのである。

　そもそも日本の海上輸出貨物量は2.9億トンと輸入貨物量の3分の1以下だが、これらは完成自動車（0.8億トン）、自動車部品（0.2億トン）、鋼材（0.3億トン）などからなる（図21）。日本経済は、莫大な量の化石燃料を輸入し、それらを使って工業製品を作り、輸出する産業構造になっているのである。

第3章

化石燃料時代の国際政治経済関係

　第2章では、化石燃料を中心にエネルギーと国際政治経済との関係を理論的・概括的に整理した。化石燃料はその戦略的重要性と偏在性が故に、国際経済の主役の1つであると同時に、必然的に国際政治による介入を伴ってきた。本書は化石燃料から再エネへの移行を論じたいわけだが、その前に化石燃料時代である20世紀における、エネルギー安全保障に関わる国際的事件を振り返り、化石燃料を巡る国際政治経済関係の本質を理解するのが、本章の目的である。

　産業革命とともに化石燃料の時代が幕を開け、19世紀前半から20世紀前半は石炭の時代であった。石炭は第一次大戦後に石油に取って代わられ、20世紀には石油を巡る紛争が繰り返された。先進産油国対先進消費国（第2節）、発展途上産油国対先進消費国（第3節、第4節）、産油国対国際市場、先進消費国対新興消費国（第5節）と、その対立は構図を変え、更に近年では天然ガスの重要性が高まっている（第6節、第7節）。**表5**は、産業革命以降現在までのエネルギーを巡る国政政治経済年表である。国際政治経済関係は複雑さを増している。

第1節　産業革命と化石燃料時代の幕開け

近代以前の原始的再生可能エネルギー

　人類が初めてエネルギーを利用したのは、約50万年前に火を使い始めた際の薪であったと言われている。これは、現代風に言えば木質バイオマスということになる。その後、人類は農耕に牛や馬の畜力を使ったり、水力で脱穀を行ったり、風力で帆船を動かしたりしてきた。特に火や熱を得るための燃料としての薪炭は重要であった。これを得るための過剰な森林伐採が、古代ローマ帝国の滅亡の一

表5　エネルギーを巡る国際政治経済年表

世紀	時代区分	国際経済	国際政治
18	原始的再エネの時代	産業革命	アメリカ独立戦争
			米英戦争
19	石炭の時代	米国での石油採掘の開始	明治維新
		第二次産業革命	普仏戦争
		スタンダードオイルの分割	
		米国でのモータリゼーション	第一次世界大戦
20	石油の時代	中東での油田の発見	中東の植民地の独立
		世界大恐慌	第二次世界大戦
		流体革命（石油輸入自由化）	OPECの結成
			第一次石油危機（第四次中東戦争）
			第二次石油危機（イラン革命）
		チェルノブイリ原発事故	東西冷戦の終焉・ソ連崩壊
		電力自由化	湾岸戦争
		アジア通貨危機	気候変動枠組条約の締結
		BRICsの台頭	イラク戦争
21	エネルギー転換の時代	リーマンショック	
		シェール革命	アラブの春
		福島原発事故	ウクライナ内戦・クリミア併合
		新型コロナウィルスの流行	パリ協定の合意

出所：筆者作成。エネルギーを巡る時代区分は何年からという厳密なものではない。

因になったとの説すらある（安田 1995）。またエリザベス 1 世時代（16世紀後半）のイギリスでは、生活必需品である薪の価格上昇が国家的な問題になったという（ローズ 2019: 29-30）。

　このように近代以前のエネルギーとは、ほぼ全て再エネの原始的な形態での利用であった。近代以前は「再生可能エネルギー時代」とも言えるが、その絶対量は極めて少なかった。それは、再エネのエネルギー密度が圧倒的に小さいと共に、自然現象に由来するためその場でしか利用できない、即ち可搬性がほぼないという制約に因る[1]。それだけ自然環境は巨大で、人類が物理的に制御できることは

---

1) 薪炭は再エネの中で唯一可搬性が高かったことが、近代以前に広く利用された要因になったと思われる。

限られていた。

　また仮に、エネルギーが大量に利用可能であったとしても、それを必要とするだけの莫大な需要が無かった、あるいは石炭などを有効利用できる消費機器（を造る技術）が無かったという要因も大きいだろう。実際、当時から石炭も石油も存在していたのであるが、大きな工場がなく、自動車も電気も発明されていない時代に必要とされるエネルギーの量は、たかがしれていた。経済活動の基本が農業中心の自給自足で、社会生活が大いに自然環境に依存していた時代には、近代的なエネルギーを必要としなかったのである。

　このような時代には、森林資源を除けばエネルギーの貿易はほぼ行われず、エネルギーを巡る争いも限定的であった[2]。国際関係といえば外交と軍事で多くを説明でき、エネルギーを巡る国際政治経済関係は部分的にしか成立していなかったと言えよう。また、軍事技術も未発達の状態であり、馬や弓は化石燃料を必要としなかった。

産業革命と石炭の利用

　このような人類と自然環境、それに依存するエネルギーとの関係を根底から変えたのは、産業革命であった。産業革命は18世紀後半のイギリスで起こり、様々な技術革新により大規模な工業生産を可能にした。人類は初めて、自然環境を自律的かつ大規模に制御する立場に立ったのである。

　その初期段階において重要な役割を果たしたエネルギーが、石炭である。ジェームス・ワットによる蒸気機関の発明により、人類は鉄道や船舶において大規模な動力を得られるようになったが、そのエネルギー源としての石炭がイギリスに大量に賦存したことが、重要である。石炭は、燃料としての薪炭と比べれば、高いエネルギー密度を誇っており、だからこそ可搬性に優れ、莫大な動力を提供できた。石炭（コークス）は製鉄にも利用され、製鉄業の大規模化に寄与した。また、イギリスだけでなくドイツや米国、日本などにも大量の石炭が賦存した結果、これら先進国の工業化は大きく進んだ。

　こうして石炭が大々的に利用されるようになった19世紀は、近代的な国家が形

　2）イギリスの新大陸への入植の動機の１つは、森林資源としての原生林の伐採・交易であったという（ローズ 2019: 33-34）。

成される時期とも重なっていた。江戸時代末期に蒸気船たる黒船が米国から浦賀に来航したことはよく知られているが、国家政府が計画的に大規模な軍備を整え、そのために製鉄業や造船業などの経済的基盤を必要とするようになった。それらに不可欠な戦略的エネルギーとして、石炭が薪炭に代わって大量に使われる時代が幕を開けたのである。

　石炭の戦略的重要性が増すと、石炭が国家間の争いの対象になった。その典型例がザール地方の帰属問題である。ザール地方は、ドイツとフランスの国境地帯にあり、豊富な炭田を有するとともに工業地帯でもあった。そのため近代以降、ドイツとフランスの間でその帰属を巡って対立が繰り返された。普仏戦争後の1871年にはドイツの領土となったが、第一次大戦後には国際連盟の管理下に置かれることになった[3]。

第二次産業革命と石油の戦略的重要性

　続いて19世紀末から20世紀にかけて、重化学工業が急速な発展を遂げ、第二次産業革命などと呼ばれるようになった。それとともに重要性を増したのが、石油である。石油は、石炭よりさらにエネルギー密度が高い上[4]、内燃機関の燃料として使われるようになり、液体として採掘や運搬、貯蔵が更に容易になった。内燃機関は外燃機関より小型化が容易であり、自動車や飛行機の発明に繋がったのである。

　1908年には大量生産型自動車のT型フォードが米国で発売され、本格的なモータリゼーションを迎えようとしていた。また1903年にライト兄弟が有人飛行を成功させ、第一次大戦では戦闘機が主力として使われるようになった。これらには石油が必要であり、その戦略性が高まる一方だった。技術革新が石油の需要を作り出したのである。

　3）その後も対立は続き、第二次大戦後はフランスが占領したが、1952年の欧州石炭鉄鋼共同体の創設を経て（本章第7節）、1957年にドイツへの復帰が確定した。

　4）資源エネルギー庁ウェブサイトによれば、100万kWの発電設備を1年間運転するために、石油の155万トンに対して、石炭なら235万トンが必要だという。単位重量当たり石油は石炭の1.5倍エネルギー効率が高いことになる。なお、最もエネルギー効率が高いのは原子力で、濃縮ウラン燃料21トンでこれら化石燃料に匹敵する。https://www.enecho.meti.go.jp/about/special/tokushu/nuclear/nuclearcost.html

　石油の商業的開発は、19世紀の米国で始まった。1859年にペンシルベニア州で油井が開発され、石油産業が成立することになった[5]。その後、メキシコやロシアでも開発が進められたが、石炭と比べれば地理的に偏在しており、当初は確認埋蔵量に限りがあるという制約があった。当時は米国が世界最大の産油国であり、最大の石油輸出国でもあった。石油を巡る国際経済は米国から始まったのである。

第2節　日本の対米開戦と米国の石油禁輸措置

戦争とエネルギー

　石炭から石油へと近代的エネルギーの利用が拡大した19世紀から20世紀前半は、国家間の戦争が各地で展開された時代でもあった。外交的手段が行き詰まれば、軍事的手段に訴えることが当然と考えられていた。前述の通り、特に第一次大戦以降は、内燃機関の燃料としての石油の利用が軍事に不可欠になるとともに、戦争規模が拡大して「総力戦」と呼ばれるようになった。そうすると、目先の軍事力だけでなく、経済や科学技術などを含めて、国家が総力を挙げて戦争に取り組むことが求められる。政府は国家安全保障のために大量の石油を確保する必要に迫られるようになったのである。

　エネルギーがそれだけ戦略的重要性を増すと、それ自体が国家間の争奪の対象となりうる。石炭以上に偏在性が強い石油は、安全保障の手段になるとともに、安全保障の目的にもなった。そして当時の世界最大の産油国は米国であった。米国は他の先進国と比べて、エネルギー安全保障上優位な立場にあった。またイギリスは中東に委任統治領を、オランダはインドネシア（蘭印）に植民地を有しており、一定の石油資源を支配していた。

　対照的に、石油資源も英仏のような広大な植民地も有していなかったのが、日本であった。その日本が始めた対米戦争の一因となったと言われるのが、米国やイギリスによる対日石油禁輸措置であった。戦争の手段であるとともに戦争の目的の一端となった対米開戦について、簡単に振り返りたい。

　5）エネオス「石油産業の歴史」第1章第1節

日米対立と石油禁輸措置

　日本は膨大な石炭資源を有し、一時は輸出国ですらあったが、石油資源には限りがあった。1939年当時、日本の国内生産量224万バレルに対して、石油の輸入量が3,348万バレルであり、その80％以上が米国からの輸入であった。（日本石油1988: 340, 345）。

　一方で1930年代当時の国際環境は、帝国主義的対立が極まった状況にあった。1930年の世界大恐慌を経て、世界的にブロック経済化が進み、日本は満州への軍事侵攻などを進めて国際的に孤立しつつあった。これに対して米国やイギリスは、門戸開放や機会均等を求めて対立していた。

　1937年に盧溝橋事件を契機に日中戦争が始まると、フランクリン・ルーズベルト米大統領は、侵略国を非難する「隔離演説」[6]を行い、1939年には日米通商航海条約を破棄するなど、経済制裁による対日圧力を強めた。1940年には国防強化促進法を制定し、ルーズベルトは即日で石油・屑鉄以外の軍事物資の対日輸出を許可制にした。この時点で除外された石油・屑鉄は、軍事に不可欠な戦略的資源だったからであろう。しかし1940年7月には、石油製品・屑鉄の輸出も許可制にし、さらに10月には屑鉄を全面禁輸にした。

　そして、1941年6月の石油の輸出許可制、日本軍による南部仏領インドシナ進駐などを経て、1941年8月に米国は遂に日本への石油の全面禁輸に踏み切った。「アメリカの首脳部でも反対意見があったが、あえて実行された。これにより日本の武力南進論に勢いがついたのは事実」という（源川 2017: 124）。

　これは、日本にとって致命的な影響力があり、日米交渉は最終段階に入った。来栖三郎特派大使が米国に示した対米交渉要領乙案には、「アメリカは石油の対日供給を約する」、「日米は蘭印において物資獲得が保障されるように協力する」という条項が含まれていた（源川 2017: 122）。日本にとって石油がいかに戦略的重要性を持っていたかが伺い知れるだろう。しかしその後も日米交渉は進展せず、「石油を断たれて海軍は、俄然硬化した」結果、対米強硬論が決定的になったという（升味 1988: 209）。

6）国際的な無政府状態をもたらしている（日独伊といった）侵略国を非難し、これを「疫病」として国際社会が協力して「隔離」する必要性を訴えた。

日本の対米開戦

この過程における日本の立場について、敵対国の1つであるイギリスのウィンストン・チャーチル首相は、回顧録において次のように語っている。「英国、米国、およびオランダが実施した禁輸は、海軍が、否、日本の全戦力が依存したところの石油の供給を悉く日本から切りはなした」。「海軍の前におかれた選択は、日本は米国と話し合いをつけるか、戦争を始めるかであった」。「ワシントンの国務省は、結局は圧倒的になるところの米国の力の前に日本は恐らく引きさがるであろうと信じた」（チャーチル 1951: 369-370）。

しかしながら、日米交渉は決裂し、1941年12月に日本は米国やイギリスに対して宣戦布告する。米国政府は、断固たる政治的判断から禁輸措置を行い、日本政府は石油が欠乏することで追い詰められた。石油だけが要因ではなかったにせよ、開戦の短期的な要因の一つとなったことは間違いないだろう。エネルギーは安全保障の目的にすらなりうるのである。

このように、当時の世界最大の産油国であった米国による石油禁輸措置は、経済安全保障上の「経済的手段の政治的行使」として、極めて強力に機能した。第2章第1節の相互依存論争からすれば、世界的に偏在する石油は、ミアシャイマーの言う「決定的に重要な財」に該当し、日米間の依存度は対等でなかった。また、デモクラティック・ピース論からすれば、米国とは異なり日本が民主主義体制と呼べない状態であったと解釈できるかもしれない。結果的に相互依存論は満たされず、開戦に至ったのである。

もっとも筆者は、だから日本の対米開戦はやむを得なかったといった、歴史解釈の議論をしたいのではない。エネルギーという貿易財が、安全保障目的で対立的に利用され、国際政治に大きな影響を与えたという歴史的事実を指摘したいのである。それは、これまで確認してきた石油という化石燃料が有する戦略的な特徴のためである。言うまでもなく、石油を持たざる日本は対米戦に惨敗するわけだが、最大の産油国・石油輸出国だった米国は、第二次大戦後に国際政治の覇権を握ることになる。そしてこのような石油を巡る紛争は、その後も繰り返された。

第3節　石油の時代と石油メジャー[7]

スタンダード・オイルとその解体

　前節において、日米英といった先進国政府間の政治的対立について検討した。一方で、石油を含む化石燃料は私的財であるため、現実に石油を開発し、供給するのは、国営の場合も含め、企業の役割である。特に20世紀の前半において、エネルギーを巡る国際経済を牛耳ったのが、巨大な石油メジャー（国際石油資本）であった。

　本章第1節において、石油の商業的開発は19世紀の米国で始まったと述べた。石油産業では、規模の経済性が強く働く。油田の開発には巨費がかかる上、技術的障壁が高く、大きなリスクを伴う。開発後には、輸送・販売のために鉄道網やパイプラインなどネットワークインフラを必要とする。結果として、垂直統合型の独占企業が生まれやすい。その典型例が、米国のスタンダード・オイルであった。

　スタンダード・オイルは、ジョン・D・ロックフェラーが1870年に創立した、米国の石油会社である。製油所や鉄道タンク車を買収することで、国外にも及ぶ長大なサプライチェーンを確立し、米国内で90％の石油精製能力を保有するなど[8]、石油市場をトラスト（企業合同）によって支配した。

　このような企業による私的独占行為に対して、1890年に米国連邦議会は反トラスト法（米国の独占禁止法に該当）を制定した。スタンダード・オイルは、1911年に最高裁判所により同法違反とみなされ、後のエクソンモービル、シェブロンなど計34社に分割された。市場競争の促進のために、政治によって独占企業が解体させられたのである。

7）第3節～第5節の執筆に当たっては、全般的に日本石油（1988）とエネオス「石油便覧」を参考にした。

8）JOGMEC ウェブサイト、「スタンダード・オイル」　https://oilgas-info.jogmec.go.jp/termlist/1000971/1007919.html

石油メジャーと国際石油カルテル

　一方、米国外では、英蘭系のロイヤル・ダッチ・シェルや英系のアングロ・ペルシャン石油（現 BP）が勢力を伸ばし、東南アジアや中東の海外利権を支配した。これら欧州の石油会社やスタンダード・オイルの後継会社は、20世紀前半には世界の石油産業を牛耳るようになった。これら巨大石油会社 7 社が、石油メジャーとしてのセブン・シスターズである[9]。

　石油メジャーは、それぞれが石油の探鉱から小売りまでサプライチェーンを垂直統合的に支配し、国際石油カルテルを形成した。第二次大戦前の国際石油カルテルについては、廿日出（1977: 52, 65）に詳しい。1920年代当時、「米国は世界の原油生産量の65％を占め、世界最大の石油輸出国であった」。このような中で、スタンダード・オイルの後継であるスタンダード・オイル・オブ・ニュージャージーは、ロイヤル・ダッチ・シェルや BP と共に1928年に「アクナキャリー協定」を結び、世界的な数量割り当てと価格統制を行った[10]。更に同年に石油メジャーは、「赤線協定」を通じてイラクやサウジアラビア、シリアなどの中東の産油国の利権を分配することで[11]、「超国家的カルテル体制」を維持した。これら協定は、民間企業の事業活動の一環でありながら、植民地帝国であるイギリスやフランスに対する米国政府の門戸開放要求に沿った形で、進められたのである。

　石油産業は、規模としても巨大であった。金田（1958: 400）によれば、1948年時点でセブン・シスターズを含む石油大手17社は、世界の百大工業会社の総資産のうち28.8％を占め、鉄鋼業の 9 社・11.9％を超えて、最大だったという[12]。

9）エクソン、モービル、ソーカル（後のシェブロン）、テキサコ、ガルフ、ブリティッシュ・ペトロリアム（アングロ・ペルシャン）、ロイヤル・ダッチ・シェル。

10）アクナキャリー協定は、米国外の各社の市場シェアを将来にわたって固定するものであり、「現状維持協定」とも呼ばれた。米国内市場を対象外としたのは、反トラスト法の適用を回避するためである。

11）中東地域は、第一次大戦まではオスマン帝国に支配されていたが、1922年にこれが崩壊したことで、イギリスやフランスの委任統治領とされていた。その後、中東で巨大油田が次々と見つかった。

12）1位がスタンダード・オイル（ニュージャージー）、2位が GM、3位が US スチール、6位がガルフオイル、7位がモービルオイル、8位がテキサスオイル、9位がスタンダード・オイル（インディアナ）。

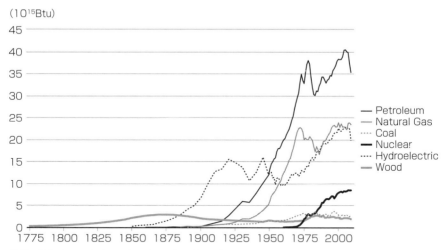

図22　米国のエネルギー源別一次エネルギー消費量の推移（1775～2009年）

出所：U.S. Energy Information Administration. History of energy consumption in the United States, 1775-2009. https://www.eia.gov/todayinenergy/detail.php?id =10#

当時最大の産油国であった米国だけでなく、東南アジアや中東の油田も支配し、多国籍化した石油メジャーは世界の石油流通を支配するようになった。

石油の時代の確立と米国の純輸入国化

　第二次大戦後、エネルギーの主力は石炭から石油へと大きく移行する。**図22**は米国内の一次エネルギー消費量の推移を表している。19世紀は未だ薪炭がエネルギーの主力であったが、19世紀末に石炭がこれに取って代わった。そして20世紀に入ると石油の消費量が急速に伸び、第二次大戦後に石炭に取って代わった。石油の時代が確立したのである。

　石油の戦略的重要性が高まる一方で、世界最大の輸出国であった米国は1948年に純輸入国に転じた[13]。**図23**の通り、米国は1970年代まで生産量を増やし続けたものの、消費量がそれを上回るようになったため、輸入に依存せざるを得なくなったのである。そして1970年代には、消費量に占める輸入量の割合、即ち輸入依存度が最大で46.5％に達した。ここで資源国米国は、建国以来初めてエネルギ

13）エネオス「石油産業の歴史」第1章第3節。

図23　米国における石油の年間生産量と消費量、輸入量の推移

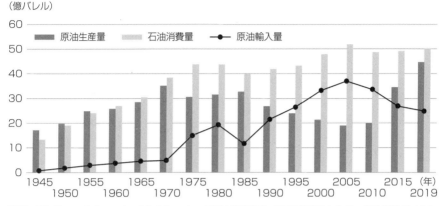

出所：U.S. Energy Information Administration を基に筆者作成。「石油消費量」とは、自動車用ガソリン、溜出燃料油、家庭用燃料油の合計値。

図24　米国の石油純輸入量と OPEC 依存度の推移

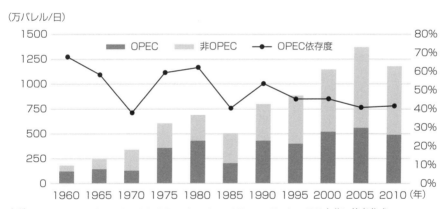

出所：U.S. Energy Information Administration, Annual Energy Review 2011を基に筆者作成。

一の輸入について真剣に考えざるを得なくなったと思われる。

　その米国、そして先進国の石油輸入を賄ったのが、中東や他の発展途上産油国である。**図24**の通り、覇権国である米国は戦後一貫して石油輸入の半分程度をOPEC（石油輸出国機構：後述）に依存するようになった。それでも米国の場合、隣接するカナダとメキシコという友好国からの輸入が20～30％を占めており、OPEC 依存度は高くとも60％台に止まる。しかし先進国全体では、1970年代の

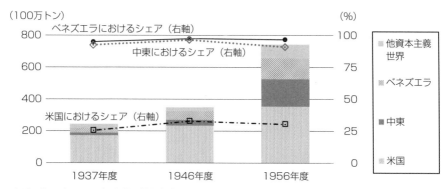

図25　資本主義世界の地域別石油採掘量とセブン・シスターズのシェア

出所：金田（1958: 416）を基に筆者作成。

OPEC依存度は80％を超えていた（IEA 2019f）。

　中東では多くが自噴井であり、生産量が莫大であるため、生産コストが極めて低かった。その結果、資本主義世界の石油採掘のシェアにおいて、1937年度に米国は71.1％、中東は6.4％だったが、1956年度には米国は47.6％へ低下し、中東は23％まで上昇した（**図25**）。さらに埋蔵量では、米国の14.7％に対して、中東は69.7％に達した（金田 1958: 411）。石油の時代は、先進国にとってエネルギー安全保障上のリスクが高い時代となったのである。

　こうしてエネルギーを巡る市場は、米国を中心とした先進諸国間から、発展途上国を含む世界全体へと拡大した。特に供給地が中東や南米などの発展途上国に移り、米国を含む先進国が輸入国となった点が重要である。とは言え1950年代までは、先進国の多国籍企業が石油の国際貿易を寡占的に支配していた。図25は、第二次大戦前後における資本主義世界の石油採掘量に占める、セブン・シスターズのシェアを示している。1956年度には中東の採掘量が急増し、米国産の割合が下がったが、中東やベネズエラにおけるセブン・シスターズのシェアは90％を超えており、変化していない[14]。さらに各地域の埋蔵量への支配を見れば、米国分も含めてほぼ100％がセブン・シスターズであった。石油を巡る国際経済は、未だ先進国の国際石油カルテルが支配していたのである。しかし1960年代以降は、

14）米国におけるシェアが小さいのは、反トラスト法の影響である。

その国際経済関係が崩れるとともに、国際政治関係にも甚大な影響が及ぶことになる。

第4節　資源ナショナリズムと石油危機

資源ナショナリズム

　1950年前後の当時は、未だ帝国主義的国際関係の残滓があり、一方で旧植民地国が次々と独立して国家建設を急いでいた。中東でもそのような動きが広がろうとしていたが[15]、最大の資産だった石油は、先進国の石油メジャーに支配されていた。石油の開発や採掘には高度な技術と莫大な資本を必要とするため、独立したばかりの発展途上産油国には、経済的にも政治的にも為す術がなかった。

　このような屈辱的状況に対して、中東などの産油国は大きな不満を持つようになった。石油という戦略的資源を自らの手に取り返すことは、輸出収入という経済的便益を得るとともに、「経済的手段」として政治的影響力を得ることも意味した。また部族主義が強く残る国内において、国民統合を高める象徴となることも期待された。それまで石油メジャーは、産油国との間で「包括利権契約」を結び、極めて少額の利権料を払う見返りに、独占的な操業権を維持してきた。これに対して産油国政府は、石油メジャーへの所得税制の導入などによって、国家収入の拡大を目指した。操業利益の半分を産油国側の収入とする「利益折半方式」がその例であるが、原油公示価格の決定権は、引き続き石油メジャーが握り続けた。

　このような中でイランでは、1951年にモハマド・モサデグ政権が英系のアングロ・イラニアン石油の国有化を断行した。石油メジャーによるボイコットの結果、最終的にモサデグ政権は失脚するが、産油国が自国のエネルギーに対する主権を主張し、石油メジャーから利権を取り戻そうとする動きが活発化するようになった。このような主として発展途上の資源国による、自国のエネルギー資源を自ら管理・開発し、その権益を確保しようとする考え方や行動を、資源ナショナリズムと呼ぶ。これについて国連は、1962年に「天然資源に対する恒久主権原則」を

---

[15] サウジアラビアやイラクが独立したのは1932年、シリアが独立したのは1947年であった。

決議した[16]。これが、資源ナショナリズムを主張する発展途上国の行動の論拠となり、その後先進国企業などに対する権利が拡大されていった。

国際レジームとしての OPEC

　このような動きが国際レジームの構築に発展したのが、OPEC（Organization of the Petroleum Exporting Countries: 石油輸出国機構）である。1960年に中東のイラン、イラク、クウェート、サウジアラビア、南米のベネズエラの5カ国が、産油国の集まりとして OPEC を結成した[17]。一国だけでは石油メジャーや欧米諸国政府に対抗できないため、発展途上産油国は国際石油カルテルを形成し、石油価格の安定化などによる自国権益の確保を目指した。その後資源ナショナリズム的な動きは、CIPEC（銅輸出国政府間協議会）など他の資源にも広がった。

　1968年には、OPEC からサウジアラビア、クウェート、リビアが OAPEC（アラブ石油輸出国機構）を結成し、アラブ産油国の利益の確保を目指した。OPEC/OAPEC 諸国は、1970年頃から石油価格の値上げや事業参加、油田の国有化など、資源ナショナリズムに基づく行動を強めた。1972年に中東の産油国と欧米の石油メジャーとの間で「リヤド協定」が結ばれ、産油国の段階的な事業参加が約束された。その後サウジアラビアは、シェブロン、モービル、エクソンが設立して自国内の石油採掘を独占してきたアラムコを、1976年に国有化した。またイラクは、1972年に同様に外資合弁企業のイラク石油を国有化し、ベネズエラも1976年に油田を国有化し、国営石油会社ペトロレオスを設立した。

　このような経緯は、利害を共有する産油国政府が、協働して国際レジームを活用したと解釈できる。中東諸国からすれば、当然保有すべき自国の権利を取り戻したに過ぎないのかもしれない。一方で本書の立場からすれば、相対的に弱い立場にあった発展途上国政府は、集団的に行動することによって多国籍企業や先進国政府に対抗し、経済的な便益と政治的な影響力を得たのである。欧米の石油メジャーは、石油に対する法的な権利を主張したが、エネルギーが物理的にその国に賦存するという事実は大きかった。

16）発展途上国が自国の資源を国有化する際の基準を示した。ミネソタ大学人権図書館ウェブ
　サイト「天然資源に対する永久的主権」 http://hrlibrary.umn.edu/japanese/Jc2psnr.htm
17）2020年現在は、リビア、UAE、ナイジェリアなども含め、13カ国が加盟している。

図26　米国の原油輸入価格の推移

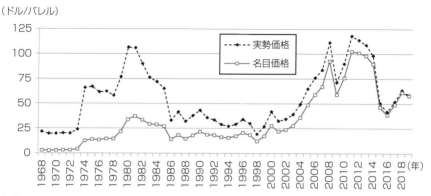

出所：U.S. Energy Information Administration ウェブサイト、imported crude oil prices を基に筆者作成。

中東発の石油危機

　発展途上産油国の行動が強まる中で、1973年に発生したのが、第一次石油危機（オイルショック）である。1973年にイスラエルとアラブ諸国の間で第四次中東戦争が発生した。これを受けてアラブ諸国は、原油価格の引き上げ、原油の段階的減産、米国などのイスラエル支援国への禁輸を決定した。「石油が『一般市況製品』としてではなく、いわゆる『政治的戦略商品』として扱われた」のである（エネオス、第１章第５節）。

　この結果原油価格が高騰し（**図26**）、原油の安定供給が危機に瀕したことで、消費国では物資不足によるパニックが起こり、物価が全般的に高騰し、世界経済は不況に陥った。石油の中東依存度が高かった日本は、特に甚大な影響を受け、マイナス成長となった。ここで、戦後の高度経済成長が終わったとされる。

　当時のリチャード・ニクソン米大統領は、第一次石油危機を受けて、「エネルギー自立」を目指す "Project Independence" を掲げた。連邦政府にエネルギー省が設置されたのは、1977年であった。その後の大統領もエネルギー自立を掲げ、中東などに依存しないよう自給率の向上を追求したが、かつて世界最大の石油輸出国だったとは言え、世界最大の石油消費国でもある米国が、エネルギー自立を成し遂げるのは容易ではなかった（ヤーギン 2012上：334-336）。覇権国・米国が中東の石油を支配する時代は、終焉を迎えたのである。

そのような中で先進消費国は、OECD 傘下に IEA を結成し、石油の備蓄など
において協調行動をとった。OPEC を通した産油国の集団的な行動に対して、
消費国として団結して対抗しようとしたのである。またこれを機に、各国は代替
エネルギーの開発や省エネルギーに取り組んだ。原子力開発が進んだのもこれ以
降である。

　1979年には、イラン革命によって親米的なパーレヴィー王朝が打倒され、ホメ
イニ師を中心とするイスラム原理主義的な体制が樹立された。この影響でイラン
の原油輸出が全面的に停止し、油田の国有化が断行された。これが、世界的な石
油の供給不足や価格高騰を招き（図26）、第二次石油危機を引き起こした。とは
言えこの際には、他の中東諸国や欧州の北海油田の増産により、混乱は比較的短
期間で収束した。

　1979年のイラン革命とその直後のソ連によるアフガニスタン侵攻を受けて、当
時のジミー・カーター米大統領は、1980年1月の一般教書演説において、「ペル
シャ湾岸地域を支配しようとする外部勢力による企ては、米国の核心的利益に対
する攻撃と見なされる。そのような攻撃は、軍事力を含むあらゆる必要な手段に
よって撃退されるだろう」と述べた。石油危機を経て、「中東の石油を利用する
権利があることは、米国にとって決定的に重要な安全保障上の問題となった」
（Harvey 2003: 23-24）のである。

　本節をまとめれば、発展途上産油国は、石油という戦略的エネルギーを安全保
障の手段としてあからさまに行使し、先進消費国や多国籍企業に対して圧倒的な
勝利を収めた。ここでも、石油が偏在する「決定的に重要な財」であることに起
因する、非対称な対立関係が見られた。中東の産油国が権威主義体制であったこ
とも、影響しているだろう。その後も、1980年に始まったイラン・イラク戦争、
1991年の湾岸戦争、2003年のイラク戦争、2011年からのアラブの春など、中東地
域の不安定な国際関係は続いた。「資源の呪い」（第2章第3節）は強く当てはま
ってきたと言えよう。

第5節　石油の国際市場の形成と中国の資源外交

石油の国際市場の形成

　1970年代には、石油危機以外にも、ドル危機、ベトナム戦争での挫折など、米国の相対的な衰退を象徴する事件が発生した。これら国際関係の変容が、国際政治経済学の誕生の一因となったことは、第2章第1節で触れた。しかし、米国の覇権はすぐには揺らがなかった。

　石油危機を経て、エネルギー安全保障の重要性を認識した先進諸国は、石油備蓄、原子力など代替エネルギーの開発、省エネの推進といった対策を本格化させた。それらの影響もあり、1980年代に入ると石油の需給は緩み、1990年代にかけて石油価格は下落し、安定した（図26）。特に大きかったのは、北海やメキシコ、米アラスカ州、ブラジルなど、非OPEC諸国での油田開発が進んだことである。これにより、世界的に供給量が増大するとともに、OPEC依存度は下がった（図24）。「経済的手段の政治的行使」によって人為的に引き起こされた需給逼迫を、市場メカニズムが修正したと言えよう。

　その結果、国際市場を通した自由な石油取引が拡大した。長期相対契約以外のスポット取引が盛んになるとともに、その価格変動を避けるための原油先物取引市場も発達した。世界的な石油価格指標として有名な、WTI原油先物やブレント原油先物が、それぞれ米国とイギリスの取引市場に上場されたのは、1983年であった。市場取引が拡大すれば、市場を通さない相対取引もその動向を無視することはできない。こうして1990年代には、中東も含めた世界の原油価格が市場の影響を受けるようになった。

　本来経済とは、市場における自由競争を前提としている。無数の供給者と無数の消費者が市場で出会い、神の見えざる手に導かれて需給が一致することが、最も効率的な資源配分に繋がると考えられている。そこにおいて、自然独占は「市場の失敗」として扱われるわけだが、石油メジャーによる私的なカルテルも、OPEC諸国による公的なカルテルも、当然自由競争とは相容れない。だからこそ、競争環境を整備し、市場機能を発揮させれば、カルテルは排除される。

　1980年代から90年代にかけて石油市場が国際的に広がった結果、一部の輸出国

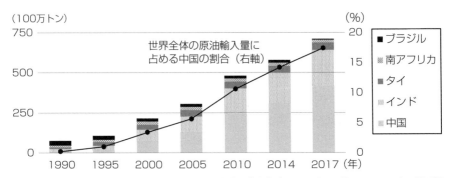

図27　新興国の原油輸入量の推移

出所：IEA, Oil Information 2000, 2009, 2016, 2019を基に筆者作成。ブラジルが減っているのは、油田開発により石油輸出国となったからである。

による政治的なカルテルは限定的になり、先進国を対象とした石油の輸出停止措置は見られなくなった。輸出国が市場経済に反して政治的に価格を吊り上げても、輸入国は容易に調達先を変えられるからである。これを輸入国から見れば、産油国による「経済的手段の政治的行使」を抑止する結果につながった。1980年代は、先進国において新自由主義的改革が流行した時期であり、電力や都市ガスなど公益事業の自由化が進んだ[18]。自由市場を通した国際的な取引の拡大が、エネルギー安全保障を高める効果があったのである。

資源獲得競争

　一方で2000年代に入ると、新興国の経済発展が目覚ましく、これらがエネルギー需要を増大させた。中国やインドなどの新興国は、相対的に化石燃料に乏しかったため、化石燃料の新たな巨大輸入国となったのである。**図27**の通り、特に中国の輸入量が増大しており、原油については世界全体の輸入量の17.4％を占めるに至った（2017年）。需要が増大すれば、需給が逼迫し、価格が上がる。図26で2000年代に価格上昇が続いているのは、そのためである。

　新興消費国は、後発でエネルギーの国際市場に参入したわけだが、国内の経済

18）　例えば、米国では1992年にエネルギー政策法が制定され、電力自由化が進んだ。またイギリスで国営電力会社が民営化・分割されたのは、1990年であった。

成長を持続させるために、多少無理をしてもエネルギーの輸入量を拡大しなければならなかった。だからこそ価格の高騰が生じるし、エネルギー安全保障を考えると全量をその都度スポット市場からというわけにもいかない。エネルギーの供給を市場取引に委ねるということは、輸出国による政治的介入が困難になる一方で、投機の対象になるという弊害も存在した。こうして発生したのが、輸入国による資源獲得競争である。

新興消費国は、権威主義体制が多かったこともあり、国家政府が前面に立って産油国からの資源調達を進めた。それは、市場化と需給の緩和により1990年代に落ち着いた先進消費国の調達環境にも影響を与えた。日本も含めた先進国には、新興国にエネルギーを買い負けているといった焦燥感が募った。これまでの産油国対消費国の対立の構図ではなく、先進消費国対新興消費国という構図が現れたのである。

中国の資源外交

特に中国は、そのような資源獲得競争の中心的なプレーヤーとなった。中国は今や米国と並んで世界最大級のエネルギー消費国となり（図13、図14、図15）、1990年代には石油の純輸入国にもなった（**図28**）。世界最大の生産量を誇る石炭についても、国内消費を賄えなくなり、2010年代には世界最大の輸入国となった（**図29**）。こうして共産党一党独裁という権威主義体制の下、より国家政府が前面に出る形で資源国からエネルギーを確保する、資源外交を展開したのである。

資源外交の第1の目的は、当然化石燃料自体の確保である。経済成長という共産党一党独裁の存続の前提条件を維持するために、「経済的基盤の防御的確保」は必要不可欠であった。その際、以前より立場が弱くなったとは言え、欧米の石油メジャーが強い影響力や権益を持っている中で、後発の中国が国外で新たな油田を開発するには、コストもリスクも高かった。そのため中国は、ロシアや中央アジア（旧ソ連）、アフリカといった、米英の影響が比較的少ない地域へと輸入元を多角化させた[19]。

第2の目的は、中国の製造企業にとっての市場拡大である。中国の持続的な経

19）中国の国営石油会社による積極的な国際的投資活動については、Jiang and Sinton（2011）を参照のこと。ただ同書では、国営石油会社の中国政府からの自律性が強調されている。

図28　中国の原油の輸出入量の推移

（百万トン）

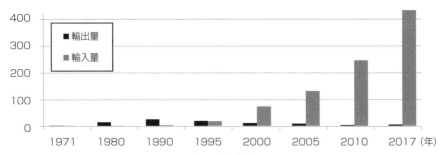

出所：IEA, Oil Information 2000, 2009, 2019を基に筆者作成。

図29　中国の石炭の輸出入量の推移

（百万トン）

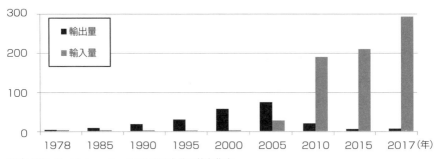

出所：IEA, Coal Information 2012, 2019を基に筆者作成。

済成長のためには、中国企業の工業製品を売るための市場が不可欠である。人口増加が著しいアフリカなどの今後の市場性を期待し、エネルギー開発と抱き合わせる形で、政府開発援助も加えてインフラ整備を支援したり、武器を輸出したりした。産業政策の一環と言っても良いだろう。ただこれは、行きすぎた場合には、「新植民地主義」[20]との批判を受けることもあった。

　第3の目的は、外交的影響力の拡大である。超大国米国の覇権に対抗するため、

20）旧来の植民地が独立した後も、旧宗主国が経済的権益を確保したり、傀儡政権を樹立したりするなどの方法で、実質的な支配関係を維持する考え方。

国連での票集めのため、あるいは台湾問題での支持獲得のため、経済援助を含む
エネルギービジネスを通して、アフリカや中央アジアの諸国との友好関係を深め
たのである。世界第二の経済大国として、自らの経済力全般を政治的に行使した
と言えるだろう。その際中国政府は、スーダンやリビア、イランといった、人権
や民主主義といった欧米的価値観の観点から問題のある、政治的にも不安定な国
に対して、民主化といった政治的条件を課さなかった。

　これら複数の目的のため、中国の政府要人は国営エネルギー企業のトップを伴
ってアフリカ諸国を訪れ、相手国政府との直接交渉を通じて、石油などに関連す
る契約や買収を進めた（三田 2008: 31）。これらは、純粋なビジネスベースに止
まらず、「外交、取引協定、債務放棄および援助と安全保障のパッケージによっ
て、積極的にそれらの諸国政府の支持を得ようとし」たものであり、中国にとっ
てこのような形での石油調達は、「国家安全保障上の問題」との認識に基づいて
いるという（日本貿易振興機構 2009: 8）。先進国は、基本的に民間企業による利
潤動機に基づくアプローチであるため、エネルギー取引以外の便益まで供与する
中国企業に対抗することは難しく、それが尚更国際的な摩擦を引き起こした。

一帯一路とアジアインフラ投資銀行

　そのような中国の資源外交の一つの到達点が、一帯一路構想とアジアインフラ
投資銀行（AIIB）の設立だろう。一帯一路は、2013年から習近平国家主席が提
唱する、ユーラシア大陸を中心に中東からアフリカ大陸までを結ぶ、壮大な経済
圏構想である。その中核を成すのが大規模なインフラ投資計画であり、高速道路
や鉄道に加えて、パイプラインや電力網などエネルギー分野のネットワークも含
まれる[21]。これを実現するための国際金融機関がAIIBであり、2015年に57の参
加国を集めて設立された。

　これらは、中国の覇権戦略の一環であり、米国主導のブレトン・ウッズ体制や
アジア開発銀行[22]の国際レジームに対抗する意図があるとされる。これに対し
て、欧米先進国は当初は警戒感を示していたが、経済的利益も大きく、イギリス

21）後述する電力のGEI構想（第7章第4節）は、一帯一路構想に繋がる。
22）AIIBと同様の国際開発金融機関であるアジア開発銀行では、日本と米国が最大の出資者
　　で、歴代の総裁は日本人が選出されている。

やドイツ、フランスは AIIB の参加国に名を連ねた。日本は、中国主導のガバナンス体制に懸念を示し、米国とともに参加を見送ったが、近年協力姿勢を示している。

このように、エネルギーを巡る消費国による争奪戦は、米中間の覇権争いの様相を呈してきている。それがさらに、化石燃料自体の争奪から再エネ時代の主導権争いへと、構造変化が起きるというのが筆者の主張だが、第4章以降のエネルギー転換の話に入る前に、もう少し化石燃料の話を続けなければならない。それが次節のシェール革命である。

第6節　米国発のシェール革命

非在来型ガスとしてのシェールガス

第5節までの議論は、エネルギーといっても化石燃料、化石燃料といっても石油の話が中心であった。それは、石炭と比べて石油の偏在性は際立っており、運輸燃料としての代替困難性が高かったからである。産油国と消費国の間の非対称性が高いエネルギーであるからこそ、石油の安全保障が20世紀の最重要課題となってきた。

一方で、石油危機以降、消費量が大きく伸びたのは、天然ガスである。天然ガスは、石油と比べれば偏在性が低く（第2章第4節）、何よりも次章で議論する二酸化炭素排出量が少ないため、低炭素ということで特に先進国での評価が高まり、需要が増大した。石炭よりもコストが高いため、これまでは先進国での消費が中心であったが、このような化石燃料間の優劣に構造的な影響を与えているのが、2000年代後半以降の米国におけるシェールガスの開発である。

シェールとは頁岩（けつがん）の地層を指す。以前からシェール層に大量の天然ガスや石油が含まれていることは知られていたが、これらを経済的に採掘する方法がなく、実質的に利用困難と見られてきた。これらを、ガス田から直接採掘可能な在来型（conventional）ガスに対して、非在来型（unconventional）ガスと呼ぶ。

21世紀に入ると、採掘方法に3つの技術革新が起きた。第1に水平坑井である。地下3,000m といった付近にあるシェール層に対して、垂直にいくつもの井戸を

掘るのではなく、横穴によって水平掘りをすることで、効果的に広範囲のガスに
到達できるようになった。第2に水圧破砕である。横穴に大量の水を注入するこ
とで頁岩に人工的に割れ目を作り、閉じ込められていたガスを抽出させ、回収で
きるようになった。第3にマイクロサイスミック技術である。地中深くの上記の
作業状況を微弱な振動波の解析を通して把握することで、シェールガスの採掘過
程を精緻に管理できるようになった。

　これらの技術革新により、状況は一変した。シェールガスは、物質的には在来
型ガスと同じである。在来型ガス田からの採掘よりはコスト高になるものの、
2000年代に天然ガス価格が高騰したこともあり、米国内に大規模なガス田が新た
に発見されたのと同じ状況が生じた。テキサス州やペンシルベニア州には巨大な
シェール層があり、地中のシェールガスの権利をその上の土地所有者に認めるこ
とで、各地での採掘が活発化した。また、米国内にはそもそも天然ガスのパイプ
ライン網が整備されていたことも、流通コストの観点から有利に働いた。

シェール革命と米国の復活

　米国でのシェールガスの本格的な開発により、内外のエネルギー経済に3つの
変化が生じた。第1に、米国内の天然ガスの生産量が大幅に増加し、米国は世界
最大の産ガス国となった（図14）。天然ガス産業が潤い、多くの雇用が生まれる
とともに、2009年以降米国内のガス価格が大幅に下がり（**図30**）、ガスの利用が
促進された。21世紀における米国経済の復活の原動力の1つとなりつつある。

　第2に、天然ガスの輸入が減り、輸出が増え、遂に米国は天然ガスの純輸出国
になった（**図31**）。米国に輸出していた産ガス国は、他に売り先を見つける必要
に迫られた。こうして天然ガスの国際的な需給が緩み、輸出入の流れが変わった。
さらに、米国で天然ガスに取って代わられた石炭が他国へ流れ、石炭の国際的流
通や市況にも影響が及んだ。

　第3に、シェール層には石油（シェールオイル）も含まれているため、米国の
原油生産量も増大した。米国が世界最大の産油国に返り咲くとともに、輸入量は
減り始めた（**図32**）。これは、石油の国際的な需給状況に変容を迫り、OPEC と
いった旧来の産油国間の協調体制に負の影響を与えている。OPEC の盟主であ
るサウジアラビアが、シェールオイルを有する米国に石油の価格競争を仕掛けて
いるといった指摘がなされている[23]。こうしてシェールガスやシェールオイル

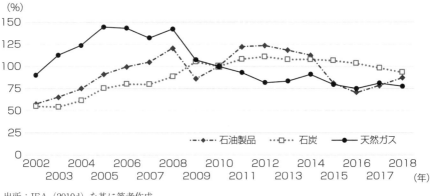

図30　米国の化石燃料の実質最終小売価格指標の推移（2010年＝100%）

出所：IEA（2019d）を基に筆者作成。

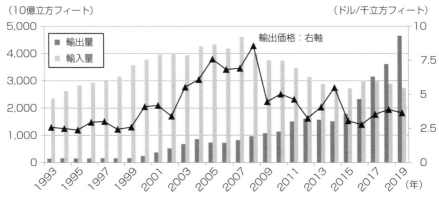

図31　米国の天然ガスの輸出入量と輸出価格の推移

出所：U.S. Energy Information Administration ウェブサイト、Natural Gas を基に筆者作成。https://www.eia.gov/naturalgas/data.php#imports

の出現は、米国内経済と国際エネルギー市場に構造的な影響を与え、「シェール革命」と呼ばれるようになった。

23）例えば、東洋経済 ONLINE、「「逆ギレ」サウジは米国に「戦争」を仕掛けている」（2020年3月9日）。https://toyokeizai.net/articles/-/335627

図32　米国の原油の国内生産量と純輸入量の推移

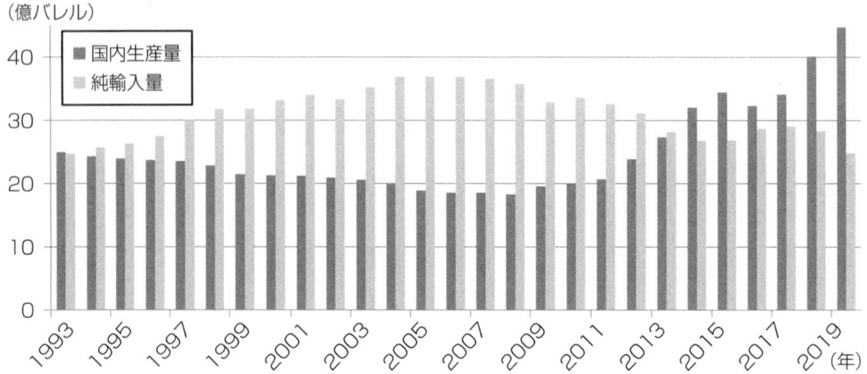

（億バレル）

出所：米 Energy Information Administration ウェブサイト、Petroleum & Other Liquids. https://www.
eia.gov/petroleum/data.php#imports

シェール革命の国際政治への影響

　シェール革命により天然ガスや石油の国際的な流れが変わると、必然的に国際
政治に影響が及ぶ。第 1 に、エネルギー自給率が向上した結果（図11）、米国に
はこれまでのように中東や他の産油国の政情に関与する必要性が薄れた。実際に
前トランプ政権下で起こりつつあったが、例えば米国が混迷するイラクやシリア
の情勢に関与しない、あるいはこれまで以上にアラブと対立するイスラエルに肩
入れする結果、中東の政治状況が不安定化する可能性がある。

　第 2 に、石油や天然ガスにおける経済的な優位性を失った結果、産油国・産ガ
ス国では国内政治が不安定化する恐れがある。発展途上産油国は権威主義体制の
場合が多く、特に中東諸国は、化石燃料輸出による莫大な収入を国民の懐柔に当
ててきた。貿易収支が悪化し、国内経済が低迷すれば、国民の不満が表面化しや
すい。前述のサウジアラビアの米国との石油価格競争は、それを防御する姿勢の
一つの表れであるが、2020年に入ってからは新型コロナウィルスの影響も受けて、
化石燃料の需要は低迷している。その影響は、2010年代初めにアラブの春で脅か
された中東や北アフリカの国際秩序へも波及しかねない。

　第 3 に、シェール革命は次章で議論する気候変動政策に影響を及ぼしている。
これまで世界有数の化石燃料消費国として気候変動政策に慎重だった米国では、

環境適合性よりもむしろ経済効率性の観点から、石炭火発がガス火力発電に置き換えられている。ガス火力発電の二酸化炭素の排出量は石炭火発の約半分とされ、コストをかけずに気候変動対策が可能になった。これが、次章のバラク・オバマ政権下のパリ協定への合意につながる。

　こうしてシェール革命は、米国のエネルギー安全保障を劇的に改善させ、世界各国の外交政策に影響を与えようとしている。資源国としての米国のパワーが大きく回復し、覇権の維持に追い風となっている。トランプ大統領の中東に対する姿勢は、イスラエル寄りといった個人的政治嗜好以外にも、このような背景に促されていたと考えられる。石油危機時代の発展途上産油国対先進消費国という対立の構図が、大きく崩れようとしているのである。

　米軍が、ペルシャ湾のバーレーンに第5艦隊を置き、石油のために中東の政治と安全保障に関与し続けてきたことは、Delucchi and Murphy（2008）でも分析されている。もしペルシャ湾岸に石油がなければ、米国の国防費は年間約270〜730億ドル減っていたという。今後、ペルシャ湾岸の石油に米国が戦略的価値を見出さないとすれば、この国防費が減る可能性がある。

　なお、シェール層は米国以外にも、中国や欧州、南アフリカやオーストラリアなどに広く分布している。しかしカナダなどを除き、本格的な商業生産は始まっていない。その理由は、水圧破砕に大量の水が必要なこと、地層や地下水など自然環境への悪影響が懸念されていること、パイプラインの有無が輸送費に影響することなどによる。また、シェールガスなどのあり方は、在来型ガスや在来型石油の国際価格に左右されることにも注意が必要である。在来型ガスの価格が低ければ、シェールガスの採算は取れず、生産の拡大は難しい。実際に近年の米国では、市況の低迷によるシェールガス開発会社の倒産も起きている[24]。

24）例えば、日本経済新聞ウェブサイト、「米シェール老舗チェサピーク破綻　コロナで原油安響く」（2020年6月29日）。https://www.nikkei.com/article/DGXMZO60908760Z20C20A6000000/

第7節　欧州のエネルギー安全保障とロシア

石炭鉄鋼共同体から始まった欧州連合

　米国は、世界最大級の化石燃料の資源国でありながら、世界最大級の消費国でもあり、また軍事的にも最強の超大国として、エネルギー安全保障を重視してきた。石油メジャーの多くが米系というのも、顕著な特徴である。一方、本節の主題である欧州は、米国ほどの資源国ではないが米国に比肩する経済規模を有し、政治的にも国際社会の主要プレーヤーである。そうすると、化石燃料の輸入量は米国を大きく上回っているため[25]、エネルギー安全保障は極めて重要である。

　欧州連合という超国家機関にとって、エネルギー安全保障が重要である傍証として、その起源は1952年に結成された欧州石炭鉄鋼共同体（ECSC: European Coal and Steel Commmunity）に遡ることが挙げられる[26]。フランス外相によるシューマン・プランに基づき、フランス、西ドイツ、イタリア、ベルギー、オランダ、ルクセンブルクの6カ国が、石炭や鉄鉱の生産や取引を共同管理することとした。その背景には、ザール地方やルール地方を巡る独仏間の歴史的な領有問題があったのであり、エネルギーを巡るゼロ・サム的な争いに終止符を打つことが、地域の平和に不可欠との認識が共有されていたのである。

　その後 ECSC に、欧州原子力共同体（EURATOM）が加わり、欧州共同体（EC: European Community）などを経て、1993年には現在の欧州連合（EU: European Union）に発展した。域内でのエネルギーを巡る争いはなくなったが、域外との関係においてエネルギー安全保障を確保する必要は高い。米国の場合と同様、欧州においてもエネルギー安全保障の重要性を再認識させたのは、1970年代の石油危機であった（Commission of the European Communities 1995: 9）。

欧州のエネルギー安全保障政策

　とはいえ EU では、石炭、原子力、再エネの割合といったエネルギーミックス

25）天然ガスは米国の6倍、石油は米国の1.5倍。2017年の数値。IEA（2019g）
26）その詳細は、島田（2001）を参照のこと。

をどうするかは、加盟国政府の専管事項となっている。欧州委員会が脱原発や脱石炭火力を命じることはない。その上で欧州委員会は、気候変動政策と域内市場統合の観点から、エネルギー安全保障政策に影響を与えられる立場にある。これは、次章のエネルギー転換につながる。

　第2章第3節の通り、エネルギー安全保障を高めるには6つの施策がある。欧州について言えば、第1の化石燃料の自国内での開発は、北海油田が該当するだろう。これは1980年代から90年代に大きな成果を上げ、特にノルウェー[27]、イギリス、オランダは、有力な石油とガスの輸出国となった。

　それでも欧州全体としては、化石燃料の大きな輸入地域であり、第2の輸入元の多様化が、重要な施策であり続けた。特に欧州は地理的に隣接するロシアへの依存度が高く、中央アジアやイランなども含めた輸入元の多様化が重要である。しかし、これら輸入元には政治的に不安定な地域が多く、順調には進んでいない（Heshmati and Abolhosseini 2017）。

　第3の備蓄・貯蔵にも努めており、各国の設備をネットワーク化することで、エネルギー安全保障の効力を高めてきた。特に近年EUに加盟した東欧諸国は、歴史的経緯からロシアへの警戒感が強く、バルト三国やポーランドなどにおいて、ロシア以外へ輸入元を広げるためのLNG基地や国際送電網の建設が進んでいる。

　第4の省エネルギーと第5の代替エネルギーの開発、即ち再エネの導入は、長期的・構造的な施策であり、次章で詳述するエネルギー転換の2本柱に該当する。第1の自国内開発において、地質学的理由から米国に比べて決定的に劣っている欧州が、エネルギー転換に積極的に取り組むのは、必然とも考えられる。

　最後に第6の市場機能の活用も極めて重要である。そもそも欧州連合は、域内で競争的な単一市場を形成する大方針があり、エネルギー分野もその例外ではない。そのため、域内各国をパイプラインや送電網で物理的に繋げると共に、ガスや電力の取引市場を自由化した上で統合することで、巨大で効率的な欧州域内市場を構築してきた。これが、EUのエネルギー共同体：Energy Unionである。自由化を進めて取引市場が大きくなれば、自由競争による経済的な便益だけでなく、国境を超えた相互融通によってエネルギー安全保障も高まる[28]。なぜなら、

---

27) ノルウェーはEU加盟国ではないが、シェンゲン協定加盟国であり、天然ガスや電力など国際エネルギー経済上は欧州と一体的である。

消費地域の規模が大きくなることで、輸入元や輸送網を複数に分散させ、ロシアなど特定国への輸入依存のリスクが分散されると共に、輸入元に対する交渉力が高まるからである。輸出国の立場に立てば、「大口顧客」に対して政治的意図からの供給停止をしづらくなる。これは、エネルギー安全保障の集団的な確保方法と言えよう。

化石燃料輸出大国ロシア

　前述の通り、欧州のエネルギー安全保障問題とは、何よりもロシアとの関係をどのように考えるかに集約される。ロシアは、米国と並ぶ、世界有数の化石燃料資源大国である。特に天然ガスについては、世界最大の輸出国として君臨し続けている（**図33**）。OPECには加盟していないが、OECD諸国でもなく、権威主義体制の下で化石燃料を政治的手段として行使する国家と認識されている[29]。

　欧州にとってロシアは最大の化石燃料輸入元であり、その依存度は高い。（OECD）欧州全体で、天然ガスの消費量に占めるロシアからの輸入量（ロシア依存度）は35.2％に達し、東欧諸国やドイツ、イタリアはその平均値を上回る（**図34**）。石油についても石炭についても、欧州にとっての最大の輸入元はロシアであり、その関係は非対称と言えよう。

　ロシアがエネルギーの世界市場に登場したのは、1991年のソ連の崩壊以降である。当初欧州は、新たなエネルギー輸出大国であるロシアを、前述の市場機能の活用によって包摂しようとした。1994年に欧州が主導して締結したエネルギー憲章条約は、「旧ソ連及び東欧諸国におけるエネルギー分野の市場原理に基づく改革の促進、並びに、エネルギー分野における企業活動（貿易及び投資）を全世界的に促進する」ことを目的としていた[30]。エネルギーの貿易やその通過の自由について規定されており、「供給国から需要国へのエネルギーの安定供給確保な

28）例えば2010年には、ロシアからガス供給を停止されたウクライナに対して、ドイツからガスが逆流的に供給された。Dreyer and Stang（2013: 2）.

29）なお、天然ガスの輸入依存度が20.3％とロシアに次ぐノルウェーについては、非EU加盟国であるが、シェンゲン協定加盟の民主主義体制であり、EUにとってエネルギー安全保障上の脅威になるとは考えられていない。

30）外務省ウェブサイト、「エネルギー憲章条約の概要」。https://www.mofa.go.jp/mofaj/gaiko/energy/charter.html

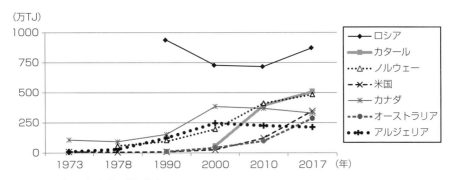

図33　主要天然ガス輸出国の天然ガス輸出量の推移

出所：IEA（2019e）を基に筆者作成。

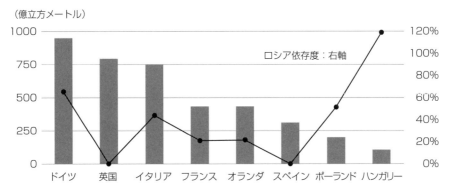

図34　欧州主要国の天然ガス消費量とロシア依存度

出所：IEA（2019e）を基に筆者作成。

どを目的として」いたのである。しかしその後、ロシアが同条約を国内で批准しなかったため、その効果は限定的に止まった。国際レジームの構築に成功しなかったのである。

ロシアによるガス供給停止問題

　このようなロシアが、欧州にとってのエネルギー安全保障上の懸念と認識されたのが、2006年や2009年のガス供給停止問題である[31]。ロシアの国営ガス事業者であるガスプロムは、ウクライナへの天然ガスの供給を数回にわたって停止し

た。ロシア側によれば、ガス販売価格の交渉が難航した末、料金の不払いが原因になったという。これに対してウクライナ側は、2004年末の親欧州的なヴィクトル・ユシチェンコ政権の誕生（オレンジ革命）を受けた、政治的理由からの不当な輸出停止として、ロシアを強く非難した。

一方、ウクライナのガスパイプラインは、欧州諸国にまでつながっている。供給停止後も、ウクライナがロシアからのガスを抜き取ったことで、欧州諸国でのガス供給量が減少し、2006年などに市民生活に大きな混乱が生じた。これを受けて欧州諸国では、ガスのロシア依存度が高いことが問題視されるようになると共に、ウクライナを介さないバルト海経由のノルドストリームといったパイプラインの建設が進んだ。

このガス供給停止が、経済的利益の最大化のための純粋に商業上の措置なのか、「政治的行使」なのか、断定は難しい。またロシア政府にとっては、どちらかわからない状態にしておくことで、消費国に対する政治的な牽制になるというメリットがある。何れにしても、関係国が政治的意図を意識して行動していることは間違いないであろう。

一方で、ロシアにとってウクライナなどの旧ソ連諸国との関係は特殊であり、欧州主要国との間では、脅しも含めてこのような輸出停止措置は、東西冷戦時代にも採られたことがなく、ロシアは貿易相手として信頼できるとの指摘もある[32]。旧ソ連諸国や東欧では、歴史的に天然ガスに限らない様々なインフラがロシアと一体的に整備され、依存度が極端に高い上、確かに欧州主要国よりも安価な天然ガスが供給されてきた。また、親ロシアとされるベラルーシとの間でも、天然ガス料金を巡る供給停止の紛争が生じている。

ロシアによるガス供給停止問題を分析したSmith Stegen（2011）によれば、これまで輸出国側（ロシア）の能力や意図ばかりが議論の対象となってきたが、脅威を受ける輸入国側の反応も重要であるという。実際に旧ソ連のバルト三国は、1990年代にロシアによるガス供給停止の脅しに毅然と対抗し、ロシアは政治的意図を達成できなかった事実がある。ましてやドイツなどの欧州の大国に対して、ロシアが供給停止などの「エネルギー武器」を行使するのは難しいと結論づけて

31）詳細は、本村（2009）を参照のこと。
32）筆者によるEU各国政府の関係者へのヒアリング。

いる。総輸出額の過半を化石燃料に頼る（図20）ロシアとしては、大口の優良顧客である西側欧州諸国の消費市場としての存在感（security of demand）を、無下にできないのである。

ノルド・ストリーム2を巡る論争

　エネルギー安全保障を巡るロシアに対する姿勢は、欧州内部でも一枚岩ではない。ロシアからのパイプライン・ガスは、欧州全体の天然ガス輸入の3分の1以上を占めるが、他の輸出国と比べて最も価格が安いとされる。ドイツやイタリアといった大口消費国は、その購買力を活かして低価格を勝ち取ることが可能であり、バルト三国などの小口消費国との間に温度差があるという（Bartuška et al. 2019）。ロシア側から見れば、二国間関係の非対称性に応じて「分割統治」を仕掛けているとも考えられ、その一つの表れが、海底ガスパイプラインのノルド・ストリーム2への対応である。

　ドイツからバルト海を通りウクライナを経由せずに直接ロシアとつながる、ガスパイプラインのノルド・ストリームは、2000年代のロシア・ウクライナのガス紛争を受けて、2011年から稼働していた。2015年にドイツ企業とロシア企業は、パイプラインの更なる増強を決定し、ノルド・ストリーム2を建設することになった。これに対し、更なるロシア依存になるとのエネルギー安全保障上の懸念から東欧諸国が反対しているほか、米国もクリミア併合問題に対するロシア制裁の観点から懸念を示し、建設に関係する企業に制裁を課すとしている[33]。

　ただその背景には、東欧諸国はノルド・ストリーム2の建設により自国を通るパイプライン収入が減る、米国は自国産のシェールガスを欧州へ輸出したいとの思惑があると言われている。国際経済の判断に国際政治が影響するだけでなく、国際政治の判断に国際経済が影響を与え、先進国間の対立に繋がっていると言えよう。このように現時点で欧州は、未だ化石燃料の安全保障の問題に対して、多くの時間とコストを割いて対処しているのである。

33）例えば、日本経済新聞（2019年2月15日）「米、ガス供給で対独包囲網　ペンス副大統領が呼びかけ」。ミュヘン安全保障会議において、米国はノルド・ストリーム2計画に反対した。これに対してドイツのメルケル首相は、「ロシアとの関係をすべて断ち切ることが欧州の利益になるとは思わない」と反論した。

小括

　本章をまとめれば、化石燃料の時代とは以下のような特徴があった。化石燃料、特に石油は、経済社会の基盤となる代替困難な財であるとともに、その地質学的賦存は偏在している。戦争にも不可欠というその戦略性のため、大規模に国際的に取引される一方で、これを巡って資源国と消費国との間において、非対称で対立的な国際関係を生み出した。米国による対日石油禁輸措置や1970年代の石油危機は、「経済的手段の政治的行使」の典型的な事例である。20世紀において、各国政府は常にエネルギー安全保障を意識し続けてきたのである。

　国際政治経済学的には、石油は「決定的に重要な財」であり、それへの依存度は極めて非対称であったことから、リベラリズム的な相互依存論は適用されなかったと解釈できる。一般に貿易はプラス・サムの利益を生むが、化石燃料はその偏在性が故にゼロ・サム的な関係をもたらし易いとも言えよう。先進消費国の代表例である日本のような国は、海外から比較劣位の化石燃料を輸入し、比較優位のある自動車や家電を輸出してきた。しかし石油と自動車を比べれば、その戦略的重要性の差は明らかであり、産油国は政治的にも経済的にも優位に立ちやすく、日本のような輸入国は常に不利な立場に置かれてきたのである。

　石油危機以降、産油国の多元化などを受けて石油取引は市場化が進み、石油の供給停止や値上げが安全保障目的で行使されることは少なくなった。市場機能が、「経済的手段の政治的行使」への抑止力となったのである。特にそれは、民主主義体制の資源国と消費国との間で強く当てはまったと思われる。日本と米国、日本とオーストラリアのような国の間では、原則として市場・民間ベースでエネルギーの取引が続けられ、政治的対立は生じなかった。エネルギー分野でもデモクラティック・ピース論が適用できると言えよう。

　それでも権威主義体制国については、中国の資源外交のように、国家がエネルギー供給の確保に戦略的に乗り出したり、ロシアのウクライナへのガス供給停止問題のように、化石燃料の貿易が政治的に利用されたりすることはあった。そして21世紀初頭の米国発のシェール革命は、天然ガスや石油の貿易関係に大きな変化をもたらし、これまでの対立の構図に影響を与える可能性が高い。

　その一方で、より抜本的な変化が欧州から訪れようとしている。それが、化石燃料とは対照的な再エネを中心とした、エネルギー転換である。本書の主題であ

るエネルギー転換について、章を移して詳しく検討する。

第 4 章

気候変動問題とエネルギー転換

第 3 章は、基本的に化石燃料に関する過去の話であった。20世紀のエネルギーを巡る国際関係とは、化石燃料が本質的に有する非対称性に由来する対立と争奪を特徴とした。しかし本書は、再エネに関する21世紀の、未来の話をしたい。未来の話の前提として、前章では過去の話をしたわけだが、いよいよ本章は未来へ向けて変わりつつある現在の話をする。21世紀を迎える1990年代から2020年の現在に至るまで、エネルギーの世界で構造的な変革が起きつつある。それが、エネルギー転換である。

本章では、気候変動という化石燃料が抱える問題点を整理した上で、エネルギーシステムの構造改革であるエネルギー転換を説明する。日本では未だに、原子力か再エネかという電源を巡る二項対立の論争を続けている状況にある。しかし欧州では最早その論争の決着はついている。欧州は、そして世界は、化石燃料の時代から脱却し、再エネを中心としたエネルギー転換を追求し始めているのだ。

第 1 節　気候変動問題から気候危機へ

気候変動問題

気候変動問題については、既に様々な解説や議論がなされているので、本書では詳細に立ち入らない。気候変動は、地球の平均気温が上昇するとともに、地球全体の気候が長期的に変化することを指す。これにより、異常気象や海面上昇、自然災害の激甚化や健康被害の増加、更に食料不足や水不足、生態系への悪影響など、様々な問題が地球の広範囲にわたって起きる。単なる特定地域の自然環境の問題に止まらず、グローバルな経済社会の構造的危機であり、国際政治経済学

の対象となる。

　その原因は、大気中に排出される二酸化炭素やメタン、フロンといった温室効果ガスである。そもそも温室効果によって大気圏の内部の気温が夜間でも維持されているのだが、そのバランスが崩れ、濃度が増すと、地球の平均気温が上昇する。これが地球温暖化であり、日本では気候変動とほぼ同義で使われることが多いが、地球温暖化が様々な気候変動問題の引き金となる。

　温室効果ガスの中でも二酸化炭素の割合が最も多く、76％を占める[1]。世界の温室効果ガスの排出量約500億トン（二酸化炭素換算）の内、農業起源は13％、産業プロセス起源は8％、そしてエネルギー起源は74％に上る（IEA 2019b, xvi）。要するに、温室効果ガスの多くは人為的な化石燃料の消費による二酸化炭素の排出に由来している。だから気候変動問題はエネルギー問題となる。

気候危機の警鐘

　近年は、気候危機（Climate Crisis, Climate Emergency）という言葉が多用されるようになってきた[2]。これまで気候変動問題は、数十年後といった未来に起きる可能性が高い環境問題とされてきた。未だ被害が顕在化しないが故に、先手を取った対策が難しかったわけだが、最早一部の被害は顕在化しつつあり、「適応：adaptation」が必要な状況に達しているとの指摘が増えている。

　日本でも近年の猛暑や台風の大型化、それらの被害の甚大化は顕著である。東京オリンピックのマラソン競技の開催地が東京から札幌に移された際には、国際的な関心を集めた。オーストラリアの森林火災やイタリア・ベネチアの高潮、グリーンランドの氷河の溶解など、海外の危機的な事例も枚挙に暇がない。これだけ身近な問題になっているにも関わらず、各国政府の対策は遅れており、地方政府が「気候非常事態宣言」を出す例も増えている[3]。

　一方で気候危機への対策は極めて困難である。発電から自動車運輸、製鉄所の操業まで、現代社会のあらゆる場面で化石燃料が使われており、経済社会全体の

1）環境省ウェブサイト「温室効果ガスの種類」。https://www.data.jma.go.jp/cpdinfo/chishiki_ondanka/p04.html
2）2019年9月の気候変動に関する政府間パネル（IPCC）において、アントニオ・グテーレス国連事務総長が「気候変動はもはや気候危機である」と発言した。
3）オーストラリア・デアビン市から始まり、日本では長崎県壱岐市、長野県など。

構造変革が不可欠だからである。また、地球環境問題と呼ばれるように、その影響は容易に国境を超えて生態系全般を脅かすため、国境単位での管理はできない。アナーキーな国際社会において、国際的な協調が求められているのである。

　未だに気候危機の深刻さを信じないとの、米国の大統領による発言もある[4]。しかし、この危機の現実を認めて可及的速やかに対処せざるを得ないというのが、国際的な共通認識であり、本書もその立場から議論を進める。

気候安全保障

　このように、気候危機は旧来の環境問題の射程を超えている。地球規模の生態系から各国の経済活動、さらに各国民の日常生活までを脅かし、国家の存立基盤の危機に繋がり得る。このような観点から、「気候安全保障：Climate Security」という概念が提唱されている。

　気候危機が顕在化すれば、砂漠化により水資源に、温暖化により農業や漁業、即ち食料に、そして経済活動全般に悪影響を及ぼす。特に発展途上国では、人々の健康を害したり、貧困に拍車をかけたり、部族間の水を巡る紛争を激化させたりするかもしれず、安全保障上の脅威につながる危険性がある。だとすれば、国家政府は最優先事項として対処せざるを得ない。気候危機に優先的に対処することは、国家安全保障と経済安全保障の大前提になるのである。

　このような気候安全保障の概念は、2006年にマーガレット・ベケット英外相が演説で触れたのが最初とされている。その後、G20や国連安全保障理事会でも気候安全保障が議論されるなど、外交上の優先順位は高まっている。気候危機が、ハイ・ポリティクスの対象と認識されるようになってきたのである。

　日本でも2007年に環境省の中央環境審議会が、「気候安全保障に関する報告」を公表し、気候変動問題の重要性を強調した。同報告書では、「安全保障の考え方」が、「国家の独立や領土保全」から、「人間の安全や福祉の向上へと広がって」いるとの認識の下、「気候変動のもたらす脅威」に対して、「経済的相互依存関係の強化」など「軍事的手段によってではなく国際協調によ」って、対処すべ

4）例えば2018年11月にトランプ米大統領は、自国政府が発表した気候変動に関する報告書の温暖化対策を取らなければ経済が大混乱に陥るとの指摘に対して、「信じない」と答えたという。BBC News, https://www.bbc.com/news/world-us-canada-46351940

図35　世界の地域別二酸化炭素排出量の推移

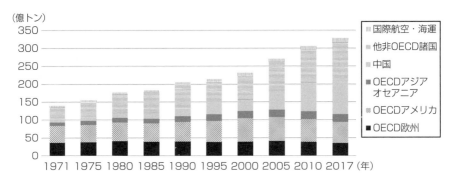

出所：IEA（2019b）を基に筆者作成。

きと指摘された（中央環境審議会 2007: 16-17）。それは、考え方としては経済安全保障と同様であり、環境保護のためだけでなく安全保障の観点から気候を守るべき対象とし、エネルギー安全保障や食料安全保障にも跨る概念と言えよう。

第2節　二酸化炭素排出の現状

国別二酸化炭素排出量

　二酸化炭素の排出が気候変動問題の主因であるならば、それは現代のエネルギー、即ち化石燃料の消費のあり方の問題と言える。本節では、その定量的な現状を把握しておく。

　まず、人類は化石燃料の消費量を増大させ続けてきたが、その結果、二酸化炭素の排出量も増大し続けてきた。それは、2017年で328億 CO_2 トンという総量に達する。この推移を地域別に見れば、先進国の割合は、1971年には67％を占めていたが、2017年には35％に過ぎなくなった（**図35**）。先進国は2005年以降排出量自体を漸減させているが、それを上回る形で中国や他の発展途上国が排出量を急増させている。

　とは言えそれは、発展途上国に気候変動問題の大きな責任があることを意味しない。歴史的に見れば、産業革命以降の化石燃料の大量消費の積み重ねが、現在の気候変動問題に繋がっており、その大半を排出してきたのは、先んじて工業化

図36　世界の二酸化炭素排出上位12カ国（2017年）

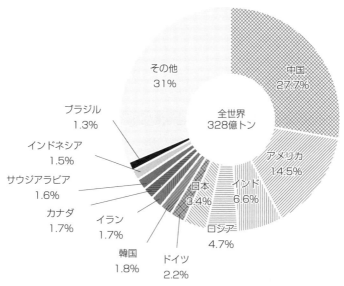

出所：IEA（2019b）を基に筆者作成。

を進めた先進国であった。また国別に見れば、確かに中国が世界１位、インドが
３位と発展途上国の割合が大きくなるが（**図36**）、これを人口１人当たりで見れ
ば、現在でも先進国や産油国が多くの二酸化炭素を排出している（**図37**）。この
ため発展途上国は、経済成長のために化石燃料の利用の、したがって二酸化炭素
の排出の権利を主張することになる。このように排出量は国によって偏在してお
り、一方で削減努力の成果は全体に及ぶことから、典型的なフリーライダー問題
が生じており、気候変動問題を巡る国際対立の大きな種となっている。

消費部門別二酸化炭素排出量

　では次に、どのような消費主体が実際に化石燃料を消費し、二酸化炭素を排出
しているのだろうか。世界全体の328億トンの二酸化炭素排出量を消費部門別に
分けたのが、**図38**の上の棒グラフ「電力・熱部門なし」である。消費部門は、工
場などの「産業」、自動車交通や鉄道、船舶などの「運輸」、オフィスビルや店舗
などの「業務」、一般「家庭」などに分けられる。産業部門が排出量の43％を、

図37　主要国の人口当たり二酸化炭素排出量（2017年）

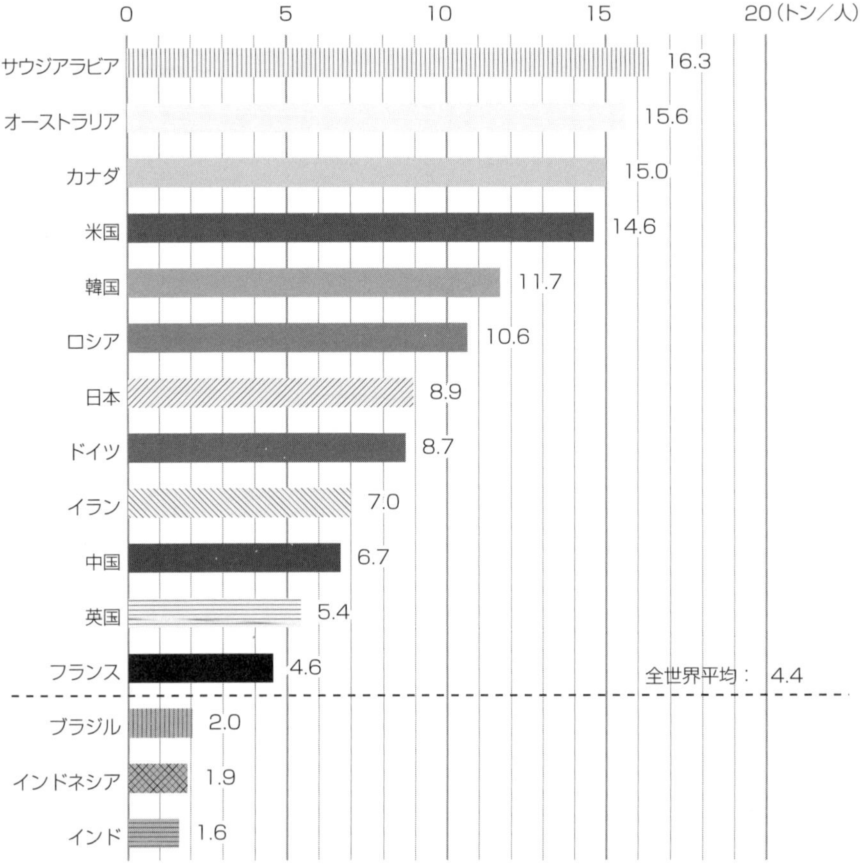

国	排出量（トン／人）
サウジアラビア	16.3
オーストラリア	15.6
カナダ	15.0
米国	14.6
韓国	11.7
ロシア	10.6
日本	8.9
ドイツ	8.7
イラン	7.0
中国	6.7
英国	5.4
フランス	4.6
全世界平均	4.4
ブラジル	2.0
インドネシア	1.9
インド	1.6

出所：IEA（2019b）を基に筆者作成。

運輸部門と業務・家庭部門がそれぞれ25％を排出している。

　その際、業務・家庭部門は、電化製品の使用という形で大量の電力を消費する。運輸部門が、鉄道を除けばガソリンなどの運輸燃料を消費するのとは、対照的である。オフィスビルや家庭が電力を消費する場合には、その時点で二酸化炭素を排出しないが、実際には火力発電の時点で排出しているのであり、「電力・熱部門なし」のグラフはその排出量を各消費部門に振り分けている。

　これを「電力・熱部門あり」として分離させたのが図38の下のグラフで、同部

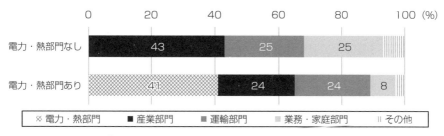

図38　世界の消費部門別二酸化炭素排出量の割合（2017年）

出所：IEA（2019b）を基に筆者作成。"Buildings" を「業務・家庭部門」と読み替えた。

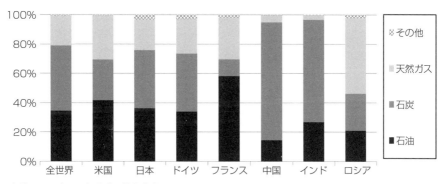

図39　主要国のエネルギー源別二酸化炭素排出量の割合（2017年）

出所：IEA（2019b）を基に筆者作成。

門が最大の排出割合になる。他の消費部門では電力消費に伴う排出量が計上されなくなるため、特に電化製品への依存度が高い業務・家庭部門の排出量が大きく減っているのがわかる。即ち、発電の脱炭素化が重要であると共に、電力への依存度が低い産業部門や運輸部門については、別の対策が必要になる。この問題は、第5章第2節のセクターカップリングにつながる。

エネルギー源別二酸化炭素排出量

　次に、どの化石燃料からどの程度の二酸化炭素が排出されているのだろうか。**図39**によれば、全世界の排出量328億トンに対して、石油は34.6％、石炭は44.2％、天然ガスは20.5％を占めている（左端グラフ）。熱量ベースの供給量では、石油は35.9％、石炭は30.6％、天然ガスは25.1％であった（図8）ため、石

油は石炭よりも大量に消費されているにも関わらず、排出量ではむしろ少ない。これは、熱量当たりの二酸化炭素排出量について、石油は石炭より少ないからである。概ね、石油：石炭：天然ガス＝３：４：２の排出量とされており、化石燃料の中では天然ガスが最もクリーン（低炭素）と言われる。

　図39は、各国の二酸化炭素排出量に占める各化石燃料の構成比も示している。米国で石油の割合が高いのは、世界有数の自動車社会だからであろう。フランスは、原子力で電力の75％を賄っているため、火力発電用の石炭が少なく、相対的に石油の割合が高い。中国やインドは石炭の割合が特に高いが、これは単価の安い石炭を火力発電などに大量に使っているからであり、深刻な大気汚染問題の主因になっている。

　以上の分析を二酸化炭素の排出削減という観点から整理すると、グローバルな環境問題として国際的な協調が不可欠であるにも関わらず、各国の事情や歴史的背景が異なるため、そのような協調は容易ではない。また部門別に見れば電力部門の対策が、エネルギー源別に見れば石炭の削減が、優先されるべきと言えよう。

第３節　気候変動枠組条約とパリ協定

気候変動枠組条約の国際レジーム

　気候変動問題は、容易に国境を越える環境問題である。日本の1960年代の公害問題とは異なり、汚染者・原因地域を特定することは困難で、その被害は原因地域だけでなく世界中に及ぶ。先進国も発展途上国も、加害者にも被害者にもなりうる。日本が対策に努めたから、日本だけが報われることはないが、日本が対策に努めなくても、他の多くの国が努めれば、日本は報われてしまう。

　このグローバルな外部性とも呼ぶべき問題を解決するには、多くの国の協調が不可欠である。最大の排出国である中国でも、その排出量は世界全体の３分の１に満たない（図36）。とは言え、国際社会はアナーキーであるから、国連が世界中の自動車に一律の排出規制をかけたり、排出削減に協力する企業に補助金を配ったりすることもできない。国連にはそのような権限も財源も与えられていない。そこで国際社会は、気候変動枠組条約という国際レジームを構築して、国家単位で協力して解決を目指している。

　気候変動枠組条約は、世界の197カ国が参画して温室効果ガスの削減を目指す国際協定である。1992年の環境と開発に関するリオ・デ・ジャネイロ国連会議において採択され、「共通だが差異のある責任」という精神に則り、世界各国は協調して「大気中の温室効果ガスの濃度を安定化させる」（気候変動枠組条約第2条）対策に、継続的に取り組むことにしたのである。

京都議定書の締結

　気候変動枠組条約に基づき、締結国は毎年集まってその進捗を管理することにした。これが、締約国会議（COP: Conference of Parties）である。気候変動枠組条約が、対策を継続的に集約する国際レジームを規定し、その下で締約国が具体的な排出削減方策を議論し、実行していくことにしたのである。

　そのような考え方に基づき、1997年のCOP3京都会議において、日本政府は議長国として取りまとめに奔走し、「京都議定書」の締結へと導いた。これは、2008年から2012年の第1約束期間において、欧州は8％、米国は7％、日本は6％といった温室効果ガスの削減目標（1990年比）に合意したものである。排出削減を義務とした点で画期的であった一方で、当時の世界の排出量の約20％を占める中国やその他の発展途上国が排出義務を負わなかった。またこの影響もあり、同じく20％の排出量を占める米国が国内で批准しなかった。結果的に、削減義務を負う先進国の排出量は世界全体の30％程度に止まり、実効性に限りがあった。

　その後、世界の温室効果ガスの排出量は、発展途上国を中心に増え続け（図35）、異常気象などによる被害が顕在化していく中で、国際社会は改めてより実効性のある削減方策の策定が求められた。それが、「ポスト京都」などと呼ばれる過程である。しかし、先進国と発展途上国の対立、排出量の多い工業国と被害の拡大が懸念される島嶼国との対立など、複雑な利害が絡む中で、毎年COPが開催されたが、交渉は難航した。

パリ協定の合意

　そのような中で、ようやく2015年のCOP21パリ会議において合意されたのが、「パリ協定」である。これは、2020年以降の温室効果ガスの排出削減のための国際的取り決めであり、21世紀後半に産業革命からの地表平均気温の上昇を、「2度より十分低く保つ」（2度目標）とともに、「1.5度に抑える努力を追求する」

（1.5度目標）こと、そのために「今世紀後半に人為的な温室効果ガス排出量を実質ゼロとする」（カーボン・ニュートラル）ことを、世界全体の共通目標として規定した。これに米国や中国を含む全ての締約国が参加し、排出削減目標を策定することとした。

京都議定書のような削減義務を外し、各国が自主的に削減目標を掲げることにしたため、実効性は限定される。それでも、5年ごとにその自主的な削減目標を上方修正するとともに、その行動を共同で監視していくとしたことで、一般には高く評価されている。

国際政治経済学の観点からは、2015年にパリ協定の合意に達した背景には、これまでとは対照的に、米国と中国が前向きに協調したことが大きかったとされる[5]。当時の米国には、オバマ大統領という環境意識の高い国際協調主義的な指導者が存在し、石炭をシェールガスで代替可能になった（第3章第6節）といった好条件が揃っていた。また中国にも、国内における大気汚染の深刻化、太陽光パネルなどの振興が産業政策上好都合であったこと、大国意識が高まっていたことなど、米国と協調して国際合意を主導する誘因があった。

一方で日本は、2011年に福島原発事故が起き、温室効果ガスを排出しない原発の多くが運転を停止したことから、野心的な目標を掲げるのは難しい状況にあった（第7章第3節）。そのため、日本政府がパリ協定の合意に向けて指導力を発揮することはなかった。

「2度目標」の衝撃

エネルギーの観点からパリ協定が衝撃的だったのは、「2度目標」の示唆するところにある。2度とは、産業革命以前からの気温上昇を指すが、それに要する二酸化炭素の総排出量は約2.9兆トンとされる。しかし、既に約1.9兆トンが排出されているため、今後許容される排出量は1兆トンしか残されていない。これをカーボン・バジェットと呼ぶが、現在の年間排出量（300億トン超）で逆算すると、あと30年でその「予算」の上限に到達すると考えられる。

30年分の化石燃料とは、現在世界で確認されている埋蔵量の3分の1に該当する。未来のあるべき姿を先に想定する、バック・キャスティングという言葉があ

5）詳細については、太田（2017）を参照のこと。

るが、カーボン・バジェットを前提とすれば、化石燃料の3分の2は燃やすことができない。第2章第4節で、石油の可採年数が50.2年、天然ガスが52.6年、石炭は134年と言ったが、化石燃料は「寿命」を全うできないのだ。化石燃料の短所として、偏在性や枯渇性を指摘してきたが、2度目標が示唆する廃棄制約はこれらを無意味化してしまう。化石燃料自体が使えなくなるのだから、偏在性も枯渇性も問題でなくなる。本書の議論はここから始まると言っても良い。

　更にパリ協定の後、2018年に発表されたIPCCの「1.5度特別報告書」では、削減を前倒しし、更に厳しい「1.5度目標」の達成が強く訴えられている。2度に近い気温上昇では、気候変動によるリスクが大きくなってしまうからである。そして1.5度目標を確実に達成する排出経路では、2030年に温室効果ガスの排出量を45%削減、2050年には実質ゼロにする必要があるという（2010年比）[6]。このための具体的な指標として、2050年に電力の70〜85%が再エネによって供給され、石炭火力は0〜2%にまで減少する。序章の図2もこれに則った将来予測だが、人類は再エネに頼るしかないと言っているようなものだ。

　とは言え、このような状況は到底実現されない、1.5度目標はおろか2度目標ですら非現実的だと考える人は、特に日本では少なくないだろう。実際に、パリ協定の合意後に各国政府が提出した自主的な削減目標では、米国は2025年に26〜28%（2005年比）、欧州は2030年に40%（1990年比）、日本は2030年に26%（2013年比）、中国はGDP当たりで60〜65%（2005年比）であったが、締約国がこれら各国目標を達成しても、2度目標には遠く及ばないとされている。理想と現実には大きな乖離があるのだ。

世界は気候変動対策に取り組めるか

　気候変動対策の方向性を一言で言えば、二酸化炭素の排出量を減らすことである。その柱は、化石燃料を再エネや原子力といった脱炭素エネルギーに置き換えることと、エネルギー自体の消費量を減らすことの2つである。これがエネルギー転換であり、次節で詳述するが、これら対策は、化石燃料に依存しないエネルギーシステムへの構造改革を意味する。結果的に、エネルギー安全保障上の問題

6）「1.5度特別報告書」によれば、2度目標では、2030年までに25%削減、2070年前後に実質
　ゼロの排出経路になる。

も解消され、21世紀のエネルギー問題（第1章第2節）の解決に繋がる。

　その具体策は枚挙に暇がなく、かねてより実施されてきたものも多い。再エネ電力の固定価格買取制度[7]、洋上風力発電の導入支援、省エネ基準のトップランナー制度[8]、消費者に対する環境教育など、成果を上げてきたものも多い。カーボン・プライシングと呼ばれる炭素税や排出権取引制度も、その有効性が認められている。それでも二酸化炭素排出量が増え続けてきたのは、化石燃料の消費規模が余りにも大きく、かつ経済社会の隅々までそれに適したインフラや制度が整えられており、抜本的な転換が難しいからであろう。供給側の産業界からの反対の声は強いし、消費者・消費企業も長年の行動様式を変えてくれない。

　経済学や政治学において「経路依存」という概念がある。一定の目的の制度やインフラが選択され、経済社会に広く普及すると、多くの供給企業や消費者がそれに適合的に行動するようになる。大量のガソリン車、高炉製鉄所、石炭火発、その電気を使う多種多様な電化製品、石油や石炭を輸入するためのタンカーやLNG船、ガソリンスタンド網もある。これらの仕組みが、技術革新や気候変動問題といった時代の変化と共に非合理的になったとしても、それを維持する方向に強い力が働き、構造改革は一朝一夕には起こらない。

　国際政治経済学的には、気候変動問題は「マイナス・サム」と呼ぶべき問題であろう。放置すれば程度の差こそあれ多くの国に大きなマイナスが及ぶ。逆に国際的に協力して取り組めば、多くの国がそのマイナスを低減できる。相対的にみんなが得をする（損を減らせる）のだから、自由貿易のように協調の機運が盛り上がりそうだが、残念ながらそうはなっていない。

　その理由を考察するに、第1に気候変動が長期的な問題だからだろう。被害が顕在化してきたとは言え、本格化するのは数十年後の話であり、数年単位で成果が欲しい政治家の関心は低くならざるを得ない。官僚や産業界も同様であろう。第2に、その上不確実性が高いからだろう。貿易自由化は比較的短期間で成果が出やすいが、気候変動対策によりどの業界がどの程度の損を減らせるかを予測す

　7）再エネによって発電した電気を、政府が決めた高めの価格で一定期間買い取ることを保証する制度。初期投資の回収を確実にすることで、再エネへの投資の促進策となる。
　8）自動車の燃費や家電のエネルギー消費効率について、業界の最高基準を一定期間内に満たすよう、省エネ法に基づいて製造業者に義務付ける制度。

るのは難しい。第3に、そもそもプラスの分配と比べると、マイナスの分配は難しい。どの国が、どの業界が、どの程度排出を削減するかは、中々前向きになりにくいテーマである。

　それでも世界は、ハイ・ポリティクスとして、優先的に気候危機に取り組まなければならない。上記の「1.5度特別報告書」は、1.5度目標の実現について、「不可能ではない。しかし、社会のあらゆる側面において前例のない移行が必要」としている。この「前例のない移行」こそが、エネルギー転換である。いよいよ節を変えて、21世紀に入って始まっているエネルギー転換について検討する。

第4節　エネルギー転換の考え方

エネルギー転換の理念

　エネルギー転換とは、字義的に見れば、人類にとって主要なエネルギー源が交代すること全般を指す（Sovacool 2017）。Unger（2013）で叙述されているように、19世紀の薪炭から石炭への交代は、産業革命を促進して近代文明の構築に寄与したという意味で、人類史上画期的なエネルギー転換と呼べるものである。20世紀の石炭から石油への転換も、経済社会に極めて大きな影響を与えた。

　これらに対して21世紀のエネルギー転換は、序章で触れたように、化石燃料に全面的に依存し、その消費量を拡大し続けてきたエネルギーの需給構造を、再エネと省エネを中心とした新たな構造に改革することを指す。このためには、利用するエネルギーを炭素を排出しないものに改めるとともに、その絶対量を減らす必要がある。だから再エネと省エネが2本柱になる。21世紀に入る頃から使われるようになった現代のエネルギー転換は、基本的にこれを指す。

　20世紀における化石燃料の中でのエネルギー転換は、技術革新に先導され、より高い経済成長や人類の利便性を徹底して追求するものであった。政策的に起こしたというよりも、市場を通して自然発生的に起きたと言えよう。一方で現代のエネルギー転換は、前節の通り、これ以上化石燃料は使えないという制約の下で、政策的に起こすことを迫られている。再エネが大量導入できれば、省エネが大きく進めば、エネルギー問題の多くが解決されることは、多くの人が分かっている。しかし再エネはコストが高く、またエネルギーによる利便性を抑えるには限度が

あるとして、これら2本柱に頼るのは非現実的だと考えられてきた。

それでも1990年代以降、このような野心的、あるいは理想主義的とも思われるエネルギー転換に、真剣に取り組もうとする国があった。それがドイツである。現代のエネルギー転換は、ドイツにおいて気候変動問題への対応や反原発運動の中から唱えられるようになったキャッチフレーズ（Energiewende: エナギーヴェンデ）であった。その後ドイツ政府の政策的指針となり、今や欧州を中心として世界各国で使われるようになった。

ドイツのエネルギー転換の経緯

ドイツでエネルギー転換が唱えられるようになった出発点は、1986年のチェルノブイリ原発事故である。ドイツ人は、気候変動問題に強い問題意識を持っていたが、原発の問題も重視していた。原発については次節で詳述するが、発電時に二酸化炭素を排出しないという長所がある一方で、放射能の危険性や放射性廃棄物の最終処分の問題などにより、持続可能でないと見なされてきた。チェルノブイリ原発事故以降、ドイツでは反原発の市民運動が継続し、原発から脱却すべきか激しい国民的な論争が続けられた。遂に2000年にドイツ連邦政府（シュレーダー政権）は、20年程度かけて全ての原発を廃止することを政治決定した[9]。

この2000年時点で、ドイツ人は原子力に対する否定的評価を石炭に対するそれよりも優先させたことになる。脱原発は公式に決めたが、脱石炭火力は決めなかったからである。その背景には、ドイツは国内に石炭資源が豊富にあるため、これを放棄することはエネルギー安全保障上の問題がある上、炭鉱労働者の雇用問題にも繋がる要因も大きかった。とは言え、原子力も化石燃料も持続可能ではなく、いかにして両者から速やかに、しかも経済社会に歪みを与えずに脱却するかが追求されたことは、強調しておきたい。

いずれにしろこの頃からドイツでは、政策目標としても Energiewende といった語句が使われるようになった。それが体系的な政策パッケージとして示されたのは、2010年にアンゲラ・メルケル政権が決定した Energy Concept が、最初であったと思われる。これは、「環境に優しく、信頼性が高く、求めやすい価格の

9）2000年の脱原発では、ドイツは厳密な廃止年限を決めていない。今後の原発全体の運転許容量を決めるに止めたため、この時点では最終的な年限を確定できなかった。

表6　ドイツの Energy Concept（2010年）における数値目標

	2020年	2030年	2040年	2050年
温室効果ガス排出削減（1990年比）	−40%	−55%	−70%	−80〜95%
再エネ比率（最終エネルギー消費）	18%	30%	45%	60%
再エネ比率（電源ミックス）	35%	50%	65%	80%
1次エネルギー消費削減（2008年比）	−20%	-	-	−50%
電力消費削減（2008年比）	−10%	-	-	−25%
運輸部門の最終エネルギー消費削減（2005年比）	−10%	-	-	−40%

出所：独連邦経済省・環境省、Energy Concept, September 2010.

エネルギーシステムのために」との副題がつけられた、2050年までの長期的なエネルギー戦略である。エネルギー転換を実現するために、再エネと省エネを最大限加速する具体的な目標を掲げる（**表6**）とともに、その手段として、送電網の拡充やエネルギー貯蔵設備の設置、建物の断熱性能の向上などを明記した。

　ドイツのこのようなエネルギー転換政策の目的は、複合的である。上記の副題でも3Eの実現が掲げられているが、第1に気候変動対策、第2に脱原発である。これら2つは、環境的・物理的な持続可能性の追求ということであろう。第3に、エネルギー安全保障である。国産の石炭を減らしつつもエネルギー自給率を高めるために、再エネと省エネを大胆に進めるのである。そして第4に、産業振興である。地球全体が脱炭素化へ向かうことを見据え、「グリーンイノベーション」による新たなエネルギーシステムの構築を自ら先導すれば、自国企業が国際競争上優位に立つと考えたのである。

　と同時にメルケル政権は、10年前に決めた脱原発の運転許容量を緩め、年限を2035年までとした。脱原発と脱炭素の狭間で、前者に偏りがちだったこれまでのエネルギー転換を、後者とのバランスを取るようにしたのであろう。それだけ二酸化炭素の排出削減が難しいと判断したということでもある。しかしその翌年に福島原発事故が発生した結果、国民の強い反原発感情に押されたメルケル政権は、事故の3カ月後に脱原発の年限を2022年に早めた。とは言え、表6の削減目標を緩めていないので、ドイツはより険しい道を選択したことになる。

　発祥の地であるドイツのエネルギー転換は、このように脱原発と脱炭素を同時

107

に追求するものになったが、欧州ではこの険しい道が多数派ではない。イギリスやフランスのように、脱石炭火力を優先する国の方が多い（第5章第3節）。脱炭素化において原子力をどう位置付けるかは次節で触れるが、発電時に二酸化炭素を排出しない（ゼロ・エミッション）点を評価し、少なくとも既存の発電所を使い続ける国が多い。ただそのような国々でも、再エネと省エネを優先して進めることは、欧州では共通認識になっている。

「分散型」の構造改革

　表6から、エネルギー転換は、エネルギー源を原子力や石炭火力から太陽光や風力へと置き換えることのように、見えるかもしれない。しかし、石炭から石油に交代することで自動車社会が訪れ、電力の普及によって冷暖房や家事のあり方が大きく変わったように、エネルギー転換は消費のあり方を変え、産業構造を刷新するなど、経済社会全体を通して「前例のない移行」が生じる。そのような構造改革としての21世紀のエネルギー転換の特徴として、「分散型」と「スマート化」を指摘したい。

　第1に、エネルギー転換によってエネルギーシステムは、「集中型」から「分散型」へと構造が変わる。これらの定義については、高橋（2016: 17-29）で議論した。「集中型」電源とは、原子力や石炭火力といった大型の発電所を指す。これに投資できるのは、大規模な独占的電力会社に限られる。大型発電所で大量に電気を作るため、長距離送電網で過疎地から大都市に送電する。この送電網も、規模の経済性が強く働くため、同じ独占的電力会社が建設し、全体を一体的に中央管理する。電源だけでなく電力システムやその運営思想も、階層構造の「集中型」になる。

　これに対して「分散型」電源とは、再エネや小規模な自家発電などを指す。一つ一つが小さい発電所は、全国各地に分散立地し、それらを建設するのは多様な地域企業が適切だろう。そうすると、それらをメッシュ構造のネットワークで繋ぐ必要があり、多様なプレーヤーを柔軟に包含する形で、システム自体が「分散型」になる。そのプレーヤーの中には、自宅の屋根で発電したりデマンドレスポンス（後述）に協力したりする、「プロシューマー」[10]も含まれる。

　以上は電力システムの話だが、産油国に集中する大規模油田から莫大な量の石油を、限られた石油メジャーや商社が中心となって、大洋を越えて一方通行で長

距離輸送する仕組みも、「集中型」と言えよう。この偏在する石油が各国内のバイオマスや地熱に置き換われば、エネルギーシステムのプレーヤーは、限られた産油国から世界中の消費国へ、更に石油メジャーから国内各地の地域的な事業者や消費者へと移る。再エネの開発は、地域的制約を受けるが故に、地域との調和が求められる。再エネが大量導入されれば、エネルギーと地域経済や農林水産業との関係が変わり、行政の役割が変わり、地方分権が進むだろう。資源外交に依存する時代には、中央政府の役割が絶対的だったが、国内資源を開発する時代には、自治体を含む多様な地域主体の役割が重要になるのである。

　要するにエネルギー転換は、エネルギー源の主役の交代に止まらず、それを包含するシステム全体を「分散型」に移行させる。省エネについても再エネ以上に地理的に分散し、地域の事情に左右され、中央管理に馴染まない。消費側の極めて多様で自律的な行動だからである。そして省エネも再エネと同様、輸出入の対象にならない。こうしてエネルギーを巡る需給構造が「分散型」になれば、国際関係も変わらざるを得ない。

発展途上国におけるエネルギー・アクセス

　この「分散型」というエネルギー転換の特徴は、発展途上国におけるエネルギー・アクセスに大きく寄与する可能性がある。発展途上国の過疎地では、投資額が大きくかつ建設に時間がかかる送電網や大型発電所が、電化の障壁になっていることが多い。そのような未電化地域において、太陽光発電は蓄電池と組み合わせることで、送電システムから切り離された「オフグリッド」の電力供給の有効な手段となる。一つ一つは小さいものの、だからこそ短期間で少額の投資で導入が可能になる。送電網を敷くために10年も待っていられない状況において、夜間の電灯やスマホの充電といった現代生活に最低限必要なニーズを、確実に満たしてくれる。

　例えば、IRENA（2019b: 8）によれば、2011年から2016年の間に、このような分散型の電力供給システムが提供された人口は6倍に増え、1億3,300万人に達したという。この内1億2,400万人は、オフグリッドの太陽光発電である。分散

10）プロシューマーとは、プロデューサー（生産者）とコンシューマー（消費者）が一体化すると予言した、未来学者アルビン・トフラーによる造語。

型システムは、規模の経済性が低く、技術的障壁が小さいこともあり、基本的に地域で設置され、地域の人々によって運営される。小規模であるため地域の金融機関による融資を受けやすく、地域経済への貢献度が高い。これは、原子力発電や大規模水力発電にはない、「分散型」の長所と言えよう。

こうして「分散型」のエネルギー・アクセスが拡大すれば、「エネルギー貧困」を解決する一手段となり、発展途上国の経済発展や社会問題の改善にも寄与することが期待される。いわゆる「南南問題」が解消され、国際関係も変わり得るのである。

ICT によるスマート化

一方で、各地に遍在する小規模の再エネや省エネを分散的に管理するのは、口で言うほど容易ではない。集中型エネルギーシステムが20世紀を通して繁栄してきたのは、中央集権的な管理手法が、技術的にもコスト的にも優位性があったからとも言える。21世紀にこの分散型システムの障壁を解決するのが、ICT によるスマート化である。これが、エネルギー転換の第2の特徴である。

2000年代後半以降のエネルギー業界で一斉に風靡した言葉に、「スマート○○」を挙げることができる。"Smart：賢い"は、スマートグリッド、スマートメーター、スマートシティ、最近ではスマートモビリティなど様々な使われ方をする。いずれも超高速通信やセンサー、AI（人工知能）などの技術によって、インフラを情報武装化することで、エネルギー需給の効率化や最適化を実現するものである。そもそもこれらスマート化は、IoT（モノのインターネット）やビッグデータ、DX（デジタル・トランスフォーメーション）といった近年の ICT の技術革新の派生形であり、ドイツ政府の Industry 4.0[11]、日本政府のソサエティ5.0[12]とも関連する、エネルギー転換の背景技術となっている。

例えば、通信機能付きの電力量計であるスマートメーターを使った、時間帯別料金やピークシフトに対する報奨金などスマートな電力消費が、デマンドレスポ

11）ドイツ政府が2011年から提唱している、「第4次産業革命」と呼ぶべき産官学連携の産業政策・技術政策。高度化した ICT やロボットの活用により、製造業のデータ化・自動化・高度化を推進する。

12）第2次安倍政権が提唱した、工業社会（3.0）や情報社会（4.0）に続く、仮想空間と現実空間を融合させた、経済発展と社会的課題の解決を両立する人間中心の社会像。

ンスである。これまで電力システムにおいて需要側は制御できないものとされてきたが、ICT を使って適切な誘因を与えれば、需要側も需給調整に協力できる。また、独立した送電会社が、各地にある多種多様な小規模再エネ発電所を最適制御するために、送電網は ICT によってスマートグリッド化する必要がある。EV と共に運輸部門のインフラを電化し、電力部門と連結（セクターカップリング：第5章第2節）することが、スマートシティの代表例である。

　このようにスマート化は、ICT 分野から発展した社会システムのイノベーションのアイディアである。特に ICT で先んじる米国発の背景があり、欧州が先導するエネルギー転換のために当初より案出されたものではない。それでも、そもそも ICT の柱であるインターネットは分散型の通信技術であり、分散型の再エネや省エネとの親和性が高い。再エネの出力変動対策や EV の充放電の管理など、エネルギー転換に寄与する不可欠な技術基盤として期待されている。

　分散型の仕組みと ICT によるスマート化は、目的と手段の関係にあるとも言える。再エネへのエネルギー転換を実現するには、分散型の仕組みの構築が不可欠で、その手段としての ICT が進化したことが、21世紀のエネルギー転換を可能にするのである。

第5節　原子力とCCSの位置付け

　前節で説明したエネルギー転換は、化石燃料を柱とする既存のエネルギーシステムからの脱却という、構造的・抜本的な気候変動対策であり、だからこそ不確実性があるのも事実である。そのような批判的立場から期待されている気候変動対策に、原子力と CCS がある。いずれも既存の技術を活用する考えに基づいているが、本章の最後にこれら2つのエネルギー転換における位置付けと可能性について触れたい。

ゼロ・エミッション電源としての原子力

　原子力は、濃縮ウランを使って核反応を起こし、そこから得られる膨大な熱エネルギーで蒸気タービンを動かし、発電する。少量のウランで大量に発電できるため、安定供給に寄与すると共にエネルギー安全保障上も優位にあること、燃料

費が小さく発電単価が安くなることなどから、1970年代の石油危機以降、石油代替エネルギーとして先進各国で導入が進んだ。当初は、使用済み核燃料を再処理して半永久的に利用する、核燃料サイクルへの期待もあった。

1990年代以降は、気候変動問題が顕在化する中で、ゼロ・エミッションであることが再評価された。2000年代には、3E全てを満たす理想的なエネルギーとして期待が高まり、米国などでは「原子力ルネサンス」が標榜された。実際にフランスの二酸化炭素排出量が先進国の中で少ないという事実（図37）は、発電電力量の75%を原子力で賄っていることに拠るところが大きい。

2017年時点で原子力は、世界の電源ミックスの10.2%、先進国の電源ミックスの17.7%を占める（IEA 2019c）、重要電源の一つである。しかしながら少なくとも先進国では、2005年頃を境に原発の新増設がほぼなくなり（図3）、2011年の福島原発事故を受けてその将来性は閉ざされてしまった。

原子力が抱える問題

原子力がエネルギー転換の本命とならない第1の理由は、以前から批判を受けてきた放射能の危険性である。頻繁に起こるものではないとしても、過酷事故が起きたらどのような被害が生じるか、どこまで影響が及びうるかは、日本人が身を以て体験した。

第2の理由は、危険性とも関係するが、放射性破棄物の最終処分の問題である。フィンランドなどを除けば、多くの国で高レベル放射性廃棄物の最終処分の目処が立っていない。極めて危険な廃棄物を何万年にもわたって管理しきれないというのが、「トイレなきマンション」と揶揄される事業上の欠陥である。これら2点は、科学的・技術的な側面だけでなく、社会的受容性という側面からも原子力が抱える以前からの限界と言えよう。

第3の、特に福島原発事故以降に決定的になった問題が、その高コスト・高リスクである。確かに原発は、計画通り建設され、安定的に運転し続けられれば、発電単価は低いのかもしれない。しかし近年の原発は、安全基準の強化や地元住民の反対も受けて、建設費用が当初予定の2～3倍に高騰している[13]。このため、米ウェスティングハウスの破綻の原因になったボーグル原発のように、建設

---

13) 例えば、フィンランドのオルキルオト原発3号機。

中止に至る例も多い。また日本では、住民訴訟により運転を止められる例も相次いでいる。安全基準の強化が遡及するバックフィット制度により、事後的に対策費がかさむこともある。健全な事業として成り立ちにくくなっている。

　その結果、2011年の福島原発事故以降は、フランスやフィンランドを除けば、先進国における原発の新増設はほぼなくなった。イギリスも新増設を進めようとしているが、日立製作所も含めて事業者の撤退が相次いでおり、1995年以降新たな運転開始はない。一方、ドイツなどが脱原発に走る中で、多くの先進国がそれに追随しなかったのは、気候変動対策という理由が大きい。また、初期投資が大きく燃料費は小さいため、既設の原子炉を使い続けることにメリットがあるという理由もある。

　他方、中国など発展途上国では、これからも原発が拡大していくとの指摘がある。**図40**の通り、既設の原子炉では、米国、フランス、日本など先進国が上位を占めるが、計画中では、中国、ロシア、インドなどが目立つ。発展途上国では今後とも電力需要が拡大する中で、ゼロ・エミッションの原子力に一定の需要があると考えられる。これらの国々は、権威主義体制の場合が多く、社会的受容性が障壁にならないという理由もあろう。また、中国やロシアの原子炉メーカーがこのような発展途上国の原発市場を狙っており、産業政策的な動機もある。

核不拡散問題

　原子力のもう1つの際立った特徴は、核不拡散問題という軍事安全保障に関係する点である。原発の燃料となる濃縮ウランは、核兵器の燃料ともなるため、それ自体や関連技術の無秩序な普及は、安全保障を脅かす危険性がある。これは、世界の平和に関することだが、特に既得権者である核兵器保有国の安全保障上の脅威になっている。

　そのため1968年に米国など核兵器保有5カ国は、核兵器不拡散条約（NPT: Treaty on the Non-Proliferation of Nuclear Weapons）の国際レジームを構築した。2020年1月現在、インド、パキスタン、イスラエル、南スーダンを除く191カ国・地域が加盟している（外務省ウェブサイト）。もちろんNPTが管理する最大の対象は核兵器であり、この限りでは純粋に軍事的な安全保障の問題である。と同時に同条約では、「原子力の平和利用」、即ち原発事業についても定めている。非核兵器保有国にも核不拡散の義務があり、原発から軍事技術への転用を防止す

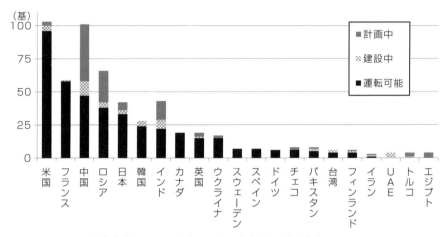

図40　世界の原子力発電の開発状況（2020年1月1日時点）

出所：日本原子力産業協会「世界の原子力発電開発の現状」を基に筆者作成。

るため、国際原子力機関（IAEA: International Atomic Energy Agency）の査察を受けなければならない。原子力技術を有さない発展途上国が原発事業を始めようとすれば、NPT に加盟せざるを得ない仕組みになっている。

　要するに、原発の開発は単にエネルギー（安全保障）の問題に止まらず、国家安全保障に直結する。最終的には核兵器を開発するため、あるいは潜在的な核抑止力を持つために、原発を開発するという動機が国家に存在することは、否定できない。北朝鮮が原発の開発のために一時は NPT にも加盟したが、最終的に核兵器の開発に至ったことは、よく知られている。経済安全保障のためのエネルギーではなく、国家安全保障のためのエネルギーという特徴を持つのである。

　本書では、再エネか原子力かという二項対立的な議論はしない。原子力が2050年あるいはそれ以降も一定程度維持されたとしても、再エネの果たす役割からすれば限定的との認識に立って、次章以降のエネルギー転換の議論を進める。

CCS・CCUS の可能性と課題

　再エネと原子力以外の脱炭素化の方法が、CCS と CCUS である。これらは、化石燃料を使い続けながら、その廃棄物である二酸化炭素を事後的に処理する発想に基づいている。

　CCS: Carbon dioxide Capture and Storage とは、二酸化炭素の回収・貯留の略語である。化石燃料の消費により大気中に放出される二酸化炭素を人為的に集め、地中深くに封じ込める技術、あるいはその仕組みを指す。これが実現すれば、原理的にはこれまでと同じように化石燃料を使い続けられるわけで、経済社会の構造改革が不要になる。

　CCUS とは、Carbon dioxide Capture, Utilization and Storage の略語で、CCS に更に二酸化炭素の「利用」を追加したものである。「利用」のみを指す CCU として使われる場合もある。回収した二酸化炭素からメタンを生成したり、油層への圧入により原油回収率を向上させたりする。二酸化炭素という厄介者をただ地中に「戻す」のではなく、「利用」までしようというので、CCS と比べれば付加価値があるとも言える。

　CCS や CCUS については、日本を含む各国や各企業において研究開発が進められており、社会実装に必要な技術の確立の段階に入っているが、いくつかの課題がある。第１に、環境影響上の懸念である。二酸化炭素の貯留には盤石な地層が必要だが、特に活断層の多い日本では、数百年以上にわたって安定的に貯留するに適した土地が少ない。貯留後にも、漏出した場合の安全性や環境影響など不明な点が多い。

　第２に、コストの問題である。結局 CCS とは、化石燃料を使い続けるために事後的に廃棄物処理を行うに等しい。ということは、CCS のコストが化石燃料費に上乗せされることを意味する。化石燃料自体のコストより必ず高くなるのであり、再エネの発電コストがここまで低下してきた以上（第５章第１節）、CCS（＋化石燃料）がコスト面で優位に立つとは考えづらい。

　CCUS については、CCS では価格競争力に欠けることが分かってきたためか、近年にわかに期待が高まっているが、技術的にもコスト的にも更に障壁が高い。二酸化炭素の水素還元などにおいて、大量のエネルギーの投入が必要であり、ライフサイクルで見れば合理的でないと思われる。また CCS も同様だが、実用化されたとしても20年後、30年後といった時間軸の話であり、現時点で大量導入が進む再エネと比べれば、喫緊の気候変動対策としては心もとない。

　このように筆者は CCUS を含む CCS を高く評価していないが、今後の技術革新により全く可能性がないわけではない。CCS は既存技術の延長線上にあるため、原理的にエネルギー転換の手段とは言えないが、気候変動対策の１つとして

過渡期的な貢献をする可能性はある。実際に序章で紹介した IEA の将来予測の「持続可能開発シナリオ」では、「公表政策シナリオ」との2050年時点の二酸化炭素排出量の差について、エネルギー効率向上の寄与分が37％、再エネの寄与分が32％であるのに対して、CCUS の寄与分は９％とされている（IEA 2019h: 79）。原子力の３％よりは高いものの、再エネと省エネの２本柱と比べれば限定的ということだ。本書では、CCS・CCUS は、原子力と同様に脱炭素化の本命にならないとの前提で、議論を進める。

第 5 章

エネルギー転換の最前線

　前章で紹介したエネルギー転換については、2000年前後にドイツが掲げ始めた時には、欧州でもドイツ流の理想主義と懐疑的な声が少なくなかった。莫大なエネルギー供給を再エネと省エネに頼るのは、非現実的だと思われたのである。しかしそのような見方は、ここ10年間で根本的に変わった。再エネ推進派の予想、あるいは希望以上の速度で、実際に再エネが電力部門に大量導入されているからである。それに応じてエネルギー転換という政策は、欧州では各国がその推進を競う状況になってきた。

　本章では、日本では未だ認知度が低い、あるいは懐疑的に見られている、エネルギー転換について、世界の最前線の状況を紹介したい。再エネ発電のコストがどの程度下がったのか、変動性の問題は障壁になっていないのか、欧州諸国がどう取り組んでいるのか、その他の国々はどう対応しているのか、各国政府の戦略的意図も含めて説得的に示したい。21世紀の「エネルギー転換時代」の最前線を知り、その実現性を理解することが、国際政治経済関係の変化という第 6 章の議論の前提になるのである。

第 1 節　再生可能エネルギーの大量導入とコスト低減

再生可能エネルギー発電の世界的な大量導入

　風力や太陽光といった変動性再エネは、2000年代から徐々に導入が進み、2010年代には加速度的に導入された。2019年の風力発電の設備容量は、世界全体の累積で650GW を超えた。その中で中国が236GW と圧倒的な 1 位で、米国が105GW、ドイツが61GW、インドが38GW、スペインが37GW と続く（**図41**）。

図41　主要国の風力発電の累積設備容量の推移

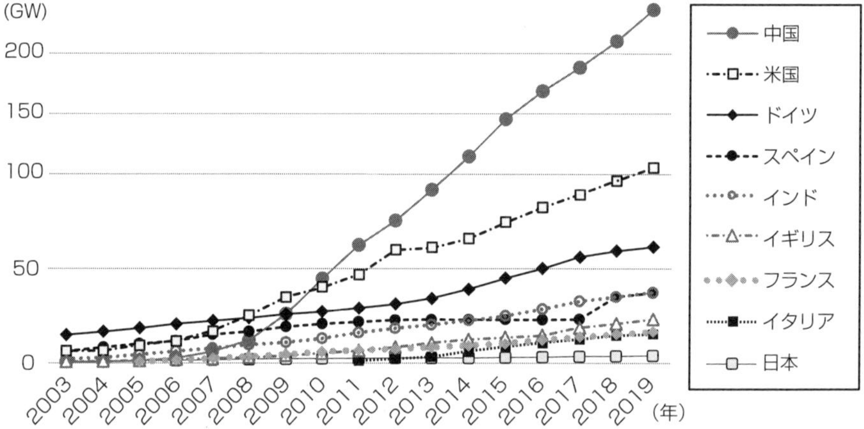

出所：Global Wind Energy Council, Global Wind Report 各年版を基に筆者作成。

2009年には世界全体で159GW だったため、10年間で4倍に増加した。なお、日本は3.9GW に止まり、20位以内に入っていない。

　太陽光発電は、更に近年の伸びが目覚ましい。2018年には世界全体の累積で512GW に達したが、これは10年前の36倍である。ここでも中国が175GW と圧倒的な1位で、米国が62GW、日本が56GW、ドイツが45GW、インドが33GW と続く（**図42**）。

　さらに注目すべきは、近年発展途上国の伸びが目覚ましいことである。2000年代の再エネは、欧米先進国が気候変動対策としてコスト度外視で入れている印象が強かった。しかし、2010年代後半には、中国、インド、さらにトルコ、南アフリカ、ブラジルといった新興国が[1]、年間数GW 単位で風力発電や太陽光発電を導入している。

　こうして、世界の風力と太陽光の設備容量は合わせて1,100GW を超えており、多くの国で石炭火力や原子力の設備容量を上回る、主力電源になっている。もちろん、これら変動性再エネは設備利用率が低いため、実際の発電電力量はそれ程多くない。それでも近年の伸びは大きく、従来型の水力も合わせれば、原子力よ

1）トルコは OECD 加盟国であり、本書の定義では先進国に該当する。

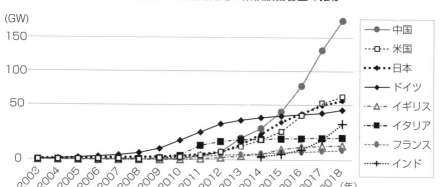

図42　主要国の太陽光発電の累積設備容量の推移

出所：IEA, Trends in photovoltaic applications 各年版を基に筆者作成。

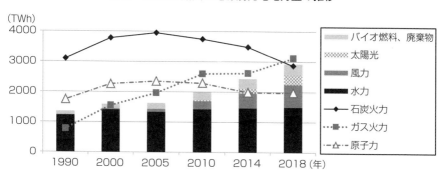

図43　OECD諸国の電源別発電電力量の推移

出所：IEA, Electricity Information 2007, 2016, 2019を基に筆者作成。2018年の数値は予測。

りも石炭火力よりも発電電力量が多い（**図43**）。発電電力量に占める再エネ（水力含む）の割合は、世界でも先進国でも25％を超えている。また、石炭火力と原子力が減少傾向にあることにも留意されたい。2010年代に拡大している電源は、設備容量（kW）でも発電電力量（kWh）でも、再エネとガス火力の2つなのである。

再生可能エネルギー発電のコスト低減

　どうしてここ10年でこれほどまでに再エネ発電の導入が進んだのか。それは、

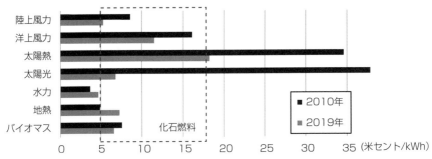

図44　再生可能エネルギーの均等化発電単価

出所：IRENA（2020b）を基に筆者作成。

風力や太陽光の発電コストが劇的に低減したからである。**図44**の通り、2010年から2019年の間に、太陽光は５分の１の6.8米セント/kWh に、陸上風力は３分の２の5.3米セント/kWh に、大幅に下がっている。化石燃料の発電単価は、5～17.7米セント/kWh とされているので、再エネは十分に価格競争力のある電源になっている。

　その背景には、導入拡大に伴う再エネ発電設備の量産効果が働いている。大量導入がコスト低減をもたらし、それがさらに大量導入をもたらすという、好循環を生んでいる。例えば、近年注目を集めている洋上風力発電については、立地が居住地域から遠いため景観問題が深刻でなく、ブレード（風車の羽根）の大型化が進み易い。大型化は設備利用率を上げる（高度が上がり風況が良くなる）と共に、設備容量に対して機数が少なくて済むため、設置や保守の費用を下げる。再エネは原始的なエネルギーだが、21世紀においては、水力や地熱を除けば「新興」であるからこそ、火力や原子力と比べて技術革新の余地が大きいのである。

　そして、この傾向は今後も続く。序章で紹介した IRENA（2020: 85）によれば、2010年から2017年の平均値に対して、2050年の均等化発電単価は、陸上風力で5.5米セント/kWh から４米セント/kWh へ、太陽光で9.6米セント/kWh から3.8米セント/kWh へと下がる。原子力にせよ CCS にせよ、これだけのコスト低下はとても期待できない。

　2000年代の再エネ発電は確かに設備コストが高く、固定価格買取制度のような財務的支援がなければ導入は難しかった。その結果、ドイツでは固定価格買取の賦課金負担が、家庭用電気料金の20％を超えるに至っている。ある意味ドイツ人

が高コストだった再エネを買い支えてくれたお陰で、発展途上国を含めて世界中が低コストの再エネを享受できるようになったとも言える。いよいよ低コストの再エネの時代が到来したのである。

再生可能エネルギー電源の出力変動対策

　再エネの経済効率性が上がったとしても、出力変動という大きな短所は残されている。エネルギー自給率の観点からは申し分ないが、国内の「供給体制上のリスク」という、エネルギー安全保障上の問題がある。1990年代にはドイツなどでも、変動性再エネは5％以上導入できない、それ以上導入すると停電が起きるといった指摘が、大手電力会社によってなされていた。電力は、そのエネルギーとしての特性上、瞬時瞬時に需要と供給を一致させる必要がある（「同時同量」）一方で、その解決策としての蓄電池は高価だったのである[2]。

　しかし現実には、その5倍以上が導入されても停電は増えていないどころか、欧州では停電時間が短くなったぐらいである。なぜ電力会社の警告は外れたのだろうか。その最大の要因は、再エネの出力変動対策として、送電網の運用（系統運用）方法や市場制度を変えたからである。

　変動電源の増加に対して、需給調整に責任を持つ送電会社は、国内外の送電網の広域的な運用により電力の過不足を周辺地域と調整する（広域運用）、そのために送電網を増強する、既存の火力や水力の出力調整運転を精緻に行う、時間帯別料金など需要側の調整力（デマンドレスポンス）を活用する、気象予報の精緻化により変動性再エネの出力予測を行う、場合によっては太陽光や風力の出力抑制も行う、といった様々な手法を合理的に組み合わせることで、送電システムの運用を柔軟に行うようにした。

　これらの多様な手法を電力システムの「柔軟性：flexibility」と呼ぶ。変動性再エネが電力システムの主軸となる時代には、それを前提としてシステム全体で補完する仕組みに変更せざるを得ない。これまでの電力システムでは、燃料費（限界費用）が安く、24時間運転可能な原子力や石炭火力を「ベースロード電源」と呼んで、安定供給の柱としてきた。しかしエネルギー転換が進む欧州では、そ

2）例えば、石油や天然ガスは備蓄基地などでの貯蔵が容易であり、費用もそれほどかからない。電力は、蓄電池や揚水などの方法を除けば、発電したらすぐに消費しなければならない。

の地位を限界費用ゼロの再エネが取って代わった結果、寧ろ出力調整が苦手なベースロード電源の「不要論」すら出ている。再エネという「異端」の増加に応じて電力システムのあり方を改革することで、変動性を克服してきたのである。

この背景には、垂直統合型の大手電力会社の発送電分離という規制改革が、1990年代の欧州で進められたことも寄与した。旧来の独占的電力会社は、変動性再エネを不安定視してきたため、発送電一貫体制のままでは送電網が開放されず、実際に欧州でも2000年前後までは再エネの導入が阻害されていた。しかし、発送電分離により送電会社が独立し、送電事業が発電事業の利害に左右されなくなったことで、系統運用のルールが再エネに親和的に改定されるとともに、系統運用技術も進化したのである。

第2節　ドイツのセクターカップリング

再エネ導入の先進国ドイツ

前章の通り、エネルギー転換の発祥の地はドイツであり、現時点で再エネの大量導入を最も着実に進めているのもドイツである[3]。ドイツでは、1990年代から再エネ電力の買取制度を始め、2000年からは日本と同様の固定価格買取制度（再エネ法）を導入するなど、政策的にも各国をリードしてきた。

その結果、2000年当時の再エネ電力の導入率は6.2%（この内、水力は3.7%ポイント）に過ぎなかったが、その後継続的に導入量を増やし、2019年時点で42.1%に達している（**図45**）。前述の Energy Concept では、2020年の導入目標は35%であったから、これを前倒しで達成している上、当時の2030年の導入目標50%を65%へ上方修正している。世界的な再エネの導入の動きにおいて、ドイツの積極性は際立っている（**表7**）。

太陽光に偏っている日本（図61）と比べると、ドイツでは再エネ電源間のバラ

3）あらゆる再エネ電力の導入率では、以前から水力のみで国内の発電電力量の98%を供給しているノルウェーが最高水準である。変動性再エネの導入率では、風力のみで50%を供給しているデンマークが挙げられる。本書では、経済規模・人口規模などの観点から、ドイツを中心に取り上げる。

図45 ドイツの再エネ電力の導入量と導入率の推移

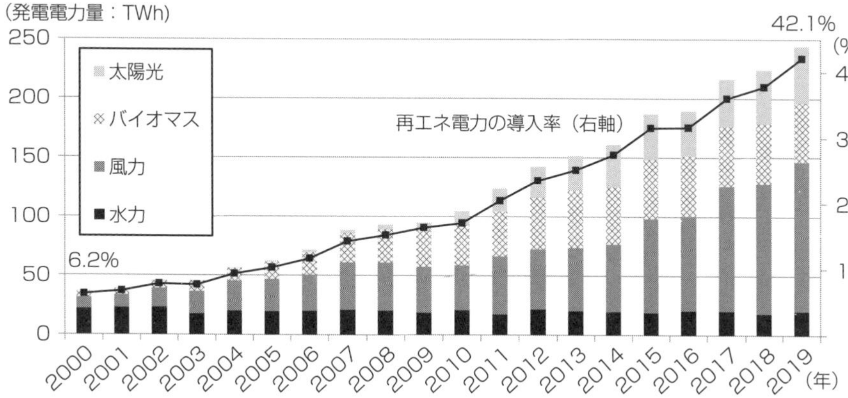

出典：Federal Ministry for Economic Affairs and Energy（2018）. 2019年のみドイツ連邦経済エネルギー省ウェブサイト。

表7 主要国・地域の電源ミックス目標値

	再エネ目標	原子力目標	石炭火力目標
ドイツ	65%（2030年）	ゼロ（2022年）	ゼロ（2038年）
イギリス	52%（2030年）	維持	ゼロ（2024年）
フランス	40%（2030年）	50%（2035年）	ゼロ（2022年）
米カリフォルニア州	50%（2030年）	ゼロ（2025年）	ゼロ（2026年）
日本	22〜24%（2030年）	20〜22%（2030年）	26%（2030年）

出所：各国・州政府資料を基に筆者作成。

ンスが良いことも注目に値する（図45）。自然環境上の制約が大きい水力は増えていないが、風力、バイオマス、太陽光と順調に伸びており、近年は洋上風力が急増している。2050年の目標80％へ向かって、着実に歩を進めている。

　一方で、その弊害も表面化している。固定価格買取制度の高い買取価格の原資は、電力消費者が負担する賦課金に由来するため、電気料金の上昇をもたらしている。賦課金負担は家庭用電気料金の20％を超え、消費者からの不満も小さくない[4]。それでもエネルギー転換を先導しようという政府の決意が揺るがないのは、

　4）ドイツでは、2000年に開始した20年間の買取は2020年で終了する。それ以降の買取価格は段階的に下げられているため、今後賦課金負担の低減が見込まれている。

国民から幅広い支持を集めているからである。

前節で説明した再エネの出力変動対策についてもドイツは先行しており、独立した送電会社を中心とした系統運用の高度化で対応してきた。ドイツ国内では、北部に風力発電の適地が多く、需要地は南部や西部に多い。送電会社が国内外を送電網でつなぎ、広域的な運用を進めてきた。その結果ドイツでは、変動電源の導入率が30％に達しても[5]、電力の安定供給を維持した上で、年間の出力抑制の割合は2％台に止まっている[6]。

セクターカップリングの構想

とは言え、今後変動性再エネ電源の割合が50％を超えるようになると、既存の出力変動対策では限界に達すると見られている。そもそも風力や太陽光の設備利用率は低いため、天候に応じて極端な供給過剰や供給不足が生じるようになる。「柔軟性」で対処しようにも、割合が減った火力発電の出力調整や隣国との広域運用だけでは十分でなくなる。再エネ発電所を大量に建設する一方で、供給過剰のために大量の出力抑制をするようでは、再エネ発電の経済性が著しく下がってしまう。

再エネ化した電力セクターの中で需要と供給を合わせられない場合にどうするか。その答えは、需給調整の範囲を電力以外の消費セクターにまで広げることにある。これが、近年ドイツを中心とした欧州で注目を集めている、「セクターカップリング」である。

例えば、再エネ電力が供給過剰の場合には、都市ガスで行なっていた暖房（熱供給）を電力で行う。逆に再エネ電力が供給不足の場合には、自動車の蓄電池から電力を供給する。これまではエネルギー媒体別に壁で仕切られていたエネルギー消費部門（セクター）を、相互に連結・連動（カップリング）させることで、需給調整は容易に、より柔軟になるのである。

これは、電力の「分母」（電力消費の全体量）が大きくなるから、需給調整が

5）2019年のドイツの再エネ電力の導入率42.1％の内、風力は21.8％ポイント、太陽光は8.2％ポイントで、両者を合わせると30％ポイントである。連邦経済エネルギー省ウェブサイト。https://www.erneuerbare-energien.de/EE/Navigation/DE/Service/Erneuerbare_Energien_in_Zahlen/Zeitreihen/zeitreihen.html

6）Bundesnetzagentur, Monotoring report 2019-Key findings and summary.

しやすくなるというだけに止まらない。電力は貯蔵が難しいため需給調整に手間がかかるわけだが、自動車の蓄電池や熱供給網では貯蔵が容易である。それら「柔軟性」が高い他の消費部門と連結することで、エネルギーシステム全体として効率的に、即ち低コストで需給調整が可能になるのである。

エネルギーシステムの電化

　換言すれば、今後運輸部門や産業部門でも、再エネ電力が大量に使われるようになる。前節で示した再エネの大量導入とは、再エネ電力の大量導入であった。現状では、他の消費部門では主として石油や石炭が使われているが、今後はエネルギーシステム全体の「電化：electrification」が進むのである。

　エネルギーシステムの電化は、一方では再エネ電力の過剰化への対策であるが、他方で運輸部門や産業部門にとって「渡りに船」でもある。なぜなら、運輸部門も脱炭素化が求められているが、再エネ先進国のドイツですら再エネ導入率は5.6％と、電力部門と比べて著しく低い上、過去10年程度増加していないからである（**図46**）。言うまでもなく、運輸部門の大半を占める自動車は2020年現在でもほぼ石油に依存しているのであり、電化は始まったばかりだからだ。

　同様のことは、やはり再エネ導入が停滞している熱部門についても言える（図46）。バイオマスや地熱は熱供給も可能だが、これら再エネで熱の多くを賄うことは、賦存量の観点から現実的でない。賦存量が圧倒的に多いのは風力と太陽光という新興型の再エネであり、これらは発電用途が中心である。そのため熱部門の脱炭素化のためにも、再エネ電力を利用できるよう電化が不可避なのである。

　そもそも最終エネルギー消費に占める電力の割合は、先進国でも20〜30％に止まる[7]。そのため Federal Ministry for Economic Affiars and Energy（2018）によれば、再エネ電力の導入が進むドイツでも、最終エネルギー消費全体に占める再エネ導入率は16.7％に過ぎない。電力部門のみ再エネ化を進めても、社会全体の脱炭素化には遠く及ばない。セクターカップリングによるエネルギーシステム全体の再エネ化と電化の双方が、必要なのである。

　さらに、電化はエネルギー効率の向上にも寄与することを指摘しておきたい。

　7）日本の2017年の電化率は28％。ドイツは20％、イギリスは20％、米国は21％。IEA（2019c）を基に筆者計算。

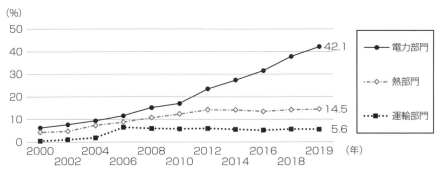

図46　ドイツにおける消費部門別の再エネ導入率の推移

出所：Federal Ministry of Economic Affiars and Energy（2018）。2019年は連邦経済エネルギー省ウェブ
サイト。

化石燃料や原子力による熱エネルギーには、排熱という無駄が多く、エネルギー
変換効率が低いことは、第１章第４節で触れた。それは発電だけでなく、ガソリ
ン自動車についても原理的に同じで、排熱が捨てられている。しかしEVになる
と、電気モーターで駆動するため、排熱は生じない。送電過程の損失を勘案して
も、熱効率は70％前後とされ、ガソリン自動車の約２倍に当たる。

Power-to-X と水素エネルギー

　それでも、エネルギーの全てが電気で賄われるようにはならない。高負荷の船
舶や飛行機を、電気（蓄電池）で駆動させるのは、技術的に困難とされている。
高炉の製鉄所も同様である。確かに、2050年の世界の電化率は49％（表８）と現
状の２倍に高まるが、残りの51％が全て化石燃料のままでは、脱炭素化は達成さ
れない。オール電化住宅は既にあるが、オール電化社会の実現は困難なのである。
これへの解決策が、Power-to-X（PtX、P2X）である。

　PtX は、電気を他のエネルギー媒体に変換することを指す。例えば、Power-
to-Gas は電気を気体に変換する。この場合の気体とは、水素や合成メタンが想
定されている。Power-to-Liquid はメタノールなどの液体燃料への変換を指し、
電化が難しいジェット燃料の代替として期待されている。Power-to-Heat もある。
電気ボイラーによって熱を作り出し、それを既存の地域熱供給網などで送る。エ
アコンでは蓄電・蓄熱機能はないが、地域熱供給網であれば蓄熱槽を活用するこ

ともでき、「柔軟性」を提供してくれる。

　ここでエネルギーとしての水素に触れておきたい。水素は「次世代エネルギー」などと呼ばれ、2000年代から脱炭素化の切り札として期待されてきた。水素は元素記号1番の気体だが、化石燃料や再エネとは異なり自然界にはほとんど存在しない。石油や天然ガスの改質や水の電気分解など様々な方法で生成でき、また工場のプロセスの中からも副次的に発生する、二次エネルギーである。

　水素は、酸素と結びつけることで発電（燃料電池：Fuel Cell）したり、燃焼させて熱エネルギーとして利用したりすることもできる。これらの過程で二酸化炭素を排出せず、気体として貯蔵も容易なため、特に次世代自動車としての燃料電池車（FCV）への期待が高い[8]。このように水素は、様々な形態のエネルギーを繋ぐハブのような役割を果たすため、「エネルギーキャリア」と呼ばれることもある。

　こうして水素は、PtX の不可欠な要素となる。電気分解によって再エネ電力の余剰対策になると共に、電化が困難な消費部門において、有力な脱炭素エネルギーとしての役割を果たしてくれる。だとすれば、化石燃料の改質で水素を作るようでは、その段階で二酸化炭素が排出されるため、CCS を併用しない限り意味がない。そのため、再エネ電力で水を電気分解して作る「グリーン水素」やそのためのインフラが、近年欧州などで関心を集めている[9]。その結果、電力網だけでなく EV の充電設備や水素網などと組み合わせた、全く新しいエネルギーインフラが構築されるのである。

　このように、再エネを柱としたエネルギー転換には、経済社会全体の脱炭素化を実現するシナリオがある。低コスト化した再エネの大量導入を続け、化石燃料を置き換えていく。と同時に消費の電化を進め、再エネ電力の供給先を拡大していくことで、出力変動対策にすると共に、運輸部門などの再エネ化も進める。電化が難しい消費部門については PtX で対応し、そこでは水素エネルギーも大きな役割を果たす。補助的に、原子力や CCS、バイオ燃料も使われるだろう。

　8）FCV も原理的には電気モーターで動く EV の一種だが、通常の EV と異なり水素タンクを積んで自ら発電するため、航続距離が長くなる。
　9）化石燃料の改質によるものは「グレー水素」、改質と CCS を併用するものは「ブルー水素」、再エネ電力の電気分解によるものは「グリーン水素」などと呼ばれている。

第3節　脱石炭火力政策の国際的波及

欧州にとってのエネルギー転換の戦略性

　エネルギー転換の発祥の地はドイツだが、近年欧州では、それ以外の国々も含めてエネルギー転換を競う状況になってきている。それは、エネルギー転換が気候変動問題とエネルギー安全保障を同時に解決する手段だからである。

　欧州のエネルギー安全保障政策については、第3章第7節で触れた。現在まで欧州諸国は、化石燃料の巨大輸入国として、ロシアなどの輸出国に対してエネルギー安全保障上のリスクを抱えてきた。これを抜本的に解決するには、化石燃料の利用から脱して再エネを柱にすることが有効である。

　と同時に欧州は、世界で最も気候変動政策に前向きな地域として、京都議定書でもパリ協定でも最も高い削減目標を掲げるなど、気候変動枠組条約の国際レジームを先導してきた。欧州委員会はその先頭に立っており、2018年秋に公表した気候変動政策 "A Clean Planet for all" では、IPCC の「1.5度特別報告書」も受けて、「2050年までの温室効果ガスの排出実質ゼロ」（カーボン・ニュートラル）を掲げ、2030年の EU の目標値として、最終エネルギー消費の32%を再エネにし[10]、エネルギー効率を32.5%向上させ、温室効果ガスの排出量を40%減（1990年比）にするとした（European Commission 2018）。更に2019年には、"The European Green Deal" を発表し、温室効果ガス削減目標を上記の40%から50～55%へと引き上げた（European Commission 2019）。

　欧州がエネルギー安全保障に取り組むのは、それが自らの弱点だからである。欧州が気候変動政策に取り組むのは、高い環境意識からと国際レジームを先導する戦略的意図からであろう。要するに、再エネと省エネを2本柱とするエネルギー転換は、エネルギー自給率の向上にも二酸化炭素の排出削減にも寄与する、「一石二鳥」（Creutzig 2014）の戦略的政策なのである。欧州内部では、短期的にはロシア問題などに対して立場の相違があるものの、エネルギー安全保障と気候変動政策の双方の観点から、長期的にエネルギー転換を進める方針では一致し

10）電源ミックスでは、再エネ50%以上に相当する。

ている。そのような中で、脱炭素化の規制的手法として近年波及しているのが、脱石炭火力政策である。

イギリスの脱石炭火力政策

　欧州の中でもイギリスは気候変動対策に積極的であり、2008年に気候変動法を制定し、温室効果ガス排出量を2050年までに80％削減する（1990年比）としている。したがって、北海油田が枯渇しつつある中で、エネルギー安全保障にも貢献する再エネや原子力で化石燃料を置き換えることが、近年のエネルギー政策の基本的方向性になっている。このため2020年までに電源ミックスの30％を再エネで、10％を原子力などで賄う目標を立ててきた。

　このような中で2015年11月にイギリス政府は、COP21パリ会議の直前に、2025年までに石炭火発を全廃する計画を発表した[11]。国家政府が脱石炭火力を宣言するのは、イギリスが初めてであった。この期限は、後に1年前倒しされることになった[12]。また2017年にイギリス政府は、ガソリン車とディーゼル車の新車販売を2040年までに禁止する計画も打ち出した。

　イギリス政府に続いたのがフランス政府である。イギリスの1年後の2016年11月に、フランソワ・オランド仏大統領は2023年までの脱石炭火力を宣言した。その後エマニュエル・マクロン大統領は期限を2022年に前倒しし、2019年に脱石炭火力はエネルギー気候法として法制化された。更にイタリア、オランダ、デンマークなども、2030年やそれ以前の脱石炭火力を宣言した[13]。

　フランスはかねてより原子力大国であり、先進国の中では温室効果ガスの排出量が少ないことは、前述した。一方で、2011年の福島原発事故を受けて、発電電力量の75％を原子力に依存する脆弱性が指摘されるようになった。このためオランド政権は、2015年にその名もエネルギー転換法を制定し、再エネの開発、省エネの推進、原子力電源比率の低減（2025年に50％）を掲げた。再エネについては、2030年に電源ミックスで40％の供給を、省エネについては、最終エネルギー消費

11）Gov. UK Website, News story, 18 November 2015. https://www.gov.uk/government/news/government-announces-plans-to-close-coal-power-stations-by-2025

12）Gov. UK Website, Press Release, 4 February 2020. https://www.gov.uk/government/news/end-of-coal-power-to-be-brought-forward-in-drive-towards-net-zero

13）なおベルギーは、EUの大気汚染規制に従う形で2016年に石炭火発を全廃した。

を2030年までに20%、2050年までに50%（2012年比）減らすことを目指している。このような中で、脱石炭火力政策においてイギリスに足並みを揃えたのであった。

脱石炭火力連盟の結成

脱石炭火力は、期限を決めてその利用を禁止する規制的手法である。一般に経済的手法よりも企業などの反発が強いと考えられる。脱原発については、ドイツ以外で選択したのはスイスとベルギーぐらいで、国際的な連携にまで至っていない。しかし脱石炭火力は、気候変動対策の代表例となり、他国にまで波及することになった。

このような流れを受けて、2017年11月のCOP23ボン会議において、カナダ政府とイギリス政府が打ち上げたのが、脱石炭火力連盟（Powering Past Coal Alliance: PPCA）である。PPCAは、旧式の石炭火発を撤廃し、CCSなしでの新増設をしないことを宣言した政府の集まりである。企業には石炭火力の電力を使わないことを求めた。

両国政府による呼びかけは瞬く間に広がり、COP23の終了までに、フランス、イタリア、オランダ、デンマーク、ベルギー、スイス、メキシコ、ニュージーランドを含む20の国家政府、5の地方政府が加盟した。2020年12月時点で、34の国家政府、35の地方政府、44の企業等に広がっている[14]。法的拘束力はないものの、パリ協定を受けたこのような取り組みが国際的に広がっているのである。

2019年6月には、国連のグテーレス事務総長が、「石炭火力発電所の段階的廃止」を呼びかけるなど[15]、石炭火発への批判は国際的に高まっていった。2022年までの脱原発を先に決めたドイツは、このような流れに前向きではなかったが、2019年1月に2038年までの脱石炭火力を決定した[16]。化石燃料の時代は、着実に終焉に向かっているのである。

14）PPCA Website, Members. https://poweringpastcoal.org/about/members

15）国際連合広報センター「世界環境デー（6月5日）に寄せるアントニオ・グテーレス国連事務総長メッセージ（2019年6月4日）。https://www.unic.or.jp/news_press/messages_speeches/sg/33374/

16）ドイツは、自国内に炭鉱を持ち、現在でも国内消費量の約半分を供給しているため、エネルギー安全保障と国内の雇用という2つの問題があった。

第4節　多国籍企業と非政府組織が主導するエネルギー転換

ESG 投資の拡大

　エネルギー転換を主導するのは国家政府だけでない。グローバルに活動する民間企業の側からも、政府の指示や規制に応じて止むを得ずではなく、自主的な取り組みとしてエネルギー転換を進める動きがある。そしてそれを、NGO が働きかけ、後押ししている。政府部門の取り組みの遅さに対して、非政府部門が圧力をかける構図が生じている。

　投資家によるそのような行動が、ESG 投資である。ESG 投資は、投資先を選ぶ際に、環境（Environment）、社会問題（Social）、企業統治（Governance）に配慮している企業を重視する考え方である。近年先進国の公的年金基金などは、環境問題への取り組みや、地域社会への貢献度、企業統治の健全性などの非財務的項目を格付けの一部に採用し、これらの値が高い企業への投資額を増やしている。

　元々2006年に国連環境計画が、責任投資原則（PRI）を提唱し、そこで ESG への配慮を求めたところから始まり、その後欧米を中心に ESG 投資が拡大した。一般に投資先を選ぶ際には、どれだけ利益を上げられるかが重要な判断要素となるが、ESG 評価の高い企業は長期的な成長力も高く、結果的に投資リスクの低減につながると考えられている。このような ESG 投資市場は、全世界で2012年に13.6兆ドルだったが、2018年には30.7兆ドルに拡大している（**図47**）。

　ESG 投資や PRI において、NGO が大きな役割を果たしていることも、注目に値する。例えば、気候変動に関する企業の情報開示を推進するのが、CDP である。CDP は50カ国に事務所を持ち、90カ国以上の企業や都市が参画しており、CDP を通して気候変動などの開示情報を求めた515の投資家の資産は、106兆ドルに達している[17]。投資家が PRI に署名すると、PRI Association という NGO のメンバーになる。PRI Association は、責任投資のガイドラインを提供したり、世界の投資家に署名を促したりすることで、ESG 投資を後押ししている。

---

17) CDP・ウェブサイト、https://www.cdp.net/ja

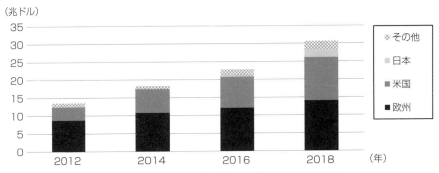

図47 世界の ESG 市場（社会的責任投資）の推移

(兆ドル)

出所：Global Sustainable Investment Alliance（2018）。その他とは、カナダ、オーストラリア、ニュージーランド等。

国連の SDGs の取り組み

さらに2015年の国連サミットにおいて、2030年までの世界的な目標として採択されたのが、「SDGs: 持続可能な開発目標」である。2030年までに達成を目指す17の目標が掲げられ、そこには、貧困対策や教育、生態系の保護などに加えて、「安価かつ信頼できる持続可能な近代的エネルギーへのアクセスを確保する」（目標 7 ）、「気候変動及びその影響を軽減するための緊急対策を講じる」（目標13）が含まれている。ESG 投資は SDGs の目標に叶う行動とも言える。

SDGs は国連が提唱したものであり、日本を含む各国政府も実現に向けて取り組んでいる[18]が、強制力や罰則があるわけではない。にも関わらず、その後多くの大企業がこの目標に賛同し、程度の差こそあれ、実現に向けて自主的に取り組んでいる点が、示唆的である。例えば、SDGs への企業の取り組みを評価したランキングが発表されたり[19]、経団連が SDGs の特設ウェブサイトを作ったりするなど、一種の社会運動のような広がりを見せている。

ESG 投資が投資家の立場からの環境配慮行動とすれば、SDGs は企業や市民に環境配慮行動を促している。企業は本質的に利潤の最大化を求められるが、短期

---

18) 例えば日本政府には、全閣僚を本部員とする SDGs 推進本部が設置されている。

19) ブランド総合研究所「企業版 SDGs 調査2020」。

的な利潤のみならず、長期的にも利潤を最大化することを考えれば、これらの環境配慮行動を採ることは、投資家にも企業経営者にも合理的なのである。そしてこの中の重要な柱の1つが、気候変動対策である。

　グローバルな環境問題である気候変動は、本質的に国家政府のみの努力では解決が難しい。前章で見た通り、国家間で利害が複雑に絡み、様々な対立を生む一方で、解決による便益は全世界に及ぶ「マイナス・サム」だからである。だからこそ、国境を越えて活動するグローバル企業やNGOの役割が重要になる。

RE100のイニシャティブ

　企業にとって、再エネに投資するだけでなく、再エネの電力を消費することは、SDGsに則った環境配慮行動になる。また、気候変動対策上求められている自社の温室効果ガスの削減にも寄与する。これまで水力を除く再エネ電力は火力による電力より著しく高かったが、多少高かったとしても企業がこれを積極的に使えば、消費側からエネルギー転換を応援することにつながる。これが、RE100（Renewable Energy 100%）のイニシャティブである。

　RE100とは、気候変動対策を推進するNGOであるThe Climate Groupと前述のCDPが呼びかける、再エネ普及のための消費企業連合である。RE100に加盟する大企業は、遅くとも2050年までに、自社で使う電力の100%を再エネ由来にすることを宣言するよう求められる。2014年に米ニューヨークで結成され、ネスレ、イケア、ナイキなど、2020年11月時点で世界の大企業269社が加盟している[20]。これら大企業は、自らのサプライチェーン全体のRE100を目指すため、部品供給企業などに対してもRE100の達成を求めている。

　これも、NGOが働きかけるグローバル企業の自主的な取り組み例である。企業は、社会的責任（CSR）だけでなく、RE100を宣言することで最終消費者にアピールできることも、加盟の動機と思われる。そして消費側からのこのような行動は、エネルギー供給者や政府に再エネ電力の拡大やコスト低減の圧力を与えることになる。

20）RE100 website, https://www.there100.org

ダイベストメントと座礁資産

このような企業の動きの背景にある、長期的な事業リスクが顕在化しつつある例が、「ダイベストメント：divestment」である。これは、投資：investment の反対、即ち、投融資している金融資産を回収・売却することを指す。

一般に投資家は、利益を上げると見込まれる事業や株式に投資や融資を行い、不振が予想される事業には売却や融資の停止を行う。近年、ESG 投資の考え方が広がったこともあり、石炭や石油、たばこといった、環境や社会に悪影響を及ぼす可能性が高い事業や企業への投資の撤退が、欧米を中心に活発化している。特にパリ協定の締結以降、石炭関連の事業は将来性がなく、価値が長期的に毀損されていく「座礁資産」と見なされるようになっている。

例えば、2015年5月に世界最大の銀行であるバンク・オブ・アメリカが、石炭採掘や石炭火発への投資方針を変更し[21]、その後仏 BNP パリバや英 HSBC、米モルガン・スタンレーなどが追随した。また世界最大の政府系投資ファンドのノルウェー年金基金は、2016年2月の「責任投資報告書」において、ESG 投資の観点から2015年に石炭関連企業27社から投資を引き上げたことを発表した。このようなダイベストメントの対象となった運用資産の総額は、2014年の520億ドルから200倍以上に増加し、2019年9月時点で11兆ドルを上回ったという[22]。

ダイベストメントが活発になると、企業も対応を迫られる。例えば、ドイツの大手発電会社のユニパーは、2016年にオランダに増設した最新鋭の石炭火発が、気候変動制約のために廃止を迫られ、座礁資産化する事態に陥った[23]。ユニパーは、本国ドイツでは政府の脱石炭火力の決定に従い、2025年までの石炭火発の撤退を表明するなど[24]、対応に追われている。

---

21) Bank of America Coal Policy. https://about.bankofamerica.com/assets/pdf/COAL_POLI-CY.pdf
22) 国際環境 NGO 350.org の発表。http://www.nocoaljapan.org/ja/gloabl-ffdivestment-clean-energy-investment-movement/
23) 更に2019年末にはオランダ政府が2030年までの脱石炭火力を法制化したことで、当該発電所の補償を巡って法廷闘争に至っている。
24) Uniper, website, Uniper to end its hard-coal-fired power production in Germany. https://www.uniper.energy/news/uniper-to-end-its-hard-coal-fired-power-production-in-germany/

ESG投資やその結果としてのダイベストメントは、基本的に民間企業の自由な経営判断に基づく。それは、企業のCSRや企業倫理的な側面がある一方で、純粋な投資判断という側面もある。要するに、今後石炭産業に投資しても利益が得られないという市場の判断が、優勢になりつつある。それは、NGO等の環境保護的な活動の影響を受けた要因も大きいが、市場の判断によって環境対策が進みうる可能性を示唆している。国際経済が、動きの鈍い国際政治を先取りして、気候安全保障に影響を与えているのである。

第5節　米国、中国、サウジアラビアのエネルギー転換

エネルギー転換を世界で最も強力に、体系的に推進するのは、欧州である。特にドイツや北欧、イギリスやフランスといった国々は、気候変動対策、エネルギー安全保障、そして産業政策の観点からも、エネルギー転換を政府が唱導し、企業もその動きに応えている。本節では、欧州以外の事例として、静観してきた米国、戦略的に取り組む中国、最も不利益を受けるサウジアラビアの取り組みを紹介する。

米国のトランプ政権と市場主導・州主導のエネルギー転換

米国では、トランプ政権からジョー・バイデン政権への移行が決まったところだが、過去4年間はエネルギー転換について欧州とは異なる動きを見せてきた。連邦政府が唱導しない中で、再エネの導入が進み、二酸化炭素の排出量が減少しているのである。

米国の第1の特徴として、連邦政府はエネルギー転換を唱導していない。これには2つの意味がある。まず短期的には、トランプ前大統領は気候変動問題自体に懐疑的であり、再エネ産業よりも「ラストベルト」の石炭産業を支持基盤とし、後者を支援する姿勢を示してきた。大統領の政策的嗜好の結果として、エネルギー転換を採用してこなかった。と同時に、そもそも米国の連邦政府は、歴史的に市場介入的な産業政策に消極的であり、以前からエネルギーミックスの目標を提示して、企業にその達成を促すという政治文化がない。そのため、政策的にエネルギー転換が実施されづらい。

第2に、第3章第6節の通り、米国は2000年代後半からシェール革命の恩恵を

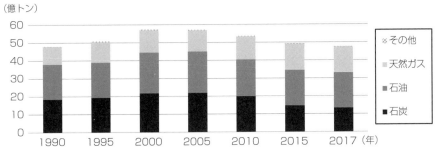

図48　米国の化石燃料起源別の二酸化炭素排出量の推移

(億トン)

出所：IEA（2019b）を基に筆者作成。

受けてきた。この間、価格競争力を失った石炭が市場から撤退し、天然ガスの消費と再エネの導入が拡大した。天然ガスは、欧州流のエネルギー転換の主役ではないものの、低炭素化には一定の貢献をなしうる。実際に米国の二酸化炭素排出量は、2005年の57億トンが2017年には47.6億トンになるなど、2010年代に継続的に減少傾向にある（**図48**）。これは、先進国の中で最高水準の減少幅であり、これ以上の政策的対応をしなければならない切迫感は薄い。

　第3に、だからと言って米国でエネルギー転換が進んでいないわけではない。政策的先導がなくても、風力と太陽光の導入量では、中国に次ぐ世界第2位（図41、図42）である。そもそも全体の発電電力量が大きい（日本の約4倍）ため、再エネ導入率では日本と大差がないが、再エネは低コストであるため、固定価格買取制度がなくても経済合理性から導入が進んでいる。気候変動対策に前向きなオバマ政権の時には、再エネの導入は優先的な政策課題となり[25]、蓄電池やスマートグリッドなども含めた、「クリーンテック」という言葉で、投資を集めるようになった。トランプ前政権の関心は低かったが、民主党のバイデン政権では、グリーンイノベーションの方向性が強化されると見られる[26]。

25）例えば、2009年4月22日の演説でオバマ大統領は、「世界の石油埋蔵量の枯渇や気候変動問題の進展を受けて、クリーンで再生可能なエネルギーの開発が、21世紀の成長産業になる」、「クリーンエネルギーの創出で世界の先頭に立つ国は、21世紀のグローバル経済で先頭に立つ国になる」と指摘した。ホワイトハウス、プレス発表。https://www.hsdl.org/?abstract&did =37425

　第4に、連邦政府はエネルギー転換に前向きでなかったが、カリフォルニア州やテキサス州、ハワイ州などは積極的に再エネ導入に取り組んでいる。そもそも連邦国家の米国では州政府の政策に多様性があり、エネルギー政策も主として州政府が所管している。そのため、例えば、ハワイ州は2045年に再エネの電源ミックスを100％に、カリフォルニア州は2030年に50％に高める計画を有しており（表7）、各州が脱炭素化を競う構図になっている[27]。このように、大統領が「反エネルギー転換」だとしても、一国として進んでいないというわけではない。現実には、市場主導あるいは州主導で、エネルギー転換が進みつつある。

　世界最強の覇権国であり、エネルギー消費大国でもある米国にとって、エネルギー安全保障は決定的に重要である。戦後は石油の輸入国になったものの、だからこそ中東や南米の政治に介入し続けてきた。その1つの解答が、偶然の賜物であったシェール革命であるが、もう1つの解答は、再エネである。ベンチャー精神旺盛な経済を誇っており、連邦政府がエネルギー転換を標榜しなくとも、テスラなど企業主導で蓄電池やEVの技術革新が進み、スマート化において世界の最先端を走っている。2021年以降は、世界のエネルギー転換に戦略的に関与するようになるだろう。

再生可能エネルギー大国・中国の覇権戦略

　21世紀に入り、中国が世界最大のエネルギー消費国となり（図49参照）、エネルギー安全保障だけでなく国家安全保障上の観点も含めて、資源外交に乗り出していることは、第3章第5節で触れた。世界の工場となった中国は、莫大な量の化石燃料の消費により深刻な大気汚染問題を抱えている。そのため、エネルギー転換と呼ぶかどうかはともかく、低炭素化は重要な国内環境対策であるとともに、国家主導の産業政策であり、かつ米国に対抗する覇権戦略となっている。

　第1に産業政策については、世界的に市場拡大が見込める再エネ関連機器分野

26）バイデン大統領は、大統領選挙においてグリーン・ニューディールを標榜し、連邦政府が10年間で1.7兆ドルをクリーンエネルギー分野に投資することで、2050年までに温室効果ガス排出量の実質ゼロを達成するとしている。https://joebiden.com/climate-plan/#
27）特に環境政策に積極的なカリフォルニア州は、2035年までに州内で販売される全ての新車を、排ガスを出さないゼロエミッション車にするよう義務付けると、2020年9月に発表した。同年夏の大規模な山火事が気候変動に因るとしている。

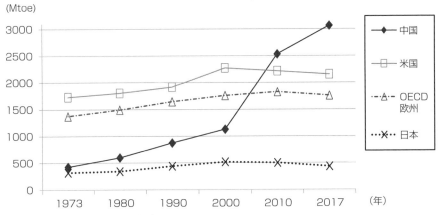

図49　中国・米国・欧州・日本の１次エネルギー供給量の推移

(Mtoe)

凡例：
- 中国
- 米国
- OECD 欧州
- 日本

出所：IEA（2019g）を基に筆者作成。

において、中国は欧米よりも優位に立とうとしている。例えば2009年10月に胡錦濤国家主席は、中国が「グローバルなエネルギー革命の新ラウンドで、他国に先んじてチャンスをつかみとらなければならない」と発言した[28]。中国政府は2009年から固定価格買取制度を活用し、政策的に再エネを導入してきたが、実際に本章第１節の通り、中国は風力発電でも太陽光発電でも累積導入量が圧倒的な世界一になっている（図41、図42）。

　その結果、再エネ分野で中国メーカーが育成された。2019年の太陽光パネルの出荷量では、１位がトンウェイソーラー、２位がロンギ、３位がジンコソーラーと、10位以内の多くに中国メーカーが位置し、中国だけで世界の63％を占めた[29]。また2018年の陸上風車メーカーの世界シェアでは、中国のゴールドウィンドが２位、エンビジョンが５位、ミンヤンが７位となっている[30]。中国政府が作り出した国内の巨大市場は、自国メーカーを育成する産業政策の手段となったのであり、輸出産業としても競争力を増している。

28) New Yorker（2009年12月21日）。https://www.newyorker.com/magazine/2009/12/21/green-giant

29) SPV Market Research, Solar Flare Executive Report.

30) Bloomberg NEF（2019年２月14日）。https://about.bnef.com/blog/vestas-leads-break-away-group-big-four-turbine-makers/　尚、１位はデンマークのヴェスタス、３位は米 GE。

　さらに、セクターカップリングの重要な要素となる運輸部門の電化においても、中国政府は産業政策的な対応を強化している。即ち、EVやPHEV（プラグイン・ハイブリッド車）などの「新エネルギー車」の販売台数の割合を、2035年までに60％に引き上げる目標を掲げ、補助金などの強力な支援策を講じてきた。その結果、2012年に1.2万台だった新エネルギー車は、2018年には125万台余り（内、EVは98万台）にまで拡大した[31]。2018年の世界のEV市場は130万台とされているため、中国が75％を占めたことになり、さらに2035年には2,200万台に拡大する世界のEV市場の半分近くを、中国が占めるという[32]。2019年には、補助金の削減により市場拡大の鈍化が見られるものの、中国が戦略性の高いEVを通して、世界の自動車市場に挑むことは間違いないだろう。

　低炭素化のもう1つの手段は、原発の新増設である。IAEA（2019）によれば、2018年末時点で中国は46基・42.9GWの原発を有し、電源ミックスの4.2％を供給している。日本を抜いて世界第3位の規模になったが、今後これをさらに増やすため、11基・11GWを建設中である。中国政府は、福島原発事故以降も原発推進の方針を変えておらず、産業政策的にも中国広核集団といったメーカーが育っている。海外市場への参入や出資も積極的に行っており、日米仏といった先進国が牛耳ってきた原子力産業の構図に影響が出つつある。

　第2の覇権戦略については、日本を抜いてGDP世界第2位となった中国は、その産業競争力や技術力をテコにして、特に米国に対抗して国際秩序を先導しようとしている。2013年の米中首脳会談で習近平国家主席がオバマ米大統領に「新型大国関係」の構築を提案するなど、近年は国家安全保障の観点から米国への対抗姿勢を強く表している。近年では、ファーウェイ問題など情報通信分野での米中対立が注目されるが、エネルギーも中国が戦略的に米国の覇権に挑もうとしている分野であろう。

　それは、シェール革命を受けて、化石燃料では明らかに中国は米国に勝てないという認識に基づいていると思われる。化石燃料の時代が続けば米国の覇権は揺

31）NHKウェブサイト（2019年12月16日）。https://www3.nhk.or.jp/news/html/20191216/k10012216561000.html

32）日本経済新聞ウェブサイト（2019年8月21日）。https://www.nikkei.com/article/DGXMZO48815480R20C19A8000000/

らがないため、自ら再エネを柱としたエネルギー転換時代の幕を開けようとしているのではないか。2020年9月の習国家主席による国連演説では、2060年に二酸化炭素の排出量を実質ゼロとする野心的な目標が明らかにされたが、これもパリ協定の離脱を表明した米国を尻目に、気候変動問題に関して主導権を握ろうとする意図の現れであろう。

　このように自国と世界のエネルギー転換を進める際には、再エネやEV関連の産業競争力や技術力、巨額の投資資金や巨大な国内市場が、有力な経済的手段となるのであり、中国政府はこれらを政治的に行使することに躊躇しないだろう。エネルギー転換は、国内環境対策と産業政策、覇権戦略、そしてエネルギー安全保障の一石四鳥の手段なのであり、エネルギー転換時代の国際関係を考える際に、中国は極めて大きな影響力を持つだろう。

サウジアラビアの脱石油へ向けた取り組み

　次章で詳述する通り、エネルギー転換が進めば最大の負の影響を受けるのは、中東などの産油国である。サウジアラビアやイラク、ナイジェリア、ロシアなどは、石油や天然ガスの輸出に国家経済が大きく依存し（図20）、一方で国内体制は権威主義的である。輸出収入が激減すれば、経済的にも政治的にも大きな打撃を受けるだろう。

　このエネルギー転換の甚大な負の影響を認識して国内改革を進めようとしているのが、サウジアラビアである。サウジアラビアは、1970年代以降世界最大の石油輸出国として君臨し続け（**図50**）、機動的に生産調整を行うスイング・プロデューサーの役割も果たしてきた。その石油時代の輸出国側の盟主が、石油に依存しない国造りを目指す「ビジョン2030」を2016年に発表し、産業の多角化を図っている。石油依存型経済から脱却し、蓄積された財力を活用して投資、観光、物流などの分野を強化するという。再エネも重点分野の1つとして挙げられており、2030年までに9.5GWを導入するとし、その関連機器の内製化も進めるとしている（Kingdom of Saudi Arabia 2016）。これら経済改革のためにも、宗教に根ざした閉鎖的な文化を解放し、人材育成を強化するという。その主導者が、様々な意味で著名なムハンマド皇太子である。

　ムハンマド皇太子は、サルマーン現国王の子であり、国王の強い信任の下、サウジアラビア政府の実権を掌握しているとされる。このビジョン発表の記者会見

図50　主要石油輸出国の原油輸出量の推移

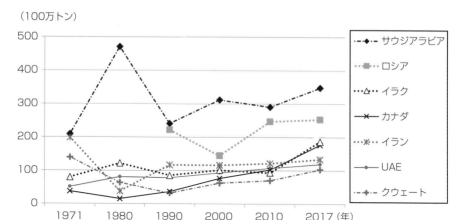

出所：IEA（2019f）を基に筆者作成。原油と天然ガス液（NGL）の合計値。

において、「サウジの収入の源泉を原油から投資に変える」、「2030年には原油なしでも生き残る」とまで発言したという[33]。実際にエネルギー分野では、2018年にソフトバンクと200GW・総額2,000億ドルという、巨大な太陽光発電所計画を打ち上げたことで、話題になった。

　この背景には、長期的に化石燃料の将来性が低いという本質的要因以外にも、米国のシェール革命を受けた近年の国際石油市場の構造変化、その影響を受けた国家財政の悪化、アラブの春で見られた権威主義体制の動揺といった、内外の要因も働いている。これらは相互に繋がった要因とも言え、産油国としては決して望まないエネルギー転換のシナリオを、想定して動かざるを得ないという認識があるのだろう。

　一方でムハンマド皇太子は、イエメン内戦に介入したり、カタールと断交したり、また国内の抵抗勢力を粛清したりするなど、「野心的、冒険主義的な」（石黒2017）行動への批判も強い。ビジョン2030年の方向性は正しいとしても、長年の国家体制を根本から覆すような急進的な改革が成功するかは予断を許さない。

　サウジアラビアのヤマニ元石油大臣は、「原油はまだまだ地下に眠っているし、

33）日経ビジネス・ウェブサイト、「サウジが恐れるのは「石油の枯渇」ではない」（2017年3月27日）。https://business.nikkei.com/atcl/report/16/022700114/032400004/?P=2

コストをかけて新技術を使えば採掘できる。だが、時代は技術で変わる。石器時代は石がなくなったから終わったのではない。（青銅器や鉄など）石器に代わる新しい技術が生まれたから終わった。石油も同じだ」と述べたことで知られている（日本経済新聞、2009年7月4日）。サウジアラビアがエネルギー転換という時代の変化に追いつけるか、中東地域の政治的安定という観点からも、今後を注視してゆく必要があろう。

第6章

エネルギー転換時代の国際政治経済関係の展望

　前章で最前線の事例を見てきた通り、ここ10年程度の間、世界はカーボン・ニュートラルへ向けてエネルギー転換を、エネルギーシステムの再エネ化を、加速している。再エネのコスト低減が進み、脱石炭火力政策が国際的に波及している。欧州では、セクターカップリングといった次世代の対策も見えてきている。

　こうしてエネルギー転換が進めば、2050年には化石燃料の消費量は激減する。2020年現在は、世界も日本もエネルギーの8割を化石燃料に依存しているが、30年後には化石燃料への依存度は3割に下がり、その消費量は現在の4分の1にまで減少し得る（図2）。そうなった時、国際政治経済関係はどのような影響を受けるだろうか。これが本書の最大の問いであるが、いよいよ本章では、未来のエネルギー情勢とその国際政治経済関係への影響について展望する。

第1節　2050年のエネルギー需給

IRENA のエネルギー転換シナリオ

　本章で未来のエネルギー情勢を展望するに当たり、序章で触れた IRENA（2020a）の将来予測に戻りたい。これは、2050年の世界のエネルギー需給について、エネルギー転換の影響を予測したものである。エネルギーミックス以外にも、様々な予測結果や分析があるので、「エネルギー転換シナリオ」の2050年の場合を中心に、ここで紹介する（**表8**）。

　まず再エネについては、「エネルギー転換シナリオ」の下で、エネルギーミックス全体で見れば66%だが、電源ミックスに限れば86%である。これは、IPCCの1.5度目標の要求（70〜85%：第3章第3節）とほぼ合致する。「予定政策シナ

表 8　IRENA による2050年の世界のエネルギー需給の予測

	実績	予定政策シナリオ		エネルギー転換シナリオ	
	2016年	2030年	2050年	2030年	2050年
再エネ比率 （最終エネルギー消費）	9.5%	17%	25%	28%	66%
再エネ電力比率	23%	38%	55%	57%	86%
変動性再エネ電力比率	―	19%	36%	35%	61%
太陽光発電設備容量	222GW	2,037GW	4,474GW	3,227GW	8,828GW
風力発電設備容量	416GW	1,455GW	2,434GW	2,526GW	6,044GW
水力発電設備容量	1,099GW	1,356GW	1,626GW	1,444GW	1,822GW
電化率	19%	24%	30%	29%	49%
EV	120万台	2.69億台	6.27億台	3.79億台	11.09億台
据え置き型蓄電池	0.3億kWh	3.7億kWh	34億kWh	7.45億kWh	90億kWh
グリーン水素	120万t	900万t	2,500万t	2,500万t	16,000万t
ブルー水素	60万t	1,000万t	4,000万t	3,000万t	8,000万t
電気分解装置	0.04GW	100GW	270GW	270GW	1,700GW
バイオ燃料生産量	1,290億ℓ	2,850億ℓ	3,930億ℓ	3,780億ℓ	6,520億ℓ

出所：IRENA（2020a）を基に筆者作成。ブルー水素は化石燃料由来でCCS付き。

リオ」ですら、2030年の電源ミックスが38％というのは、日本（22～24％）から見れば衝撃的であろう（次章第2節）。再エネの中でも伸びるのは、新興型の太陽光と風力である。2050年に太陽光が40倍、風力が15倍（2016年比）となる。

　その結果、電化率が急上昇する。2050年にエネルギー消費の半分が電気となり、EV の台数は1000倍弱に増える（表8）。これはまさに、セクターカップリングが想定している、エネルギーシステムの再エネ電力化が進んだ世界である。EVを含む大量の蓄電池が、再エネの余剰電力対策として柔軟性を提供してくれる。同様に水素利用も一般的になる。2050年には再エネ由来のグリーン水素が年間1.6億トン、ブルー水素が0.8億トン生成される。これらは現在の100倍以上の規模だが、最終エネルギー消費量との比較では、各々5％と2.5％を満たす[1]。これら合計7.5％の一部は輸入によって賄われるだろう。

1）IRENA（2020a）において、グリーン水素が1.6億トン＝19EJ、ブルー水素が0.8億トン＝10EJ であり、2050年の最終エネルギー消費は351EJ を想定している。

図51　Eurelectric による2050年の消費電力量の予測

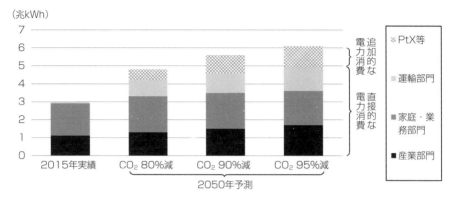

出所：Eurelectric（2019）を基に筆者作成.「家庭・業務部門」とは、"buildings" を読み替えた。「PtX 等」とは、PtX に使われる電力だけでなく、バイオ燃料の製造や CCS に要する電力も含む。

Eurelectric の欧州の消費電力量予測

　IRENA は、その組織としての性格上、再エネが過大に評価されているとの意見があるかもしれない。そこで更にもう1つ、2050年の予測を紹介したい。以下は、欧州の電気事業連合会に当たる、Eurelectric による欧州の消費電力量の予測である。

　前述の通り、セクターカップリングによって社会全体で脱炭素化を進めることで、電力の消費量は増える。Eurelectric（2019）によれば、2050年時点に欧州が二酸化炭素の95％削減を達成しようとすれば、2015年時点の消費電力量2.9兆 kWh に対して、2倍以上の6兆 kWh に達する（**図51**）。なお、前述の IRENA（2020a: 67）は全世界を対象としているが、2017年の発電電力量に対して2050年には約2倍に増えるとのことだった。両者はほぼ同じ増加率を示している。

　また、欧州の2050年の6兆 kWh の内、4.9兆 kWh が直接的な電力消費に使われる。図51からは、既に電化率が高い「家庭・業務部門」の消費電力量は横ばいであるのに対して、「運輸部門」が大幅に増えることが読み取れる。EV による電化のためである。更に、残りの1.2兆 kWh が、PtX（水素変換等）の追加的な電力消費に使われるという。これは、消費電力量全体の約20％に当たり、電化率が50％とすれば、エネルギー消費全体の約10％に該当する。

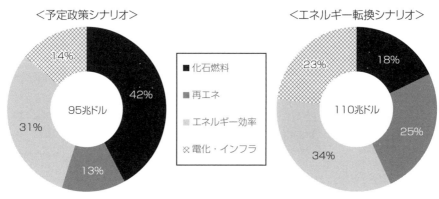

図52　世界の分野別エネルギー投資額（2016年から2050年の累計額）

＜予定政策シナリオ＞　　　　　　＜エネルギー転換シナリオ＞

■ 化石燃料
■ 再エネ
□ エネルギー効率
※ 電化・インフラ

出所：IRENA（2020a: 34）

　このように、IRENA とは立場が異なる Eurelectric も、類似した将来予測を出している。特に、保守的と思われる欧州の電気事業連合会が、セクターカップリングを織り込んだ大胆な電化の予測を出していることに、驚きを覚えないだろうか。

エネルギー転換による経済波及効果

　上記の IRENA（2020a）の「エネルギー転換シナリオ」の実現には、再エネだけでなくインフラやエネルギー効率などに莫大な投資が必要となる。その2016年から2050年までの累計投資額は110兆ドルであるが、「予定政策シナリオ」の場合の95兆ドルより15兆ドル増しとなる（**図52**）。その内訳には大きな違いがあり、「予定政策シナリオ」では化石燃料向けが42％、再エネ向けが13％であるのに対し、「エネルギー転換シナリオ」では化石燃料向けが18％に下がり、逆に再エネ向けが25％、電化・インフラ向けが23％と、それぞれ10％ポイント程度増える。

　これを費用便益分析として見れば、「エネルギー転換シナリオ」では、エネルギーシステム改革に必要な費用19兆ドルに対して、気候変動に関わる外部費用の削減分だけで20〜57兆ドルの便益があるという（IRENA 2020a: 35）。これに大気汚染に関わる外部費用の削減分も加えれば、50〜142兆ドルの便益になり、最大で費用の 7 倍以上に達する。

　多額の投資は雇用にも影響する。エネルギー部門の雇用は、「エネルギー転換

シナリオ」により、2017年の5,800万人から約1億人に増加する（IRENA 2020a: 44）。そして「エネルギー転換シナリオ」の場合、「予定政策シナリオ」に対して、世界のGDPを2％押し上げる（IRENA 2020a: 49-50）。エネルギー転換は、環境のために経済を犠牲にするのではなく、寧ろ将来の成長産業をもたらす。

　だからこそ近年の欧州では、各国政府や産業界が一体となって、セクターカップリングの実現に向けた競争を始めている。元々セクターカップリングは、再エネ電力の導入で先行するドイツから生まれた政策構想であった。それが新たな世界的市場になることを見越して、産業構造の転換を急いでいるのである。詳細は近著（2021）に譲るが、ドイツの重電メーカー、ドイツの自動車メーカー、スウェーデンの電力会社、デンマークの風力発電事業者といったプレーヤーが、再エネ発電所の建設に止まらない、系統運用技術の開発、水の電気分解装置（水素変換）の開発に凌ぎを削っている。そしてそれらを国家政府が支援している。気候変動対策とエネルギー安全保障のために、国際競争が起きているのである。

第2節　エネルギー転換のエネルギー安全保障論

エネルギー安全保障の概念の消滅

　本書は、エネルギーを巡る国際政治経済関係の構造変化を分析することを目的としているが、その主題を一言で言えば、エネルギー安全保障である。前節で見た通り、2050年には再エネに立脚した経済社会が出現する。その際の国際政治経済関係を第3節以降で結論的に論じるに際し、その前提として本節では、改めてエネルギー安全保障の構造変化について理論的に考えたい。

　第3章の通り、20世紀は化石燃料の時代であり、そこで問題となったエネルギー安全保障とは、化石燃料の、特に石油の安全保障だった。石油は多くの国で大量に必要とされるにも関わらず、偏在性が高く、かつ代替困難であった。「決定的に重要な財」への依存度が非対称であったことから、石油は大規模に国際的に取引される一方で、この安定的な確保に国家政府が関与する必要があった。特に産油国に権威主義体制の国が多かったことも、問題を複雑にした。その結果、石油を巡って資源国と消費国との間で対立的な国際関係が生み出された。

　しかし、21世紀のエネルギー転換の時代には、化石燃料の消費量が世界的に減

り、貿易量も減る。そうすると、偏在性は問題とされなくなり、戦略的重要性も下がる。化石燃料に取って代わるのは、再エネである。再エネは偏在性が低く、そもそもエネルギーとしてはタダで、貿易の対象ともならない。要するに、再エネは「決定的に重要な財」であるかもしれないが、非対称な関係をもたらさないため、広く争奪の対象にならない。

こうして各国が自国の再エネに立脚するようになれば、エネルギーを巡る対立や紛争はなくなるはずである。要するに、再エネは安全保障の対象にならず、エネルギー安全保障の概念が消滅し、国際政治経済関係に大きな影響を与えるのではないか。

再生可能エネルギーの安全保障論の展開

再エネがエネルギー安全保障に寄与することは、以前から分かっていた。しかし、水力や地熱といった従来型再エネを飛躍的に増やすことは地質学的に難しく、一方で風力や太陽光といった新興型再エネにコスト面から期待できない以上、再エネの安全保障論が盛り上がることはなかった。だから、これまでのエネルギー安全保障論は、化石燃料、特に石油の安全保障だったのである。これは、リアリズムのエネルギー安全保障論と言えよう。

先行研究を見ても、例えばIEAの文書であるÖlz et. al（2007）において、エネルギー安全保障に対する再エネの重要性は指摘されている。しかし、OECD諸国の2004年の電源ミックスにおいて、12.1％の水力を除けば再エネは2.6％に過ぎず、これが2030年に11％になるという低い予想に止まっている。そのため、「再エネのエネルギー安全保障への寄与」というこの先行研究の中で、国際政治経済関係への構造的影響といった視座は見られない。類似した先行研究であるJohansson（2013b）は、再エネの観点からエネルギー安全保障のリスク要素を分類しているものの、そこから国際政治経済学的な広がりは見られない。

国際政治経済学的視座から初めて再エネに注目したのは、IRENAとノルウェー外務省がハーバード大学などに委託した研究プロジェクトの成果である、O'Sullivan et al.（2017）だと思われる。「再生可能エネルギーの地政学」と題するこの報告書は、これまでの化石燃料の地政学が、今後再エネの地政学に移行するとの立場から論点を整理しており、本書の立場に近い。再エネの増加による今後の国際関係への影響として、第1にエネルギー貿易上化石燃料輸出国にマイナ

スになり、輸入国にプラスになること、第2に気候変動という脅威が軽減されること、第3に変動する燃料費より初期投資の資金が重要になる（再エネ発電は燃料費ゼロだから）こと、第4に電力貿易が活発化して相互依存が進むこと、第5に太陽光パネルや蓄電池の製造に必要な希少資源が（石油のように）寡占化される恐れがあること、などが挙げられている。再エネの今後については、エネルギー貯蔵技術などに不確実性があるものの、基本的にこれまでより平和的で安定的で公正な国際関係の醸成に寄与するとしている。

IRENAの「新たなる世界」

このような経緯を経て、2019年にIRENAが発表したのが、「A New World：新たなる世界」である。「エネルギー転換の地政学」と副題されるこの報告書では、再エネの大量導入を柱とするエネルギー転換の進展が、「地域や各国の権力構造を変化させ、国家や地域社会のエネルギー自立への期待を高め、エネルギー安全保障や民主的な権利拡大を促進するなど、大きな地政学的影響を与えつつある」（IRENA 2019a: 8）としている。上記のO' Sullivan et al.（2017）を受けた、初めてのエネルギーの観点からの本格的な国際政治経済関係の未来ビジョンであり、本書も大きな示唆を得ているため、詳しく紹介する。

同報告書では、今後のエネルギー転換の進展により、産油国など負の影響を受ける国と、正の影響を受ける国が現れるとしている。後者の中から新興型再エネのリーダー国が現れ、それらは、日照量や風況に優れる「再エネ資源国」、リチウムやコバルトなど希少金属（レアメタル：後述）を持つ「再エネ関連資源国」、太陽光パネルや洋上風力発電機などの技術力の高い「再エネ関連技術国」、に分類できるという。

こうしてエネルギーを巡る国力の変容が起こる結果、国際政治面ではOPECが廃れるなど同盟関係が変わり、ホルムズ海峡やマラッカ海峡の重要性が下がるとともに、国際経済面では再エネ関連製品や再エネ燃料、電力の貿易が増える。国際関係の相互依存性が高まり、ゼロ・サム的な関係はポジティブ・サム的な関係になるという。

このような現状改革的な未来ビジョンに対して、リアリズムの立場から当然批判がある。Overland（2019）は、エネルギー転換を支持する立場から、そのような批判について検討し、「神話」だとして反論している。第1に、再エネ関連

の希少資源の獲得競争が起きるとの懸念に対して、今後中国以外に生産国が増えればその危険性は低く、またレアメタルは化石燃料とは異なりリサイクルも可能としている。第2に、これまで資源国の経済発展が進まなかった「資源の呪い」（第2章第3節）について、再エネはより国内地域に束縛されるため、石油メジャーなどによる支配のような状況は生じにくいとしている。第3に、今後電力貿易が増える（本章第4節）結果、その輸出停止措置が「地政学的武器」として行使されるようになるとの指摘に対して、電力輸出は輸入国側で容易に代替可能であり、輸出停止の効果は小さいため、ほとんど起きないと反論している。第4に、今後電力などのインフラのICT化が進む結果、サイバー攻撃が深刻になるとの指摘に対し、確かにそのようなリスクは高まるが、エネルギーに限った話ではなく強調され過ぎているという。

　本書は、本節で示した海外の先進的な研究の成果を引き継ぎつつ、国際政治経済学の視座からエネルギー安全保障環境の構造変化について、より詳細に最新の分析を深めるとともに、日本について考察する研究と位置付けられる。次節以降、国際経済と国際政治について、30年後の未来の状況を展望していく。

第3節　エネルギーを貿易しない国際経済

2050年のエネルギー貿易

　IRENA（2020a）の「エネルギー転換シナリオ」を前提に、2050年のエネルギー貿易の状況を考えてみたい。世界の化石燃料の消費量は、2016年に対して石炭はわずか13％、石油は30％、天然ガスは59％に減少する（図2）。消費量が減少した結果、貿易量は同じ率で減少するとは限らない。

　現状では、概ね石油の生産量の半分強、天然ガスの3分の1、石炭の6分の1強が、輸入に回されている（第2章第4節）。石炭は、中国やインド、米国など、自国内で消費されている部分が大きい。逆に石油は、偏在性が激しいため、中東やロシアから先進国や中国に一方向で輸出されている。

　2050年に向けて、非資源国はより熱心にエネルギー転換を進め、脱石炭火力といった規制的手法も導入するだろうから、化石燃料の貿易量は消費量全体より大きな割合で減少する可能性が高い。他方で、需要が減少するため化石燃料の国際

価格が下落し、エネルギー安全保障上のリスクも低下するため、貿易量はそれ程減らないという可能性もないわけではない。30年後の話でありこの辺りの予想は困難だが、本書では単純に消費量と同じ率で貿易量も減少するとしよう。

　化石燃料単価は、前述の通り、下がる可能性が高い。特に大量の座礁資産が生じる石炭は大きく下がるだろう。一方で、物価上昇率などの影響も受けるため、そもそも30年後のエネルギー価格を予測するのは不可能である。実際に近年20年程度を見ても大きな価格変動が生じており（**図53**）、単価次第で2050年の金額は大きく変わってくる。このように、将来の貿易金額を数値で示すことは技術的に無理があるが、あくまで変化の趨勢を把握するため、表8の基準年の2016年と単価が同じと仮定して、要するに量の変化に比例する形で、2050年の金額を試算してみたい。

　第2章第4節で使ったUNCTADの統計によれば、基準年となる2016年の化石燃料の輸出額は1.5兆ドルであり、このうち石油が1.2兆ドルと80％を占める（図53）。1990年代から2000年代にかけて、エネルギー輸出は量的に増加したが、金額ではより大きな伸びだったことがわかる。化石燃料の単価が高騰したからである。尚、統計項目からすれば、3種類の化石燃料以外にエネルギー輸出に該当するものは電力しか見当たらなかった[2]。これら、石油、天然ガス、石炭について、IRENA（2020a）の供給量の減少率に応じて、2050年の輸出額を試算した。電力については、IRENA（2020a）では触れられていなかったため、後述の通り輸出量が8倍に増えると仮定し、したがって輸出額も8倍にした。これら試算値（**表9**）を基にしたグラフが、図53の2050年である。

エネルギー貿易額の減少

　図53（表9）では、化石燃料全体では、2016年の15,006億ドルから4,989億ドルへと、3分の1になる。電力のみ約8倍に増加するが、これを加えたエネルギー輸出額としても、半分以下に減少する。試算の試算のような数値であり、実際には単価がもっと低く、したがって総額も低いはずだが、激減することは理解して頂けるだろう[3]。

2）木材関連や廃棄物関連の中にバイオマス系が入っているものと推測されるが、ごくわずかな金額に止まるだろう。

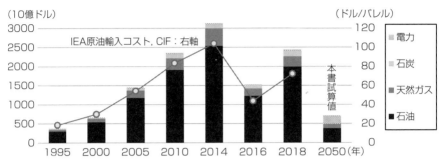

図53　世界のエネルギー輸出額の推移

出所：UNCTAD Statistics, Data Center を基に筆者作成。「石油」には石油関連製品を含む。

表9　2050年のエネルギー輸出額の試算値

	石油	石炭	天然ガス	電力
2016年輸出額	12,270億ドル	817億ドル	1,919億ドル	264億ドル
2018年輸出額	19,886億ドル	1,432億ドル	2,720億ドル	348億ドル
2050年輸出額	3,750億ドル	106億ドル	1,132億ドル	2,112億ドル

出所：UNCTAD Statistics を基に筆者作成。

　この貿易額の減少は、国際経済関係に構造的な影響を与える。第1に、貿易収支が大きく変わる。端的に言えば、化石燃料輸入国の貿易収支は大幅に改善し、輸出国の貿易収支は大幅に悪化する。と同時に、世界の貿易額全体が減少する。

　これを受けて、石油や石炭の関連企業の売り上げは激減する。多国籍企業の売り上げランキングでは、中国石油化工やロイヤル・ダッチ・シェル、エクソンモービル、サウジアラムコといった石油系企業が上位を占めるが、2050年にかけて、もちろんそれ以降も、存亡の危機に直面するだろう。商社や石油精製プラント会社も影響を受ける。

　化石燃料を置き換えるのは再エネであるが、再エネはバイオマスを除けば貿易の対象とならない。もちろん省エネも貿易されない[4]。電力や水素の貿易は新た

―――――――
3）尚、2050年の化石燃料の計4,989億ドルは、1995年の3,670億ドルより大きい。これは、化石燃料単価を約2倍で計算している要因が大きい。

に増えるが（次節）、自国での供給が基本となるため、化石燃料のような一方的な輸出入はあり得ず、エネルギー貿易額は明らかに減る。

　一方で太陽光パネルや風力タービン、蓄電池、EV といった関連製品の貿易は増大するだろう。これらに必要なレアメタルの貿易は増えるが、全体としては資源国よりも製造国や技術国が有利になる。また、これまでの製造国の中でも、グリーンイノベーションに取り組んできたかどうかで、新たな競争力格差が生じるだろう。

国際エネルギー輸送の減少

　第2に、化石燃料の国際輸送が減少する。石油やガスのパイプラインが不要になる。石炭運搬船、石油や LNG のタンカー、石油備蓄基地も不要になる。港湾施設や LNG 基地も変化が求められるだろう。石炭そのものだけでなく、これらの化石燃料関連設備も段階的に減らしていかなければ、座礁資産となる可能性が高い。

　海運会社やパイプライン会社も、基本的に負の影響を受ける。ガスのパイプラインが水素に使われたり、液化水素タンカー[5]が新たに運航されたりする余地はある[6]。しかしその規模は、現状より圧倒的に小さいだろう。

　再エネ自体は、バイオマスを除けば輸送されない。電力のみ輸出入が増大するため、次節で詳述する通り、国際送電網が大幅に増強されるだろう。太陽光パネルや風力タービン、EV、あるいは蓄電池といった製品の国際輸送は増えるだろうが、現在の輸送量（第2章第4節）の割合を考えれば、化石燃料を置き換えるには程遠いだろう。

化石燃料取引市場の衰退と電力取引市場の拡大

　第3に、国際エネルギー取引市場が衰退する。第3章第5節の通り、近年の石

4）高効率機器や断熱化の素材、デマンドレスポンスなどのサービスは輸出の対象になる。

5）水素を長距離海上輸送する場合には、気体の水素をマイナス253度まで冷却して液化した、液化水素船が使われると考えられている。例えば、以下の日経ビジネス（2019年12月11日）の記事を参照。https://business.nikkei.com/atcl/gen/19/00002/121000953/

6）オーストラリアで大量に賦存する褐炭から水素を生成し、船舶で輸送し、日本が輸入するといったプロジェクトが計画されている。

油はますます国際市場で取引されるようになっている。しかし、化石燃料市場は大きく規模を縮小し、先物取引も不要になるかもしれない。常に需給が緩み、投機が起こりにくくなり、価格変動が問題でなくなる。対照的に再エネは、燃料の一種であるバイオマスを除けば、市場取引の対象にならない。

　一方で、電力は巨大市場になる。前述のIRENA（2020a）の予測通りであれば、電化が進む結果、2050年に世界の発電電力量は2倍以上に増える。余剰再エネ電力はそれを上回る形で増えるため、他部門や他国の消費に供される。国境をまたいだ需給調整が日常的に行われるのである。既に北欧のノルドプールのような国際的な卸電力取引市場があるが、さらに規模が拡大し、多くの国が参加するようになるだろう。

　その輸出量はどの程度になるだろうか。現状の世界の輸出電力量は、発電電力量に対して2.83％と限定的であり、これは最先端の欧州の約4分の1に当たる[7]。このため表9の推計では、世界の電力貿易が欧州並みに拡大すると想定し[8]、2050年の輸出電力量を2016年の2倍（そもそもの供給増）×4倍（欧州並みの輸出率）＝8倍と推定した。その結果、卸電力取引価格を据え置くと[9]、電力の輸出額も8倍になる。

　この段階では、セクターカップリングが実現され、電力市場は電力部門に止まらず、運輸部門や水素市場とも繋がる。需給に応じて蓄電池への充電や水素変換、かつその逆がなされるため、この最適化を行うには、精緻な市場メカニズムの発揮が不可欠になる。そこでは、スマートメーターが標準装備され、デマンドレスポンスが日常的に発動されるだろう。それだけ高度で複雑で巨大な情報システムが必要になる。そのようなICTインフラ・サービスの市場も開ける。

7）2017年の世界の発電電力量25.721兆kWhに対し、輸出電力量は0.73兆kWhで、輸出率は2.83％である。電力貿易が盛んな欧州の輸出率は11％。IEA（2019c）。

8）尚、再エネ電力比率が現状の欧州の2倍以上になることを考えれば、輸出率はさらに高くなる可能性が高い。

9）再エネ電力は限界費用がゼロに近いため、これが増えるに従って、卸電力取引価格は下がることが見込まれる。これが変動性再エネのメリットオーダー効果であり、既にドイツなどでは価格低下が生じている。

レアメタル安全保障論

　貿易の対象となる鉱物資源のうち、エネルギー転換の時代に重要になるのは、レアメタルとレアアースであると言われる。O' Sullivan et al.（2017）でも指摘された、レアメタルの安全保障上の重要性について、考察する。

　レアメタルとは、リチウム、マンガン、クロム、コバルト、プラチナ、ニッケルなどの、流通量が非常に少ない非鉄金属を指す。さらにこれらレアメタルの中で、ネオジム、ジスプロシウム、イットリウムなどの希土類をレアアースという。太陽光パネルには、製造方式にもよるが、インジウム、ガリウムといったレアメタルが使われる。また風力発電機の永久磁石にはネオジムやジスプロシウムが、燃料電池にはプラチナやニッケルが、EV にも搭載されるリチウムイオン電池には、リチウムの他、マンガンやコバルトが使われる。

　このようにレアメタルは、エネルギー転換に不可欠な原材料と考えられるが、リチウムの年間生産量の75%をオーストラリアとチリの2カ国が、コバルトの54%をコンゴが占めるなど、偏在性が高いことが問題視されている[10]。石油の偏在性の問題が無くなる代わり、戦略的重要性の高いレアメタルが、外交的な争奪や輸出停止の対象になる可能性が指摘されている。「レアメタル安全保障」ということだろう。

　特にレアアースについては、中国政府が尖閣諸島の領有問題と関連させて対日輸出を制限したと2010年に報道され、経済安全保障上問題視された。元々世界のレアアースの生産は米国が中心であったが、中国が低価格販売によって1989年にこれを追い抜き、2011年には世界の供給量の97%を占めるようになった（経済産業省 2011: 246）。生産過程における放射性物質などの環境対策コストが先進国で増した結果、中国への生産の一極集中が進んだのである（**図54**）。

　中国は、1990年代には外貨獲得のためにレアアースの増産を進め、積極的に輸出してきたが、生産がほぼ独占状態になった2000年代には、輸出税を課したり輸出枠を設定したりするなど、輸出制限をかけるようになった（塚越 2015: 95-96）。そのような中で2010年9月に、尖閣諸島沖で中国漁船衝突事件が発生し、その直

---

10) 経産省ウェブサイト、「EV 普及のカギをにぎるレアメタル」。https://www.enecho.meti.go.jp/about/special/johoteikyo/ev_metal.html

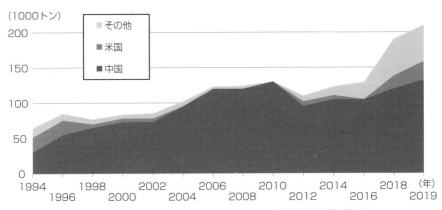

図54　レアアースの世界生産量の推移

(1000トン)

■ その他
■ 米国
■ 中国

200
150
100
50
0

1994　1998　2002　2006　2010　2014　2018　(年)
　　1996　2000　2004　2008　2012　2016　2019

出所：U.S. Geologocal Survey, Mineral Commodity Summaries, 各年版を基に筆者作成。

　後に中国の税関手続きが厳格化されたことで、レアアースの輸出が停滞し、価格も急騰したのである。

　この際には、那覇地検が中国人船長を解放したこともあり、約2カ月でレアアースの輸出制限が解かれた。しかし、本件は日本に経済安全保障上の強い懸念をもたらし、政府は米国[11]やEUとともに、2012年に不当な貿易制限措置として中国をWTOに提訴した。中国政府は、「環境保護と資源保全を目的とした措置」（経済産業省 2011: 250）と反論したが、貿易制限措置との日本政府の主張は全面的に認められた。敗訴した中国政府は、2015年1月にレアアースの輸出制限を撤廃した。

　今後この問題がどう展開するか、石油と同等の重みを持つ「経済的手段」として行使されるようになるか、断定するのは難しい。今後も注視する必要はあるものの、筆者は現時点では経済安全保障上の阻害要因にならないと考える。2010年の事件以降、日本政府はレアアースの輸入元の多角化を進め、米国は国内供給の再拡大を進めており、中国依存度は低下しつつある（図54）。また、「都市鉱山」という言葉があるが、廃家電などからレアメタルのリサイクルが進められている。

11）米国議会も、軍需製品に不可欠なレアアースの対中依存を国家安全保障上の問題と認識している。US GAO（2010）。

レアアースの使用量を減らしたモーターなどの開発も進められている[12]。これらの結果、2019年のレアアース生産量における中国の世界シェアは63％に低下した。埋蔵量で見れば、中国は第1位であるものの37％を占めるに止まり（U.S. Geologocal Survey 2020: 133）、市場価格次第では中国以外の生産量が更に増えると考えられる。

第4節　拡大する電力貿易

電力貿易の意義

前節の通り、エネルギーの輸出入が激減し、国際貿易や国際輸送に構造的な影響を与える中で、逆に貿易拡大が確実視される二次エネルギーが電力である。そもそも電力を輸出入することは、島国の日本には馴染みがない発想だが、世界では幅広く行われている。本節では、前節の続きとして、21世紀のエネルギー貿易の柱となる電力貿易について検討する。

どうして電力を貿易するのか。第1に、経済効率性を高めるからである。これは、あらゆる国際貿易に通じる考え方であるが、隣国により安くて質の高い財があれば、それを輸入した方が輸入国にも輸出国にも便益となる。輸入国では電気料金が下がり、輸出国では発電事業者が潤う。電力については、多くの国が一定の量を国内で発電しているため、絶対的に足りないという国は少ない。化石燃料と比べれば偏在性が低いが、それでも必需性は高いため、それを海外から安価に輸入できれば経済的なメリットは大きい。

第2に、電力貿易は安定供給に寄与するからである。電力分野では需給調整が極めて重要であるが、これを効果的に行うには、より広い地域で需要と供給のバランスを取れば良い。これが広域運用であり、地域を超えて、電力を融通し合うのである。2018年に北海道でブラックアウトが起きたが、一国内で大規模発電所が運転停止して供給力不足に陥った際に、隣国から電力を輸入できれば停電を回

---

12) 例えば、「トヨタ、モーター磁石でレアアース半減可能な技術開発」。日本経済新聞ウェブサイト（2018年2月20日）。https://www.nikkei.com/article/DGXMZO27149660Q8A220C1TJ1000/

避できる。農作物の場合にも、国際貿易による安定供給面での便益はあるが、電力は瞬時瞬時の需給バランスが要求されるため、他国からの供給ルートの存在は、国内供給体制上のリスクの観点から特に重要である。

第3に、第2の広域運用は、特に新興型再エネの変動対策として有効だからである。広域運用は、電源の種別に関係なく安定供給に寄与するが、風力や太陽光が電源の61％にまで増える時代（表8）には、特に効果的な手段となる。要するに、電化が進むエネルギー転換時代には、国際的な広域運用が不可欠であり、再エネ導入の重要な手段となる。このように考えると、電力貿易は3Eの全てを満たすことになる。

国際送電の現状と国際送電網

電力を国際輸送する手段は、国際送電である。国際送電はこれだけ有効であるから、かねてより世界各国で取り組まれてきた。**図55**の通り、特に欧州ではその割合が高く、自国内の発電電力量の11％を輸出し、ほぼ同量を輸入している。また、イタイプーダムを有するパラグアイのように、自国の発電電力量の過半を輸出する国もある[13]。中国や米国は輸出率・輸入率が低いが、そもそも国土面積が広い上に、自国内の発電電力量が大きいため、国内の地域間の取引の割合が大きくなるからである。尚、日本や韓国、オーストラリアなどは、国際送電をしていないため、輸出率・輸入率ともに0％である。

物理的・技術的には、国際送電は国際送電線を建設し、電力システムを接続することにより可能となる。国際送電網は国境を越える送電線のネットワークであり、陸上の場合と海底の場合があるが、いずれも技術的には国内送電網と変わりない。コスト面では、距離が長くなればなるほど、また一般に陸上より海底の方が、高くなる。日本には国際送電線は存在せず、電力貿易を行ったことはないが、津軽海峡にまたがる北本連系線（全長167km、地中部分43km）などの直流海底送電ケーブルの実績がある。

---

13) イタイプーダムは14GWの設備容量で世界第2位の規模を誇る。パラグアイとブラジルの共同所有だが、パラグアイの消費電力量（2017年：11.6TWh）は少ないため、発電電力量（2017年度：43.63TWh）の過半をブラジルやアルゼンチンへ輸出している。ブラジルの6％という輸入率はこれに依る。IEA（2019c）。

図55　主要国の電力輸出率・輸入率（2017年）

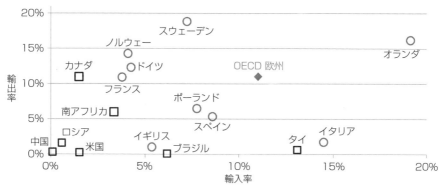

出所：IEA（2019c）を基に筆者作成。電力輸出率＝輸出電力量／発電電力量、電力輸入率＝輸入電力量／発電電力量。

　欧米でもかつては、米国とカナダの間、欧州大陸やスカンジナビア半島の内部など、陸上で国境を接する場合を中心に国際送電を行ってきたのであり、その歴史は電力の黎明期である20世紀初頭に遡る（Canadian Electricity Association 2016: 7）。一方で近年は、超高圧直流海底送電ケーブルなどの技術革新が目覚ましく、低コスト化が進んだため、スカンジナビア半島やイギリスと欧州大陸の間など、長距離の海底送電網の国境をまたいだ建設が活況を呈している。

欧州における電力貿易とエネルギー転換

　世界で最も電力貿易が盛んなのは、欧州である。エネルギー転換の先進地域である欧州では、近年国際送電が拡大している。輸出入の絶対量が増えるだけでなく、発電電力量に対する比率でも増加傾向にあり、前述の通り、欧州域内で輸出率も輸入率も約11％である（**図56**）。全世界での比率が2.8％に止まることと比べれば、欧州は電力貿易の先進地域と言える。

　その第１の理由は、EU としてエネルギー市場の国際統合を進めてきたからである。上記の電力貿易の３つの意義を追求し、と同時にエネルギー安全保障を集団的に実現するため、欧州は一貫して国際送電を拡大してきた。そのため国際送電網の建設は、域内の国際的インフラを構築するための Projects of Common Interest（PCI）の対象とされ、欧州委員会から補助金が拠出されている[14]。経

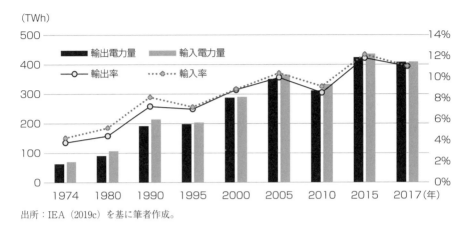

図56　OECD 欧州の電力輸出入の推移

(TWh)

出所：IEA（2019c）を基に筆者作成。

済相互依存を高めることが、安全保障の確保につながると考えているのである。

　第２の理由は、前述の通り、電力貿易が再エネの変動対策に有効だからである。世界で最も変動性再エネの導入が進む地域として、他国に先んじてエネルギー転換時代の国際送電インフラを整備し、その広域運用手法を獲得しようという意図が働いている。それは、他国に輸出するグリーンイノベーションという産業政策としても期待されている。

　今後2050年にかけて、化石燃料の貿易が激減するのと反比例するように、電力貿易、即ち国際送電が拡大するだろう。本章第１節の通り、エネルギー転換の時代には電化が進み、2050年に発電電力量は２倍に増える。それらの86％は再エネ起源であり、かつ出力変動を伴う新興型が66％に達する（表８）。セクターカップリングが必要なほどの量であるから、当然国境を越えた電力貿易による需給調整は必須である（表９）。現時点で電力の貿易額は、石油や天然ガスと比べて圧倒的に小さく、拡大の余地は大きい。だからこそ、前節では電力の貿易量・貿易額が８倍に増えると想定したのである。

14）欧州委員会の PCI については、以下を参照されたい。https://ec.europa.eu/energy/topic
　s/infrastructure/projects-common-interest/key-cross-border-infrastructure-projects_en

電力の安全保障

　電化社会への移行が進み、電力貿易が拡大すると、電力が経済安全保障上の争いの対象になるかもしれない。石油や天然ガスに代わって電力が、政治的な輸出停止の対象になったり、国際送電網の建設において、ノルドストリーム2の事例（第3章第7節）のような、政治的意図からの対立が生じたりするかもしれない。しかし筆者は、その可能性は低いと考える。

　それは第1に、電気事業では本質的に自国内での生産（発電）量が多くを占め、他国への依存度が低いからである。図55の通り、自国内の消費電力量の大半を輸入に頼っている国はほぼない[15]。スイス、デンマーク、オーストリアなどは輸入率が高い（30〜50%）が、それはこれらの国々が電力貿易のハブになっている小規模国だからであり、輸出率も同様に高い。EUのように、エネルギー安全保障を集団的に実現しようと考えている地域では、今後は輸入率のみが高い国も現れるかもしれないが、多くの国は実質輸入率を抑えようとするのではないか。有るか無いかの二者択一的な化石燃料と異なり、電力は様々な手段（電源）によって自ら作り出すことができる二次エネルギーであり、エネルギー安全保障上のリスクが低いのである。

　第2に、特に新興型再エネ電力が中心となるエネルギー転換の時代には、出力変動対策として双方向の輸出入が不可欠だからである。今後各国で変動電源の割合が高まるにつれて、供給力が豊富で輸出超過の国であっても時間帯によっては需給調整が難しくなる。風力発電大国のデンマークと水力発電大国のノルウェーのように、出来るだけ電源ミックスが異なる国同士が、日時に応じて双方向で貿易することが理想的である。経済的観点だけでなく安定供給の観点からも相互依存が進む環境下で、政治的意図から一方的に輸出停止するのは得策でない。純輸出国であっても、輸入が必要な時が少なからずあるからである。

　要するに、電力の安全保障は、化石燃料の安全保障とは構造的に異なる。電力は、まず自国内で大部分を確保した上で、残余部分の相互調整のために貿易を行う。一方向の貿易に基づく非対称な関係でなく、双方向で真に相互依存的な国際関係を醸成する。再エネ自体が安全保障上の懸念が低い上に、その電力を増やせ

15）世界最小でローマ市と一体化しているバチカン市国のような特別な事例を除く。

ば増やすほど、変動対策としても国家と国家は貿易を通して協調的にならざるを得ないのである。

それでも電力の安全保障を高めるために、いくつかの対策が考えられる。第1に、電力の自給率を下げ過ぎないように留意することである。第2にEUのように、友好国間で市場統合を制度的に進めれば、一国の自給率が下がっても問題ないだろう。第3に国際送電網を建設する際には、複数のルートを確保することも重要である。一国から政治的な輸出停止を受けても、他国からの輸入を拡大して対応できる。そのような状況下では、輸出停止の効果が減殺され、輸出停止の意味がなくなる。

水素エネルギーの貿易

本節の最後に、今後エネルギー貿易の対象となる水素の貿易について考察したい。第5章第2節の通り、近年エネルギーとしての水素への期待が高まっている。欧州では、再エネ電力がエネルギー転換時代の柱になり、水素は産業部門を中心に補完的な役割を果たすとの考えが一般的だが、むしろ水素そのものが中心的な役割を担う、「水素社会」といった意見も日本では根強い。2020年時点で水素エネルギーは商業的な貿易の対象となっていないが[16]、2050年のエネルギーミックスの内、約半分が電力になり、残りは電力以外ということであるから、ここに水素が含まれ、その一部は貿易の対象になる。2050年に水素がどの程度貿易されるかは、現在皆無であるだけに不確実性が高い予測にならざるを得ないが、いくつかの試算を手掛かりにしたい。

まず、そもそもの水素エネルギーの消費量は、第6章第1節の2050年の予測では、世界全体でグリーン水素がエネルギーミックスの5％、ブルー水素が2.5％とされている（IRENA 2020a）。この中では貿易量について明記されていないが、エネルギー全体の7.5％以下であることは間違いない。

次に、近年PtXの受け手として水素への注目が高まっているドイツでは、2020年に国家水素戦略が発表された（Federal Ministry for Economic Affairs and

---

16) 2015年時点で、国内の水素供給は150億 Nm^3 であり、石油精製過程における副生水素の自家消費が大半を占めている。産業ガスとしての外販は2億 Nm^3 に過ぎない。新エネルギー・産業技術総合開発機構（2015：83）。

Energy 2020)。これによれば、2030年に90～110TWh の水素が必要だが、この内国内で再エネ電力から生産できるのは14TWh に止まり、大半はグリーン水素の輸入になるという。2017年のドイツの発電電力量は654TWh（IEA 2019c）であり、電化が進むため今後増える可能性が高いが、水素輸入量（76～96TWh）も2050年に向けてさらに増えるだろう。そのため、単純に2030年の水素輸入量を現在の発電電力量で割った11.6～14.7％が、2050年にも維持されるとすれば、電化率が50％の下では、エネルギー全体では半分の割合になるため、エネルギーミックスとしての輸入水素は5.8～7.4％となる。

　最後に、グリーン水素の国内生産よりも海外からのブルー水素の輸入を重視している日本政府は、菅義偉首相のカーボン・ニュートラル宣言（第7章第3節）を受けて、2030年時点の水素利用量の目標を、これまでの30万トンから1000万トンに引き上げる方向という（日本経済新聞、2020年12月8日）。これは、国内の発電設備容量の1割強に相当するという。ここでは、2050年の目標は不明だが、仮に2030年の4倍になるとし、発電電力量として流用すると、エネルギーミックスとしては（電化率50％とすれば）20％となる。これは水素の国内消費量なので、貿易量は20％以下となる。

　以上をまとめると、2050年の水素貿易量は、世界とドイツで数％、日本で10％台になりそうである。現在の化石燃料の輸入割合と比べれば、限定的である。またこの数値は、国内生産か海外生産か、グリーン水素かブルー水素かの選択に応じて、大きく変わることに注意が必要である。日本のような化石燃料に乏しい国にとっては、グリーン水素の国内生産がエネルギー安全保障上最も優れることは、言うまでもない。

第5節　エネルギーを争奪しない国際政治

エネルギー安全保障概念の消滅

　エネルギー転換が国際経済にこれだけの影響を与えるならば、必然的に国際政治にも影響を与えるだろう。一言で言えば、エネルギー安全保障の概念が消滅する。

　再エネは国内外のどこにでもあり、まずは国内で自力開発するため、これを国

家政府が争奪する必要がなくなる。エネルギーは水資源のような財になり、引き続き経済社会全般に必要不可欠だが、価格は付かない。エネルギーは経済安全保障の対象でなくなるのである。

　そうすると、国際政治に大きな影響が及ぶ。エネルギーの戦略的重要性が下がった結果、エネルギーを巡る対立が減少する。シーレーン防衛の重要性が下がり、石油危機もホルムズ海峡危機も起きなくなる。消費国は取り立てて「防御」する必要はなく、資源国は経済的手段として「行使」できなくなる。消費国と資源国の関係は疎遠になり、米国や日本は中東に関与しなくなるかもしれない。そもそも貿易しないのだから、地政学的リスクから解放されるのである。

　国家政府にとってエネルギー問題とは、国内の供給体制の整備と運営の監視の問題になる。自給率を気にする必要がなくなり、気候変動問題や大気汚染問題も改善に向かう。再エネが国内で開発され、その電力が他の消費部門も含めて適切に取引されるような市場制度を整備し、その健全な運営を監視することが、政府の主要な役割になる。まずは国内問題であり、補完的に国際協調が必要になる。

　国際協調が特に必要なのは、電力貿易である。電力は、欧州のようにまずは地域的に貿易されるだろう。海底送電ケーブルが安くなったとは言え、日本が中東の砂漠から太陽光の電力を輸入するのは、21世紀前半にはないだろう。これまで電力貿易が盛んでなかった東アジアやアフリカでも、地域単位で国際送電網が構築され、そのための国際交渉が行われるだろう。

エネルギー転換の各国への影響

　上記の総論的な影響は、各国の置かれた立場に応じて異なる。エネルギー転換の影響を具体的に考えるため、化石燃料の輸出入を巡る立場を4つに分類し、各国政府の反応を検討したい。

　図57は、化石燃料の輸出国と輸入国を、先進国か発展途上国かで4分類している。第1象限は、日本やドイツ、フランスのような、化石燃料を大量に輸入している先進輸入国である。第4象限は、ノルウェーやカナダのような、先進輸出国であり、米国も近年第1象限から第4象限へ移ってきている。第2象限は、中国やインドのように輸入に大いに依存している発展途上輸入国である。第3象限は、中東諸国やナイジェリアのように、モノカルチャー的な発展途上輸出国である。ロシアもここに入るだろう。

図57　エネルギー転換における各国の立場

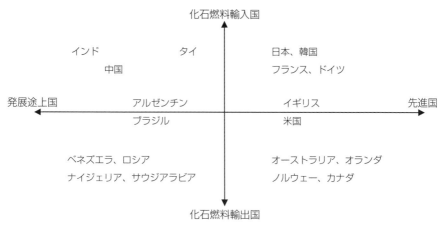

出所：筆者作成。

　第1象限の化石燃料を持たない先進国は、エネルギー転換から最も恩恵を受ける。産油国への多額の燃料費の支払いが激減し、国際収支が大幅に改善する。元々経済的に豊かな国々が多いが、エネルギー転換関連の技術的な覇権を握ることができれば、新たな製品やサービスの輸出を増やすこともできる。エネルギー自給率が向上するため、安全保障上のリスクも減る。ドイツなどの欧州諸国がエネルギー転換を主導するのは、これらが背景にある。エネルギー転換の先導者と言えよう。

　第4象限の先進輸出国は、化石燃料という主要輸出産品を失うという負の影響を受ける。このため、エネルギー転換関連を含む他の産業部門の強化が急がれる。政治的には、気候変動対策に熱心な国も多く、その可能性がないわけではない。カナダが脱石炭火力を宣言したり、ノルウェーが膨大な水力発電の能力を活かして、欧州大陸と国際送電網を強化したりするなど、先を見越してエネルギー転換に適応する動きも見られる。

　米国は、元々化石燃料輸出に大きく依存しておらず、エネルギー産業を含む幅広い分野に競争力を持つため、エネルギー転換時代にも十分に適応できると思われる。中東への関与を減らせるなど、国家安全保障上の自由度が高まる利点も大きい。気候変動レジームの機能という観点からも、中国との覇権争いという観点

からも、バイデン新政権での政策変更が待たれる。

　発展途上国の中でも第2象限の化石燃料輸入国は、大いに経済的な便益を受ける。アフリカやアジアの非産油国は、化石燃料の輸入に対する支払い負担が大きく、それが経済発展の妨げになっている場合があった。そのような制約から解放される上、太陽光などの分散型エネルギーの普及により、過疎地のエネルギー・アクセスの向上が期待され、貧困の解消にも寄与する。エネルギー安全保障の観点から政治的なプラスが大きいが、その機会をどの程度活かせるかは、それら国々の政府や企業の対応に依るだろう。「リープフロッグ」という言葉があるが、技術革新が目まぐるしい時代に、特定の発展途上国の企業がエネルギー分野で飛躍する可能性もある。

　例えばインド政府は、太陽エネルギーの普及拡大に向けた協力のため、International Solar Alliance（ISA：国際太陽光同盟）を、2015年のCOP21パリ会議の際に立ち上げた。これは、ナレンドラ・モディ首相の提唱にフランスのオランド大統領が応じる形で、熱帯地方の国々を中心に86カ国が署名した、条約に基づく国際機関である[17]。2030年までに太陽光発電へ1兆ドルの投資を実現することを目指している。インド政府は、自国内で2022年までに100GWの太陽光発電を導入する目標を持っており、エネルギー転換時代の国家政府による主導権争いの側面もありそうだ。中国も同様の戦略から、エネルギー転換時代に一気に先進国に躍り出ることを狙っている。そのような戦略的目標を定めて動いている国に対して、貧困や腐敗の中でこの機会を十分に活かせない国もあるだろう。

　最後に、最も負の影響を大きく受けるのは、第3象限の発展途上輸出国だろう。これらの国々は、モノカルチャー的に化石燃料の輸出に国庫収入の多くを依存しており、その不労所得を権威主義体制側が独占することで、権力基盤を維持してきた。その収入で自らの支持基盤に利益供与したり、軍備を整えたりすることができた。しかしSecurity of Demandを損うことで、外交的な影響力を失う上、経済全般が停滞してその権力基盤が崩れれば、政治的に大きく不安定化する。近年イランは米国などからの経済制裁により、外交的に孤立するだけでなく内政も不安定化しているが、同様のことが世界各地で起こる可能性が高い。

　他方で国全体として見れば、構造改革のチャンスと言えなくもない。ル・ビヨ

17）International Solar Alliance, ウェブサイト。https://isolaralliance.org/about/background

ンの議論（第2章第3節）を敷衍すれば、再エネは広範な地域に渡る「分散型」
資源であるから、国家的統制の対象になりにくく、大衆的な運動の結果、石油に
依存する「資源の呪い」から抜け出すことはあり得る。サウジアラビアのムハン
マド皇太子は構造改革を目指しているわけだが、権威主義体制だから大胆な改革
ができる側面がある一方で、権威主義体制のままで分散型の改革ができるのかと
いう疑問も湧く。これを機に権威主義体制が民主主義体制に改まる可能性もある
が、そのような移行を平和裡に行った例は少なく、その道のりは平坦とは言えな
いだろう。

国際レジームの変容

　エネルギー転換は国際レジームにも変容を迫る。化石燃料時代に形成されたエ
ネルギー関連の国際レジームは、「持てる者」の集まりと「持たざる者」の集ま
りの並存と対立であった。エネルギー転換により、OPEC などの化石燃料を軸
とした国際レジームは不要になるだろう。「政治的行使」が不可能、あるいは
「防御的確保」が不要になり、エネルギー安全保障問題がなくなるからである。
　IAEA を含む NPT レジームは、今後も続くだろう。それは何よりも核兵器が
続くからであり、また原発も世界的に見れば、2050年までに無くなるとは思えな
いからである。ここでは、核兵器保有国と非保有国という非対称な関係の下で核
軍縮を進めるという構図が、維持されることになる[18]。
　エネルギー転換の時代に大きく力を得るのは、気候変動レジームである。エネ
ルギー転換が進むことは、気候安全保障が改善されることを意味し、気候変動枠
組条約を柱とする国際レジームが、より協調的に機能することを意味する。第4
章で説明した通り、これまで気候変動レジームは、様々な対立により十分に役割
を果たしてきたとは言い難い。しかし各国からより高い削減目標が提示され、先
進国による発展途上国の技術支援が促進されるなど、より協調的に気候危機を解
決するような試みが進むかもしれない。
　エネルギー転換時代には、再エネを巡る協力が不可欠になる。インド政府が始
めた ISA は、そのような国際レジームの先駆けとなるかもしれない。特に変動
性再エネは相互依存的な電力貿易を必要とするため、電力貿易を巡る新たな国際

18）もっとも純粋に国際政治上の観点から NPT レジームが変容する可能性はある。

レジームが形成される可能性がある。EUが政策的にも国際送電を進めていることは、前節で触れた。この際、取引ルールや技術的な接続性の調整が不可欠であり、それは域内市場統合という共通の方向性の下で推進力を得る。東南アジア諸国連合（ASEAN）でも、"ASEAN Power Grid" といった地域的な国際送電網を増強・構築する構想が進められている。東アジアでも中国が国際送電網の構築を呼びかけており（第7章第4節）、将来的には世界的規模で電力貿易の国際レジームが立ち上がるかもしれない。

　一般に国際レジーム論では、覇権国の意向が重要と言われる。IMFやWTOの前身であるGATT（関税貿易一般協定）は米国が形成したレジームであり、国際公共財の提供に寄与するとともに、米国の意向が反映されてきた。現時点では、欧州や中国がエネルギー転換時代のエネルギー・レジームを先導しているように見える。ここに米国のバイデン政権がどう関与してくるかが、今後の動向を左右するだろう。

リベラリズムのエネルギー転換論

　こうして国際政治関係は、少なくともエネルギーを巡る分野では、非対称から相互依存へ、対立から協調へと、構造的な変化を遂げるだろう。

　ここでのポイントは、エネルギーが化石燃料から再エネへと置き換わるだけでなく、その再エネ自体の中に、プラス・サムになる特徴があることである。化石燃料とは異なり、地政学的リスクも地質学的リスクも下がり、エネルギーへの依存度が対称的になる。関連製品の貿易量は増えるが、輸出国を動かしようがない化石燃料と比べれば、製品や部品の特徴に応じてグローバルな国際分業が可能であるし、技術移転も起こり得る。

　また、再エネの多様性と一定の地域偏在性も相互依存を促す。地域によって再エネに「格差」があるからこそ、需給調整のために国境を超えた電力貿易を行わざるを得ない。ノルウェーの水力とデンマークの風力は、明らかな「格差」であるし、同じ太陽光だとしても、ドイツとフランスの間で時間帯に応じて発電電力量の「格差」が生じる。日によって季節によって、輸出国と輸入国が入れ替わる形の貿易において、安定供給のために相互依存が促され、電力の政治的な輸出停止は難しくなる。エネルギーの集団安全保障が促進されるのである。

　このように考えると、エネルギー転換論とは、国際政治学のリベラリズムに基

づいていることが分かる。化石燃料から再エネへの転換という現状改革的な発想
であり、相互依存論を肯定する。国家政府の役割だけでなく、国際機関や多国籍
企業、NGO や地域社会の多様な役割を評価し、対立や紛争より協調に期待する。
化石燃料の有無に決定付けられるゼロ・サム的国際関係から、自国の再エネを基
盤とするプラス・サム的国際関係への移行を展望する。

　だからこそエネルギー転換論は、リアリズムからの批判を受けやすい。再エネ
に頼るのは非現実的で、理想主義的に過ぎるというのである。レアメタルや国際
送電への安全保障上の懸念も同根であろう。あるいは、そもそもエネルギー問題
はハイ・ポリティクスではないという、古典的な批判もあるかもしれない。

　本書では、化石燃料を巡る問題が、安全保障を左右する戦略的重要性の高い案
件であることを第 3 章で説明し、エネルギー転換が非現実的でないことを第 4
章・第 5 章で説明した。エネルギー転換を国際政治経済学的に解釈すれば、エネ
ルギーを巡る国際関係のリベラリズム的進化という結論に到達する。

自国第一主義を超越できるか

　エネルギー転換が、エネルギー分野の国際関係をリベラリズム的に進化させる
と言うからには、リベラリズム的な国際情勢であることが望ましい。多様な国家
が再エネを巡って能動的に協調し、相互依存関係が深まるような良好な国際環境
があれば、筆者の主張に説得力が増すはずだ。

　しかし残念ながら、近年リベラリズムの人気は芳しくない。自国第一主義が幅
を利かせているからである。西側先進国の盟主である米国でトランプ政権が 4 年
間続き、欧州ではイギリスが EU を離脱（Brexit）し、フランスやドイツでも極
右勢力が台頭している。米中対立は、貿易摩擦から経済安全保障へ、更に覇権争
いへと領域を拡大している。このような国際環境の下では、各国政府はゼロ・サ
ム的な思考に陥りやすく、再エネを巡って協調姿勢は生まれないのではないか。
そのような批判があり得るだろう。

　これに対する筆者からの反論は 2 つ考えられる。第 1 に、気候危機の脅威であ
る。この「マイナス・サム」（第 4 章第 3 節）の世界的課題顕在化に対して、世
界は協調せざるを得ない。確かにトランプ政権は、自国第一主義の立場からパリ
協定を離脱したが、2020年のカリフォルニア州の大規模な山火事を見ても、気候
危機への対応は待った無しの状態にある。民主党のバイデン政権では、米国の姿

勢は確実に変わるだろう。

　第2に、実はエネルギー転換自体は自国第一主義でも進められる。自国のエネルギー自給のために、再エネを導入して省エネを促進するのは、可能であるし合理的である。エネルギー転換は「分散型」であるから、まずは各国が最大限自国内で努力することが求められる。経済のグローバリズムというより、ローカリズムに基づく部分が大きく、リアリズム的な国際環境と相容れないわけではない。

　覇権安定論的に言えば、米国と中国の覇権をかけた争いが、エネルギー分野でも始まっているのだろう。しかし、両国が気候危機という共通する脅威に対して足並みを揃えれば、協調の機運が生まれる。それだけで自国第一主義自体が無くなるとは言わないが、エネルギー分野に限れば、協調的な関係の醸成に寄与する可能性は十分にある。

第6節　エネルギー転換の課題

エネルギー転換の不確実性

　自国第一主義以外にも、本章で議論してきたエネルギー転換時代の展望について、楽観的過ぎると考える読者は少なくないだろう。以下では、エネルギー転換自体の不確実性やこれが実現しないシナリオについて考えてみたい。

　エネルギー転換自体に不確実性や技術的障壁があるのは事実である。これをどの程度に考えるかによっては、本書の前提が崩れることも認めざるを得ない。もちろん筆者は、十分に実現可能と考えているが、不確実性を挙げておきたい。

　第1に、エネルギー転換の実現には、多岐にわたる技術革新が必要とされる。特に様々な機器やシステムのコスト低減は急務である。太陽光パネルや風力発電機は確かに低コスト化が進んだが、更なる低減が求められる。発電機以外にも、大型蓄電池やEVはセクターカップリングに不可欠な受け手であるが、未だコストが高い。さらに、電気分解装置、燃料電池、水素タンカーなど、現時点では商業ベースに乗っていないがエネルギー転換に不可欠な機器や設備は数多い。これらの低コスト化が遅れれば、エネルギー転換も遅れる。

　第2に、インフラの再構築や産業構造の転換には、莫大な費用がかかる。利害関係も複雑で、調整に長期間を要する。例えば、いわゆる「水素社会」を実現す

るには、水素を供給する物理的インフラが必要だが、安全性の問題などもあり、特にガス・パイプラインが整備されていない日本では、数年間で整備できるような話ではない。物理的なインフラだけでなく、電力部門と運輸部門をつなぐ市場設計も容易ではない。ICTを高度に活用してIoTの世界を創るという発想は良いが、具体的な設計はこれからで、試行錯誤が続くだろう。本書では一先ず2050年という目標を置いて議論しているが、2050年以降も化石燃料が使い続けられるかもしれないし、エネルギー転換が実現するにしても、遅れる可能性がある。

エネルギー転換が実現しないシナリオ

では、本書が予測するような形で、再エネと省エネを柱としたエネルギー転換が実現しない場合に、どのようなシナリオが考えられるのだろうか。

第1に、エネルギー転換が進まず、気候危機が現状のまま放置される、むしろ悪化する可能性がある。未だに一次エネルギー供給の8割を化石燃料に依存している現実、これを構造転換することに対する既存産業界などの反対、2度目標すら実現できそうもない各国の取り組み状況を見ていると、このシナリオの可能性が最も高いようにすら思われる。

この場合には、エネルギー転換自体が起きないのだから、化石燃料の時代は続き、エネルギー安全保障の問題は解消されない。国際政治経済関係は現状から構造的には変わらず、産油国と消費国の対立や資源獲得競争も続く。その上に気候危機を巡る対立が増えるだろう。今後の国際秩序を考える上では、米中対立が軸となるだろうが、化石燃料の観点からすれば世界最大の産油・産ガス国である米国に優位性がある。だから中国はエネルギー転換を急いでいるのだが、この現状放置シナリオの場合は、化石燃料が豊富な米国にプラスが大きいだろう。ただ、地球環境にとって大きなマイナスであることは間違いなく、気候安全保障は全ての国にとって悪化する。

第2に、気候変動対策は進むものの、本書で説明したエネルギー転換とは異なる対策による可能性がある。それは、再エネではなく原子力に大いに頼る場合、化石燃料を使い続けるもののCCS・CCUSを大規模に併用する場合の2つが考えられる（第4章第5節）。

原子力を主力とする場合は、化石燃料と比べればエネルギー安全保障上の脆弱性は改善されるが、ウランという偏在する枯渇性資源に依存する点は変わらない。

国際政治経済面では、原子力産業をどの国が擁するか、核不拡散問題がどうなるかといった点が重要になるが、既存の国際関係の延長線上の構図になるだろう。

CCS・CCUS を併用する場合は、化石燃料を大量に使い続けるこれまでと変わらない世界を意味する。したがって、気候安全保障は改善されているかもしれないが、エネルギー安全保障上の問題は変わらず、国際関係も本質的には変化しない。CCS・CCUS の技術やノウハウを確立した国は、これを輸出することで、経済的に優位に立てるかもしれない。

このように 2 つの技術的選択肢がありうるし、これらを力説する論者もいるものの、筆者はいずれも突出する可能性は低いと考える。それは、いずれも気候変動問題に対する一定の対策になる可能性はあるものの、コストが高く、持続可能とは言えないからである。気候変動以外の環境適合性や社会的受容性という観点からも、疑問符が付く。また原子力の場合には、技術面からも投資費用面からも、これからエネルギー需要が拡大する発展途上国に大量の新増設ができるとは思えない。これら 2 つの選択肢は、再エネの大量導入と補完的・限定的に組み合わせる形になるというのが、筆者の見立てである。

エネルギー転換時代の課題

本章の最後に、エネルギー転換が本書の想定の方向に上手く進んだ場合にも、いくつかの課題があることを付言しておきたい。エネルギー転換は何もかもバラ色の世界ではない。これは、前出の Overland（2019）の議論が参考になる。

第 1 に、エネルギーシステムの電化が進み、再エネ電力にエネルギー消費の多くを依存することによるリスクである。危機管理の要諦はリスク分散であるが、電力以外の二次エネルギーを余り利用しなくなることで、電力への集中度が高まる。例えば2011年の東日本大震災の時にも、停電に対してオール電化住宅は弱いことが指摘されたが、電化社会で大規模停電が起きれば、電車だけでなく EV も動かなくなる。だからエネルギー貯蔵が重要なわけだが、そもそも大規模停電が起きにくいよう、地域の太陽光発電と蓄電池を組み合わせるなどした、分散型のエネルギーシステムを構築する必要があろう。

第 2 に、再エネ関連のレアメタルを巡る対立のリスクが高まることは、本章第 3 節で触れた。これらの産出国であるコンゴやチリが中東諸国に取って代わり、輸出停止措置や資源獲得競争も起きるかもしれない。資源のリサイクルや代替物

の技術的可能性があるため、現時点では必ずしも危険性が高いとは言えないが、国際政治経済面からも留意する必要はあろう。

　第 3 に、電力貿易の重要性が高まり、電力輸出や国際送電網を巡る対立が起きる可能性がある。これまでも国際ガス・パイプラインの建設を巡って、東欧や中央アジアにおいて対立が起きてきたが、今後は世界中を覆うようになる国際送電網について、同様のことが起こり得る。前節では、電力貿易が政治的に利用される可能性は低いと指摘したが、それでも国際送電網の戦略的重要性が高まることは間違いなく、注視が必要であろう[19]。

　第 4 に、上記とも関連してサイバーセキュリティの重要性が高まる。拡張される国内外の送電網のみならず、運輸部門や産業部門と接続するインフラなどは、全て ICT で運営・管理される。これがサイバー攻撃を受ければ、経済社会の広い範囲に甚大な影響が及ぶ。既存の送電網は大規模かつ集中的な運用と言えるため、このようなリスクは低くない。そのため、地域限定のマイクロ・グリッドを組み合わせた、分散型のネットワークの構築を進めることで、サイバー攻撃に対して強靭性を増す余地がある。

　第 5 に、エネルギー転換がもたらす構造変化に対応できない層の存在である。例えば、石炭関連の労働者や企業は、よほど適切に対応しなければ、失業や破綻に陥る。「座礁資産」に触れたが、そのような負の影響は既存業界に広く及ぶだろう。Just transition（「公正なる移行」）という言葉があるが、エネルギー転換が全体最適をもたらすとしても、そのような不利益を被る層を放置することは、社会秩序に悪影響を与えるかもしれない。

　本章第 5 節で、エネルギー転換による中東の産油国への悪影響に触れたが、これは国際的な Just transition の問題と言えるだろう。IRENA（2020a）の将来予測でも、エネルギー転換の地域的影響には幅がある。各地域の2050年の GDP を見ると、「予定政策シナリオ」の場合と「エネルギー転換シナリオ」の場合の比較において、欧州は7.4％のプラスであるのに対して、中東・北アフリカは2.5％のマイナスであった。マイナスの地域はエネルギー転換に反対するだろうし、そうでなくても何らかの緩和メカニズムは必要であろう。

19）例えば、中国の国営送電会社国家電網による、オーストラリアの国営送電会社 Ausgrid の株式取得において、2016年にオーストラリア政府は国益の観点から拒否権を発動した。

第 7 章

日本から見たエネルギー転換

　第 4 章から第 6 章まで、各国のエネルギー転換とそれによる国際政治経済関係の構造変化の可能性について議論してきた。一部は欧州で起き始めており、中国のように先んじて対応しようとしている新興国もある。まだエネルギー転換には不確実性が高く、化石燃料の関係企業からの反対もあるが、ここ 5 年程度の間に世界の、少なくとも先進国の風向きは明らかに変わってきた。それに当てはまらないのが、日本である。

　本書の最後に本章では、日本から見たエネルギー転換について考える。日本は先進国の中でもエネルギー自給率が特に低く（図11）、「資源小国」などと呼ばれるため、再エネと省エネを柱としたエネルギー転換の恩恵が最も大きい国である。にも関わらず、福島原発事故を経験した日本が、どうしてエネルギー転換に取り組まないのか、歴史的経緯を振り返りつつ考察する。

第 1 節　戦後日本のエネルギー情勢と化石燃料の海外依存

「資源小国」日本

　日本は「資源小国」と呼ばれる[1]。 3 つの化石燃料全てについて、99％以上を輸入に依存している。エネルギー自給率は20％弱で、ほぼ原子力と水力の 2 つがカウントされるだけだったが、福島原発事故により原発が停止したため、2011年

---

1 ）例えば、参議院資源エネルギーに関する調査会（2018年 4 月18日）において、村瀬佳史資源エネルギー庁電力・ガス事業部長は、「我が国は 9 割以上を海外に依存する資源小国でございます」と発言している。

以降は10％を切るに至った（図11）。これはエネルギー安全保障上危機的状況であり、日本のような規模の先進国では他に存在しない。

　日本も戦前は、全国各地に石狩炭田や常磐炭田、三池炭田などの炭鉱を有し、石炭を海外へ輸出していた。戦後復興の傾斜生産方式においては、国内の石炭を集中的に活用して輸出用の鉄鋼の増産を進めた。しかし石油は決定的に足りず、対米開戦に至ったことは、第3章第2節で触れた。

　その後、国内炭が中東などの石油に比して割高になる中で、日本政府が1962年に原油の輸入を自由化したことで、石炭は石油に一気に取って代わられる。これが、1960年代の流体革命（エネルギー革命）である。これにより、国内の石炭産業の衰退は決定的となった。この政府の決断は、外貨割当制度を廃止して貿易自由化の世界的潮流に従うという国際協調的な目的もあったが、日本がエネルギー自給率を高めることを諦めたことを意味していた。

　1962年に通商産業省の産業構造調査会に総合エネルギー部会が設置され、1963年12月に「日本最初の体系的な総合エネルギー政策」が提言された（エネオス第2章第5節）。ここでは、エネルギー政策の方向性として、「エネルギー安全保障策の推進」が明記された。その具体策は、海外の原油自主開発の拡大であり、その母体として1967年に石油開発事業団が設立された。当時の方針は、自国のエネルギーを利用するのでなく、海外の石油に依存していくということだったのである。それは、当時の石油の輸入環境について、楽観的な見方が支配していたからであろう[2]。

1970年代の石油危機の衝撃

　第2章第4節で詳述した石油危機は、脆弱な日本のエネルギー安全保障環境を直撃した。デパートのエスカレーターの運転中止やガソリンスタンドの日曜休業、深夜のテレビ放送の中止など、消費生活への影響は大きく、内需が落ち込んだ。戦後続いた高度経済成長は、石油危機をもって終焉したと言われており、エネルギー安全保障の重要性が痛感された。

　これを受けて日本政府は、石油備蓄の確保、石油の石炭や天然ガスによる代替、

2）石油輸入自由化を実施する石油業法案に関する1962年の第40回国会における審議では、中東などからの安定供給に関する懸念などの議論はほぼなされていない。

図58　日本の一次エネルギー供給量の推移

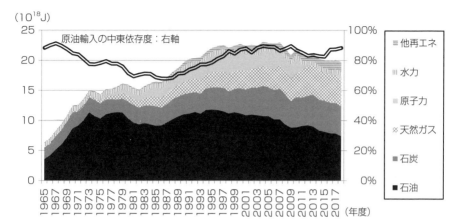

出所：資源エネルギー庁（2020）を基に筆者作成。

石油輸入元の多様化などを推進した。省エネの推進や原子力開発も強化した。資源エネルギー庁が設置されたのは、1973年である。エネルギー安全保障が、エネルギー政策に止まらず、政府の最重要課題と認識されたのである。

　その結果、1980年代前半には、確かにエネルギー消費の絶対量が抑制され、石油の消費減分を天然ガスや原子力の拡大で補った（**図58**）。一方で、1990年代以降主として発電用の石炭が増えたことは、気候変動政策上はマイナスに働いた。また、エネルギー消費量も1980年代後半から増え始め、2000年代に至る。石油の割合は漸減傾向にあるものの、原油輸入の中東依存度は、2018年に88％と1973年より上昇した。

　1980年代に向上したエネルギー安全保障の状況が、その後悪化したのは、「喉元過ぎれば……」という事情が大きいだろう。確かに石油取引の国際市場化が進み、石油価格が低下したため、エネルギー安全保障上の懸念は薄れた。こうして日本政府はエネルギー安全保障環境の抜本的改善を図ることができない中で、2000年代に入ると新興国の台頭により資源獲得競争が起き、化石燃料価格は高騰した。一方で気候変動問題が顕在化したため、日本のエネルギー情勢は厳しい状態が続いた。3E の全てにおいて、多くの先進国に劣っていたのである。

日本のエネルギー外交

　日本のエネルギー分野における政府の外交的活動が、「エネルギー外交」あるいは「資源外交」である。外務省経済安全保障課が編集した資料「日本のエネルギー外交」によれば、様々な外交的ツールを活用して、3E＋Sの政策目標を達成するための取り組みを推進している。

　それらは第1に、「国際的フォーラムやルールの活用」であり、IEAやIRENAなどの国際機関への協力、G7やAPEC（アジア太平洋経済協力）などの場での議論に参画している。これらは国際レジームへの参画に該当する。第2に、「在外公館を通じた情報収集・分析等」を行なっており、このために2013年から「エネルギー・鉱物資源専門官」を各地の在外公館に配置している。第3に、「世界のエネルギー・アクセスの向上に向けた」国際協力も、エネルギー外交の1つである。

　これらの活動は、少なくともこれまでは、化石燃料と原子力に関するものが大半であった。化石燃料は、それ自体が中東など海外の不安定な地域に賦存するからであり、原子力は、ウランが海外にあるほか、原子力協定など核不拡散の観点から国際的連携が不可欠だからである。

　例えば、外務省が毎年度発行している『外交青書』によれば、石油危機後の1980年版では、第2部第2章第5節として、「資源・エネルギー、原子力及び科学技術問題」が大きく取り上げられ、IEA理事会や1979年の東京サミットでの第二次石油危機への対処策が詳述されている。2000年版では、アラビア石油の採掘権に関する交渉に触れられている。福島原発事故直前の2010年版では、「昨今海賊事案が多発・急増しているソマリア沖・アデン湾等の重要な海上輸送路における航行の安全確保」や、「ウランの確保に資する二国間関係（カザフスタンなど）の強化」が挙げられている。

2010年の「エネルギー基本計画」

　気候変動問題が顕在化する中で、2010年に策定された政府の「エネルギー基本計画」では、原発14基の新増設が打ち出された。2030年の電源ミックスの半分程度を原子力に、20％を再エネにすることで、エネルギー安全保障と環境適合性を大きく改善しようとしたのである。確かに、同エネルギー基本計画では、「第1

章．基本的視点」として、第1に「総合的なエネルギー安全保障の強化」が、第2に「地球温暖化対策の強化」が、強調されており、エネルギー自給率は当時の2倍の36％を目指すとした。

　特に原子力は、「資源小国」日本が頼りにできる唯一の手段であった。同エネルギー基本計画でも、「原子力は、供給安定性・環境適合性・経済効率性を同時に満たす基幹エネルギー」と、3Eの観点から最大限の評価が与えられている。原子力の電源ミックスを30％前後から50％前後に高めれば、先進国の中でフランスに次ぐ圧倒的な比率となる。日本は、2000年代に米国で標榜された原子力ルネサンスを牽引しようとした。東芝、日立、三菱重工という原子炉メーカーが存在したことも、これを後押しした。またこの際には、2009年9月の国連演説において鳩山由紀夫首相が、野心的な温室効果ガスの25％削減（1990年比）を宣言したことも働いていたと言われる。

　他方、2010年の「エネルギー基本計画」では、再エネについて2030年に向けて2倍に増やすとしたものの、高い評価は与えられていない。「現時点ではコストや供給安定性の面で課題」があるとされ、実際に2009年度の電源ミックスは、水力が7.6％でその他再エネは1.1％に過ぎなかった（『エネルギー白書』2010）。2009年当時、ドイツでは水力以外の再エネが13.1％に達していた（Federal Ministry for Economic Affiars and Energy 2018）ことと比べれば、10分の1以下である[3]。そして、2010年の「エネルギー基本計画」には、「エネルギー転換」という語句はない。日本政府は、原子力によって、気候変動対策とエネルギー安全保障を行おうと考えていたのである。その1年後に日本を襲ったのが、福島原発事故であった。

　3）なお、ドイツでも水力以外の再エネは、1990年には0.3％、2000年には2.5％であった。ノルウェーのように以前から水力が豊富ではない中で、ドイツは日本より10年程度早く新興型再エネの開発に取り組んだのである。

第2節　東京電力福島第一原発事故と脱原発の論争

福島原発事故後の3E＋S

　福島原発事故の経緯については、公的な事故調査委員会を含めて既に多くの検証がなされているため、本書では詳細に触れない。その影響として重要なのは、第1に原発の安全神話が崩壊し、特に社会的受容性が著しく下がったことである。技術的に原発がどの程度危険なのか、現在の日本の安全基準が「世界最高水準」なのかも重要であるが、現実問題として日本で、原発の新増設はもちろん、再稼働すら難しくなったことは、否定し難い事実であろう。それは、2020年11月現在で事故前の54基が33基に減り、その内再稼働した原発が9基に止まり、さらにその内実際に稼働中なのは3基に止まるという現実が象徴している。

　第2に、エネルギー安全保障が危機的状況に陥っている。事故前に30％程度の電源ミックスを担っていた原子力は、2014年度に0％、2018年度でも6％に下がった。その差を埋めたのは、省エネ（節電）も大きかったが、やはり火力であった。**図59**の通り、2012年度には火力の電源ミックスが88％に達した結果、エネルギー自給率は、事故前の20％前後に対して、6.4％（2014年度）にまで低下した。電源としては天然ガスの割合が最も高く、全体としては中東に依存しているわけでないものの、石油危機の時期よりも低い数値に下がったのである。

　第3に、火力発電増は化石燃料輸入額を増大させ（**図60**）、貿易収支は2011年に赤字に転じ、2014年には12.78兆円の貿易赤字を記録した[4]。これは、電力会社の経営を直撃し、多くが電気料金を値上げした。原子力は燃料費が低いため、ベースロード電源として評価されてきたが、これを火力で代替すると、燃料費がかさむことになる。24時間運転を前提とする集中型電源が長期間停止すると、悪影響が大きくなるのである。

　第4に、火力発電が増えた結果、当然二酸化炭素の排出量が増えた（図60）。リーマンショックの影響を受けて11.7億トン（2009年度）に下がっていた排出量

4）なお、化石燃料輸入額の増減には、国際市況に左右される化石燃料単価の変動という要因も大きい。この間に石油単価は高騰したが、2014年から2015年にはほぼ半額に下落した。

図59　日本の電源ミックスとエネルギー自給率の推移

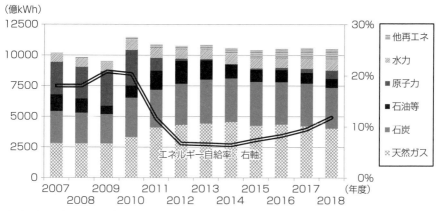

出所：資源エネルギー庁（2020）を基に筆者作成。2009年度とそれ以降で元データが異なる。

図60　日本の化石燃料輸入額と二酸化炭素排出量の推移

出所：貿易統計ウェブサイト、温室効果ガスインベントリオフィス・ウェブサイトを基に筆者作成。

は、2013年度に13.2億トンにまで上昇した。但し、その後の太陽光発電の増加や原発再稼働を受けて、2018年度には11.4億トンに減少した。

　このように、原発の過酷事故とその後の運転停止は、3E＋Sの全てを大きく毀損した。特にエネルギー自給率の低下は深刻であり、改善の見込みは立ってい

ない。経済界は、原発の早急な再稼働を主張したが、国民の原発に対するアレルギーは高まったままだった。S（安全性）を高め、信頼を回復することは、容易ではなかった。

民主党政権の「革新的エネルギー・環境戦略」

短期的には、確かに原発が再稼働すれば、要するに事故前の状況に戻れば、3E が改善するかもしれない。しかし中長期的に見れば、社会的受容性が低下した原発の復活は覚束ない。少なくとも、2010年の「エネルギー基本計画」の白紙撤回は避けられないだろう。このような中で民主党政権は、新たに「革新的エネルギー・環境戦略」（以後、「エネ環戦略」）の策定に乗り出した。

この過程については、複数の拙著で詳細に検証した[5]。過酷事故という致命的な失敗を犯した原子力をどう扱うか、代替電源として期待される再エネにどの程度頼れるか、気候変動制約の下で火力をどう活用するか、政府の審議会だけでなく様々な場で国民的な議論が行われた。この際、ドイツ流の脱原発の政策アイディアが、学者や研究者らによって紹介され[6]、一定の支持を得た。

その結果、2012年9月に民主党政権が決定したエネ環戦略では、2030年代の脱原発が明記された。この中で2030年の電源ミックスについては、水力を含む再エネは約30%を担うこととされた。また、エネルギー効率の高いコジェネに15%を、節電に10%減（2010年比）を想定した。とはいえ、残りはコジェネ以外の火力ということになり、高効率石炭火力も「ベース電源としてより一層重要な役割を果たす」とされた。

このエネ環戦略は、「グリーンエネルギー革命の実現」などを標榜しているものの、やはり脱原発を最優先する内容であり、欧州流のエネルギー転換とはやや異なると言うべきだろう。2030年の温室効果ガス削減目標は、「概ね2割削減（1990年比）」と後退せざるを得ず、気候変動対策は十分とは言えない。エネルギー自給率には触れていないが、再エネ以外は海外の化石燃料となるので、原子力

5）高橋（2019a）では、公共政策における価値対立という観点から、脱原発を巡る国民的議論などの過程を論じた。高橋（2019b）では、民主党政権の閣僚などの考えや対立関係に注目して、エネ環戦略の形成過程の背景事情を分析した。

6）例えば、環境エネルギー政策研究所の飯田哲也、立命館大学の大島堅一、北海道大学の吉田文和など。いずれも所属は当時。

が無くなる分だけ事故前より低くなるだろう。「化石燃料等の確保及び供給」に
簡単に触れるに止まり、エネルギー安全保障環境を抜本的に改善するという認識
は見られなかった。

第二次安倍政権と2014年の「エネルギー基本計画」

　民主党政権のエネ環戦略の寿命は長くなかった。2012年12月の総選挙により政
権交代が生じ、第二次安倍晋三政権が発足したからである。安倍政権はエネ環戦
略を否定し、経産省の審議会を通して、新たにエネルギー基本計画の策定を進め
た。「責任あるエネルギー政策」を標榜した、福島原発事故後初めてのエネルギ
ー基本計画は、2014年4月に決定された。

　この中では、「我が国のエネルギー安全保障を巡る環境は厳しい状況にある」
との認識の下、原発の位置付けをできるだけ震災前に戻すことに重点が置かれた。
即ち、「低炭素の準国産エネルギー源」であり、「運転コストが低廉」な原子力を
「重要なベースロード電源」と位置付け、「再稼働を進める」とした。

　一方、エネルギー転換の柱である再エネについては、「安定供給面、コスト面
で様々な課題が存在するが」、「重要な低炭素の国産エネルギー源」として、「3
年程度、導入を最大限加速してい」くとした。

　化石燃料では、石炭について、「安定供給性や経済性に優れた重要なベースロ
ード電源」とし、原発の減少分を補う位置付けを期待した。また天然ガスについ
ても、「温室効果ガスの排出も最も少な」い、「重要なエネルギー源」とするなど、
全ての電源に配慮した玉虫色の内容となった。

　2014年のエネルギー基本計画には、電源ミックスの数値目標が明示されなかっ
たが、2015年6月の「長期エネルギー需給見通し」では、2030年の目標値として、
原子力が20〜22%、再エネが22〜24%、石炭が26%、天然ガスが27%とされた。
これらが実現されれば、エネルギー自給率は24.3%に改善し、エネルギー起源
CO_2排出量は21.9%減（2013年比）になるという。欧州諸国の目標値と比べれば
（表7）、エネルギー転換の観点からは不十分と言わざるを得ない。過酷事故とエ
ネ環戦略を経て、安倍政権は2011年以前の旧来のエネルギー政策に戻したのであ
る。

第3節　エネルギー転換しない日本

石炭火力発電の新増設問題

　2011年の福島原発事故から数年間は、日本のエネルギー情勢や政策に対して、諸外国からは同情的な見方が多かったように思われる。原発の過酷事故に見舞われた結果、電気料金が高騰するとともに、二酸化炭素の排出量が増えたのは、止むを得ないといったものである。しかし、事故も落ち着いた2015年頃から風向きが変わってきた。それが表面化した契機が、石炭火発の新増設問題である。

　福島原発事故以降、原子力という電源の選択肢が制約された日本の電力会社は、石炭火発の新増設を進めた。石炭火発は、燃料費が安く、24時間運転が可能なベースロード電源という意味で、原子力と似ている。ほぼ全てを輸入に頼るものの、石炭は他の化石燃料より偏在性が低いことから、政府にとっても都合が良かった。この結果、環境NGOの気候ネットワークによれば、2012年以降、50基の石炭火発の建設計画が立てられ、合計の設備容量は23.3GWに達するという[7]。その約4分の1は既に運転開始しており、運転年数を40年とすれば、2050年にも多くが稼働し続けることになる。

　しかし原子力との最大の違いは、二酸化炭素の排出量であった。2015年のパリ協定の締結と同時に、脱石炭火力政策が国際的に広がったことは、第5章第3節で触れた。当時日本は2050年までに温室効果ガスの排出量を80%削減する目標を立てていたが、これから新しく石炭火発を建設することは、これと整合的でなかった。欧米先進国が石炭火発を廃止していく中で、日本だけがこの流れに逆行することになり（**図61**）、国際的な批判を集めるようになったのである。

日本への国際的批判と「化石賞」

　環境NGOのE3Gは、2015年のCOP21パリ会議の前に先進7カ国（G7）の脱石炭火力の取り組みに関するランキングを公表し、最下位になった日本を批判し

　7）気候ネットワークウェブサイト、「石炭発電所ウォッチ」2020年7月2日更新。https://sekitan.jp/wp-content/uploads/2020/07/outlook-of-coal-fire-plant_20200702R.pdf

図61　主要先進国の石炭火力の電源ミックスの推移

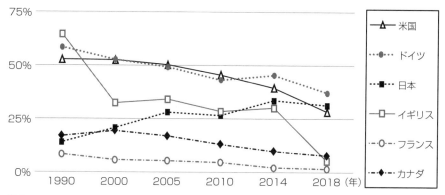

出所：IEA, Electricity Information 2007, 2016, 2019を基に筆者作成。2018年は予測値。発電電力量の割合。

た[8]。また日本政府は、インフラ輸出戦略の一環として、「高効率石炭火力発電技術の海外展開をより一層推進し、国際的な課題である地球温暖化対策にもしっかり貢献をしていく」[9]方針を堅持していた。発展途上国への石炭火発の輸出を、政府開発援助を付けて支援するものであり、これも気候変動対策に反するとして国際的な批判を浴びていた。

　しかしこのような石炭火発を巡る国際的な批判は、一部の環境NGOの運動を除けば、国内で注目を集めることはなかった。原発を巡る議論が突如として先行した日本では、欧州と比べて気候変動問題、したがって脱石炭火力への関心が高まらなかったのである。しかし2019年末にマドリードで開催されたCOP25では、日本が「化石賞」を受賞したことで、国内でも一定の注目が集まった。

　「化石賞」とは、環境NGOのCAN（気候アクション・ネットワーク）が、気候変動政策に後ろ向きの国に授与する、不名誉な賞である。1999年以来、COP期間中の恒例のセレモニーとして、各国の交渉姿勢を評価して批判的な観点から対象国を発表してきた。COP25では、日本の石炭火発の新増設などに対して化石賞が2度贈られた。国民に人気の高い小泉進次郎環境大臣がCOPに出席した

8）E3Gウェブサイト, Japan isolated as USA leads the way in G7 move beyond coal. https://www.e3g.org/news/japan-isolated-as-usa-leads-the-way-in-g7-move-beyond-coal/
9）衆議院経済産業委員会（2016年3月9日）。星野経済産業大臣政務官の発言。

こともあり、多くの国内メディアがこれを取り上げたのである。新任の小泉環境大臣は、国際社会に対して少しでも前向きなメッセージを出せるように、出張前に政府内で石炭火発の抑制などの調整を試みたが、「石炭火力発電の認可は経済産業相の権限でもあり」、実を結ばなかったという[10]。

太陽光発電の大量導入

この間日本政府も、気候変動対策として何もしなかったわけではない。第1に政府が期待したのは、原発の再稼働である。原発が、福島原発事故前の30％とまで行かなくとも、長期エネルギー需給見通しの20％まで復活すれば、二酸化炭素の排出量はかなり抑制できるし、エネルギー自給率は向上し、火力発電の燃料費は低下する。

しかし、新しい安全基準の下、原発の再稼働の審査は容易には進まず、2020年12月現在で再稼働したのは9基に止まる。その中には、川内原発のようにテロ対策設備の未整備により、改めて運転停止を余儀なくされたものがあり、今後の見通しは明るくない。福島原発事故後の追加的な安全対策費が、全国で総額5.2兆円以上に上っている[11]点も、電力会社の経営を圧迫している。政府としては、原子力が復活しない以上は、簡単に石炭火力を手放せないということなのだろう。

第2に、再エネの導入、特に太陽光発電の導入が進んだ。2012年に固定価格買取制度が始まり、当初の買取価格が40円/kWhと高かったこともあり、非住宅用の太陽光発電への投資が殺到した。2020年3月末時点で、住宅用と合わせて55GWを超えており[12]、ドイツを抜いて世界第3位の設備容量に至っている（図42）。この結果、日本の再エネの電源ミックスは、水力を除いて9％にまで増加しており、この大半を太陽光が占める（**図62**）。

しかし、2015年頃から系統接続の問題が顕在化し、再エネ電力の出力抑制が始まったこと、買取価格が下がってきた（2020年度の50kW以上250kW未満の太陽光で12円/kWh）こともあり、太陽光発電の導入の勢いは衰えている。またそ

---

10)　日本経済新聞「小泉環境相、石炭火力廃止踏み込めず　COP25会合」（2019年12月11日）。
　　https://www.nikkei.com/article/DGXMZO53240010R11C19A2EE8000/?n_cid = DSREA001
11)　朝日新聞（2020年8月9日）。
12)　資源エネルギー庁「固定価格買取制度　情報公開用ウェブサイト」。
　　https://www.fit-portal.go.jp/PublicInfoSummary

図62　固定価格買取制度下の再生可能エネルギー発電の累積設備容量の推移

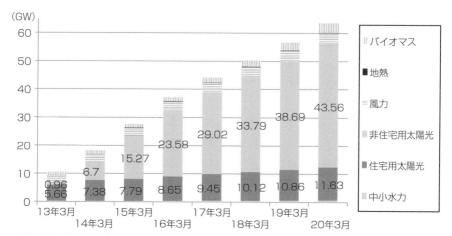

出所：資源エネルギー庁ウェブサイト、なっとく！再生可能エネルギー、「設備導入状況の公表」を基に筆者作成。

もそも、太陽光以外の風力などの導入量は累計で数GWに過ぎない。この背景には、系統接続の問題以外にも、風力に対する環境アセスメントが厳し過ぎるという問題もある。そのため、8％程度の水力を除けばドイツやスペインの4分の1といった電源ミックスに過ぎない。前述の通り、2030年の導入目標が22〜24％（水力含む）に止まっており、これは欧州諸国が既に達成している水準である。政府の再エネ導入の優先度が低いことが、投資の停滞の一因と言えよう（高橋2018）。

　日本政府は、2018年にエネルギー基本計画を改定した。この中では、初めて「エネルギー転換」という言葉が登場し、2050年を目指した取り組みにも触れた。また再エネについて、「主力電源化」を明記した。遅ればせながら、日本政府もエネルギー転換に乗り出したのだろうか。

　しかしその3年前に決めた電源ミックスの2030年の目標値には変更を加えなかった。再エネの22〜24％も石炭火力の26％も維持されたのである。また、「エネルギー転換」を意味する「脱炭素化エネルギーシステム」として、「再生可能エネルギー・電力貯蔵系システム」、「水素・合成ガス化システム」、「既存の脱炭素化エネルギーシステム」などを列挙したが、「なお開発途上」にあり不確実性が

高いため、「あらゆる選択肢を追求する」とした。「変動する再生可能エネルギーだけでは現時点では脱炭素化には及ばない」と、結論付けたのである。

日本はなぜエネルギー転換しないのか

要するに、日本政府は欧州流のエネルギー転換を選択していない。確かに、2018年のエネルギー基本計画の言う通り、「現在、安価で低炭素な電力システムを達成している」のは、フランスやスウェーデンなどの「水力や原子力を主軸にする国」である[13]。これが、「既存の脱炭素化エネルギーシステム」に該当するわけだが、日本や他の多くの国がこれを真似することが、地質学的にも実際的にも不可能なことは、自明であろう。原子力の扱いは意見が分かれるとしても、再エネを「主力電源」とし、石炭火力を近い将来に全廃し、省エネを徹底的に進めることが、持続可能なシステムへのエネルギー転換として、少なくとも先進国の間では一定の合意があるのではないか。

一方で日本は、世界で最もエネルギー転換を希求する立場にある先進国のはずである。化石燃料という20世紀型のエネルギーを国内にほぼ持たず、エネルギー安全保障が危機的状況にある。再エネを基軸とするエネルギー転換から最大の恩恵を受けると言い換えても良い。Overland et al.（2019）のエネルギー転換による得失に関する定量的な分析でも、日本は最大の勝ち組みの１つである。にも関わらず、政府は石炭火力にここまで固執し、再エネの優先度は低く、エネルギー転換に後ろ向きである。これは、筆者にとって以前からの大いなる謎であった。

その理由を想像すると、第１に、原子力の政策的優先度が歴史的に高いからであろう。「資源小国」の日本は、1960年代から「国策民営」で原発を開発してきた。わずか10年前のエネルギー基本計画では、原発の新増設で気候変動対策とエネルギー安全保障を行うことを決定した。そもそも独占を背景とした閉鎖的な政策分野であり、国民の反応も福島原発事故前にはそれほど批判的でなかった。電力会社の資産や雇用など、関連する利害も莫大である。ドイツでも2000年の脱原発の決定までに10年以上の時間を要したが、国策の方向性を短期間で転換するのは難しいのであろう。

---

13) スウェーデンの電源ミックスは、概ね水力が45％、原子力が35％であり、その他風力やバイオマスも多いため、電力の脱炭素化をほぼ実現している。

　第2に、原子力に対する信頼の裏返しとして、政府や電力会社の再エネへの信頼が低いからであろう。エネルギー密度が低く、「不安定」な新興型再エネを、欧米でも既存電力会社は問題視してきたが、政府の再エネ振興策や発送電分離などの電力システム改革の影響もあり、2000年頃からその地位は確立され、政策的優先順位は高まった。対照的に日本では、電力システム改革の遅れとともに、再エネに対する認識も旧態依然としており、やや改善されてきたとはいえ、未だその政策的優先順位は低い。また、福島原発事故により突如再エネに対する国民の期待が高まったことも、冷静な議論を難しくしたのではないか。

　第3に、重電メーカーの影響力が大きいからであろう。「ものづくり大国」などと呼ばれる日本では、現在でも経済界において大規模な重電メーカーの発言力が強く[14]、経産省への影響力も大きい。産業政策官庁がエネルギー政策も所管しているという事情もあり、原子炉や高効率石炭火力発電機の市場を守る方向に働きがちである。エネルギー政策に産業政策的配慮が入ること自体は問題ないが、それが過度になると3E＋Sという本来の政策目的を歪めることもあろう。これは、前述の発展途上国への石炭火発の輸出問題でも見られる構図である。

　第4に、政治的指導力の欠如である。エネルギー転換という大改革を行うには、既得権を打破しなければならず、所管省庁の意向だけでは難しい。2011年のドイツの脱原発の再決定には、メルケル首相の勇断があった。2015年のパリ協定の合意には、オバマ米大統領の指導力があったし、フランスのマクロン大統領は、脱石炭火力に精力的に取り組んでいる。1990年代から現在にかけて、日本の首相がエネルギー政策や気候変動政策を内閣の最重要課題として掲げたことはなかった[15]。そのような政治状況では、政策の経路依存性が強くなる。政官財の「鉄の三角形」が崩れていないと言い換えても良い。

　第5に、欧州との国際環境の違いが影響しているだろう。欧州はこれまでエネルギー安全保障を集団的に解決する方針を貫いてきたのであり、その背後には超国家機関の下での市場統合という大方針もあった。EUという日本の3倍の経済規模の枠組みがあるからこそ、国家安全保障上も安心してエネルギー転換という

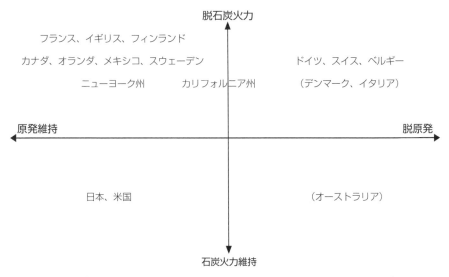

図63 脱原発と脱石炭火力に対する主要先進国・地域の姿勢

脱石炭火力

フランス、イギリス、フィンランド
カナダ、オランダ、メキシコ、スウェーデン　　　　　　　ドイツ、スイス、ベルギー
ニューヨーク州　　　カリフォルニア州　　　　（デンマーク、イタリア）

原発維持　　　　　　　　　　　　　　　　　　　　　　　　　脱原発

日本、米国　　　　　　　　　　　　　　　　（オーストラリア）

石炭火力維持

出所：筆者作成。（カッコ内）は、以前から原発がない国。

大胆な改革が進められる。しかし東アジアの国際環境はこれと大きく異なり、日本は単独で自らの安全保障を確保しなければならない。そのような厳しい国際環境の下では、理想主義的な政策転換のリスクは高いのであろう。

　こうして日本は、化石燃料という資源的基盤がなく、また原子力の事業的基盤が大いに毀損されたにも関わらず、これら2つを優先し続け、その結果再エネという将来性の高い分野に背を向ける状況に陥っている。**図63**の通り、先進国の潮流は脱石炭火力であり、一部は脱原発も同時に達成しようとしている。世界の中で原子力も石炭火力も共に維持しようという先進国は、日本と米国ぐらいになってしまった。その米国も、トランプ大統領がそのような意向だっただけで、市場や州レベルではエネルギー転換の方向に進んでいることは、前述した。

エネルギー転換時代の日本の国際的立場

　この状況を日本の国際的立場という観点から見ればどうか。2020年時点において、原発をどうするかは基本的に国内問題である。安全性や廃棄物の最終処分が最大の論点であり、原発の立地地域が他国に近接している場合などを除いて、他

国が原発の立地に注文を付けたり、脱原発を要請したりすることはない。脱原発を政治決定した国はドイツなどに限られており、それら国々の国際的連携もない。したがって原発の問題は、過酷事故を経験した日本が独自に判断すれば良い。

他方、石炭火力となると国際的な影響が大きくなる。気候変動枠組条約上の制約があり、PPCAのような国際的連携も進んでいる。ダイベストメントは、石炭関連の事業に対する市場の圧力である。だから日本政府は国際的批判を受けているのであり、2020年7月の経産省による「非効率石炭のフェードアウト」の発表は、それに対する1つの回答であった。

これは、非効率な石炭火発の9割（約100基）を2030年度までに休廃止するという内容である[16]。とは言え、高効率なものは大規模な上、新増設により拡充されるため、26％という電源ミックスの目標は維持される。政府は2030年以降も石炭火発を維持する姿勢を変えておらず、「いち早く全廃の方針にカジを切った欧州にはなお見劣りする」（日本経済新聞、2020年7月3日）との批判もある。

このように、21世紀をエネルギー転換時代とすれば、日本の国際的立場は極めて危ういと言わざるを得ない。日本がエネルギー転換を選択しないということは、日本経済の最大の弱点である化石燃料の海外依存を続け、多額の燃料費を今後も払い続けることを意味するなど、国際政治上の利益があるとは言えないだろう。また欧州諸国は、セクターカップリングや洋上風力発電、長距離海底送電など、エネルギー転換時代の主力産業を育成しているが、日本は原発や石炭火発といった旧来の産業分野に止まり続ける。ダイベストメントという形で欧米の企業が撤退している分野に賭けるという戦略が、国際経済上も賢明とは思われない。

そのような中で、2020年10月に菅首相は、国会の所信表明演説において、2050年のカーボン・ニュートラル（温室効果ガスの排出量実質ゼロ）を表明した。これは、安倍政権時代の気候変動対策に慎重な姿勢を改めるものであり、現在議論が進んでいるエネルギー基本計画の改定にも反映されるだろう。やや唐突とも思える方針転換の背景には、前述した欧州などからの国際的批判の高まりに加えて、中国政府の2060年カーボン・ニュートラル宣言、米国におけるバイデン政権への移行があったと考えられる。韓国の文在寅大統領も、菅首相の2日後に2050年カーボン・ニュートラルを宣言した[17]。このような国際政治上の環境変化の中で、

16）全ての石炭火発の内、非効率な発電方式は約4割を占める。

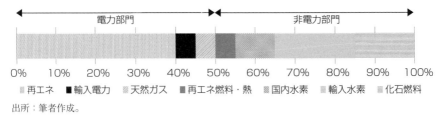

図64　2050年の日本のエネルギーミックスの想定

0%　10%　20%　30%　40%　50%　60%　70%　80%　90%　100%

▥再エネ　■輸入電力　▨天然ガス　■再エネ燃料・熱　▨国内水素　▨輸入水素　▥化石燃料

出所：筆者作成。

日本政府がどのような政策選択をするか、そこでエネルギー安全保障はどの程度重視されるかが、注目される。

もし日本がエネルギー転換を進めれば…

2020年12月現在、日本政府の電源ミックスの目標は、2030年に再エネ22〜24％であり、2050年の目標はない。日本と同じくカーボン・ニュートラルを掲げるドイツの2050年の目標は80％だが、仮に日本がエネルギー転換を進め、2050年にドイツと同じ80％の電源ミックスを再エネで達成したとしよう。

この時点で、原子力は40年廃炉ルールに基づいてゼロになっており[18]、石炭火力もドイツの12年遅れでゼロと想定する。そうすると、セクターカップリングが進み、電化率が50％に達しているだろう。国際送電も必要であり、ここでは輸入超過で10％（エネルギーミックスの5％）を海外から賄うとする[19]。残りはガス火力である。電力部門の自給率は80％になる。

非電力部門は、再エネ、水素、化石燃料などで賄われることになる。この50％ポイント分を、バイオマスや地熱、太陽熱が、燃料や熱として5％ポイント、国内の再エネ余剰電力由来の水素や関連燃料が、Eurelectric の想定（図51）も参考に、10％ポイントを供給するとする。残りの35％ポイントは、輸入水素（20％ポイント）や天然ガスなどが占める。

17）EU は既に2018年に2050年のカーボン・ニュートラルを表明し（European Commission 2018）、その後法制化を進めている。

18）現存する原子炉の内最も新しい泊3号機は、2049年に運転開始から40年を迎える。

19）なおドイツは、年にもよるが、概ね発電電力量の10％を輸出し、5％を輸入している。5％の輸出超過である。

そうすると、エネルギー全体の自給率は、電力部門：50％×80％＋非電力部門：5％＋10％×80％＝53％となる。現状の11％から5倍近くに改善され、1960年代の流体革命以降、一度もなかった高い数値になる。更にこの時点でエネルギー消費全体が減る（省エネ）ため、輸入に対する支払い額は、エネルギー単価が同じとしても序章冒頭で示した「3分の1程度」になる。あくまで机上の計算の域を出ないが、欧州では真剣にこのような議論がなされているのである。

このエネルギーミックス（**図64**）において、非化石エネルギー比率は再エネと水素で80％となる[20]。残りの化石燃料20％については、CCS・CCUSで対応することになる。日本政府がエネルギー安全保障と気候危機対応を重視するなら、このような選択肢を追求する必要があろう。

なお、この2050年のエネルギーミックスは、エネルギー転換の途中経過であり、最終到達地点ではない。2050年以降は、市場価格次第ではあるが、更に再エネやグリーン水素が増え、したがってエネルギー自給率が高まり、一方で二酸化炭素排出量は減ることが想定される。

第4節　東アジアの国際関係とエネルギー転換

東アジアにおけるエネルギー転換の現状

本章の最後に、日本を含む東アジアの情勢を検討してみたい。東アジアは、20世紀末から現在まで世界の経済成長の牽引力となっているが、エネルギー転換という意味では欧州に劣る。中国は世界最大の石炭の生産・消費国（ともに米国の5倍程度：図15）であり、二酸化炭素の排出量は一国で世界全体の28％に及び（図36）、大気汚染問題は深刻である。

一方で、中国が太陽光や風力発電の導入で圧倒的な世界一であることは、第5章第1節で触れた。これら再エネ産業の基盤でも世界有数の規模と価格競争力を誇っている。大気汚染という国内問題を解決する必要があり、また近年低下傾向にあるエネルギー自給率を高めるためにも、再エネを柱としたエネルギー転換の戦略的重要性は強く認識されている。2017年時点で再エネの電源ミックスは26％

20）輸入電力は全て非化石電源、輸入水素はグリーン水素またはブルー水素と仮定する。

（IEA 2019c）だが、これを更に高めていくことは既定路線となっている。

　中国と日本の間に目を向けると、福島原発事故以降、韓国と台湾で左派政権が2017年に脱原発を政治決定した。日本の過酷事故を受けて、安全性に対する懸念が市民の間に高まった結果と言えるが、その後一時の勢いは失われている。韓国では、一旦停止された新古里原発5・6号機の建設が、2017年の世論調査を経て再開されることになった。これにより、脱原発の年限はこれらが寿命を迎える2080年代になると見込まれる。また台湾では、一度決定した2025年という脱原発の年限が、2018年の国民投票を経て法律から削除された。

　他方、韓国も台湾も、日本と同様に化石燃料のほぼ全てを輸入に頼っている。だからこそ原発を開発してきたわけだが、脱原発を脱石炭火力よりも優先する事例に当たり、その代わりに再エネの導入を急いでいる。特に台湾は、大規模な洋上風力発電の開発を進めていることで知られている[21]。それでも2017年時点では、太陽光と風力の電源ミックスについて、韓国は2％、台湾は1％と、日本や中国の7％よりも低い状況にある（IEA 2019c）。

　このように東アジアは、エネルギー転換を競う状況になっていない。それでも今後、欧州の潮流に倣って再エネが大量導入される可能性は高い。その場合、特にエネルギー自給率が低い日本や韓国にとっては、便益が大きい。国際経済的には、前述のシミュレーションのように、化石燃料費の支払いが大きく減る。さらに太陽光パネルや蓄電池の輸出を伸ばすことができれば、産業政策的な効果も大きい。国際政治的には、エネルギー安全保障上の問題が大いに改善される。第3章第5節で中国の積極的な資源外交に触れたが、エネルギー自給率が高まることで、その必要性は下がることになる。外に出て資源外交するよりも、国内で再エネを開発した方が、経済的にも政治的にも便益が大きいのである。

　そもそも東アジアにおける国際経済的取引は莫大な規模に上る。2018年の統計（WTO 2019）によれば、財・サービスの貿易額において、世界の第2位が中国、第4位が日本、第9位が韓国であった。これを二国間で見ると、中国にとって、香港を除けば、貿易相手の第4位が日本、第5位が韓国であった。日本の第3位が中国、第5位が韓国、韓国の第1位が中国、第4位が日本である。外交的には難しい懸案を抱えるが、経済的には高い水準で相互依存している。

21）例えば、日本経済新聞（2020年3月9日）。

東アジアにおける国際送電の可能性

　東アジアのエネルギーを巡る国際関係を考える上で鍵を握るのが、国際送電である。現状では、日本も韓国も台湾も、電力貿易を一切行っていない。中国はロシアやモンゴルとの間で若干の貿易量があるが、発電電力量の1％以下に限られる（図55）。東南アジアでは、ラオスとタイの間などで水力発電に基づく貿易があるが、東アジアでは国際送電網が繋がっておらず、電力を貿易する仕組みが存在しないのである。それは、欧州と異なり地域的な市場統合が目指されていないからであり、そもそも電力自由化が進んでいないという背景もある。しかし、今後変動性再エネが増えれば、状況が一変する可能性がある。

　日本には国際送電線が存在せず、日本人にとって電力貿易は机上の空論のように思われるかもしれない。しかし、福岡市と韓国の釜山市の間の距離は約220km、北海道の宗谷岬とロシアのサハリンの間に至っては約43kmしかない。2008年に運転開始したNorNedの国際送電線（ノルウェー・オランダ間）の全長が、583kmであることを考えれば、日本が国際送電網で他国と繋がることは、技術的にも経済的にも非現実的ではないのである。

　実際に、東アジアでも国際送電網の構築を目指すアイディアがある。それが、ソフトバンク・グループの孫正義会長による、「アジアスーパーグリッド」の構想である。日本と隣国のロシア、韓国、中国、さらに風力や太陽光の資源が豊富なモンゴルなどを国際送電網でつなぎ、東アジアで電力貿易を行う壮大なアイディアを、2011年の福島原発事故後に発表した。

　これも受ける形で中国政府は、GEI：Global Energy Interconnectionという更に大きな構想を2015年に打ち上げた。これは、超高圧送電網で世界中を結び、再エネ電力の世界的な流通を図るものである。世界最大の送電会社である中国国家電網公司を中心に実施に移されており、中国政府の一帯一路構想の一翼を担っている。韓国政府やロシア政府も、大統領が国際送電の構想に前向きに応じており、韓国電力公社やロシアの送電会社・ロスセチなどとの間で、計画が進められている。

　実は、筆者も同様の構想を提起したことがある。「アジア再生可能エネルギー共同体」と題して、国際送電網を含めて大量の再エネを共同開発するというものである（高橋2011）。2011年にこれを提起してから9年が経つが、筆者もこれが短期間で実現するとは思っていない。多くの読者が懐疑的に思う通り、東アジア

の国際関係が良好でない点が最大の障壁であろう。

東アジアの国際関係は改善するか

　欧州と大きく異なり、東アジアでは未だに領土問題が複数存在し、各国の政治体制も異なる中で、外交的な対立が続いていることは、周知の通りである。今後さらに重要性を増す電力が、ロシアのガス供給停止問題（第3章第7節）のように、経済的手段として行使されることは、安全保障上の大きな懸念となりうる。非友好国と国際送電網をつなぐことはリスクが高いと考える人は、少なくないだろう。筆者も心情的には理解できる。

　一方で、前章第4節の通り、電力の安全保障は化石燃料の安全保障と構造的に異なる。各地に遍在する再エネから国内で多くを発電した上で、一部を輸出入し合う相互依存の構図になるため、ミアシャイマーの批判は当たらない。再エネ電力の貿易は、ある程度対称的で依存度は小さい上、変動対策として両国に必要とされるため、カントやラセットが指摘したように、「平和」をもたらすのではないか。経済的にも安い電力の輸入により電気料金の低減が期待でき、再エネ電力として気候変動対策にもなることは、言うまでもない。

　更に言えば、日本にせよ韓国にせよ、どのみちエネルギーの多くを海外に依存している。日本は、毎年天然ガスの約9％をロシアのサハリンから輸入しているが、これに代えて電力を輸入すれば[22]、エネルギー安全保障が悪化するとは思えない。むしろ、輸入ルートを分散することで事故や災害のリスクが下がるとすら考えられる。民主主義体制の韓国とも国際送電網を繋げば、リスク分散は更に進む。筆者も加わった自然エネルギー財団の研究会では、このような国際送電網が経済的にも合理性があることを試算した（アジア国際送電網研究会 2018）。

　確かに政治的には難しい。国際政治のリアリズムの立場からは、過度な楽観主義は危険かもしれない。しかしだからこそ、政治的決断がなければ絶対に進まない。既にこれだけ経済的に相互依存している東アジアにおいて、まずは偏在していない財の経済的便益の観点から国際送電を進めた上で、国際関係の改善に繋がることを期待するのは、合理的な選択と言えないだろうか。

---

22) 2GWの国際送電網を建設し、最大容量で1年間輸入し続けると、約175億kWhの輸入電力量になる。これは日本の年間の発電電力量の約2％に該当する。

エネルギー転換時代の世界の行方、日本の行方

　本書は、化石燃料時代からエネルギー転換時代への構造変化を、その国際関係への影響を、国際政治経済学の観点から考察してきた。終章では、これまでの議論を整理した上で、本書の課題と展望を示してみたい。

化石燃料時代の国際関係

　第3章や第2章第4節で検証したのは、化石燃料時代の国際関係であった。化石燃料は、その偏在性が故に大規模に貿易される財であった。20世紀の国際経済の主役として、船舶やパイプラインを通して一方向で大量に輸出入され、経済社会を支えてきた。輸出国には莫大な富をもたらし、輸入国ではその供給業や輸送業、市場取引が栄えた。

　と同時に特に石油は、その代替困難性が故に、20世紀を通じて国際政治に大きな影響を与えてきた。第一次大戦以降、石油は戦争に欠かせない戦略的な財となり、米国による禁輸措置が日本の対米開戦の大きな要因となった。第二次大戦前の世界最大の産油国・石油輸出国は米国であり、それが第二次大戦後の米国の覇権の獲得にも大きく寄与した。

　その後、石油の輸出国は中東へ移り、1970年代には石油危機が発生した。ここでも「決定的に重要な財」としての石油が、「経済的手段」として政治的に行使された。その後、国際市場での自由取引が進んだが、2000年代には中国が新興消費国として資源外交を展開し、またロシアがウクライナへの天然ガスの供給を停止した。発展途上産油国には権威主義体制が多く、各国内や各地域の安定も実現されなかった。

　このように化石燃料時代には、エネルギーを巡る国際関係は明らかに非対称で、対立的であった。石油の偏在性と代替困難性が故に、産油国は圧倒的に優位に立

ち、一方向で輸出し、逆に消費国は安全保障上のリスクにさらされ、資源外交や
シーレーン防衛などの対処も必要だった。そのため様々な紛争が起きた。エネル
ギー経済が国際政治を翻弄し、また国際政治がエネルギー経済に介入してきたの
である。

エネルギー転換の進展

　第4章や第5章で検証した通り、21世紀に入って化石燃料時代の限界が明らか
になり、エネルギー転換が進展しつつある。ドイツは電力の40％以上を再エネで
供給するようになり、2050年には80％に達するとしている。中国は236GW の風
力と175GW の太陽光を導入し、世界を先導している。その背景には、再エネの
急激なコスト低下や商業的な盛り上がりがある。技術的・経済的に、再エネは最
優先で導入される電源となった。過去10年間の再エネ導入の速度は、筆者のよう
な再エネを肯定的に評価する者の想定すら大きく上回るものであった。

　この間、気候危機に対する世界の認識は高まりつつある。2015年のパリ協定以
降、「1.5度目標」や2050年のカーボン・ニュートラルが、遠い先の理想論ではな
く、必達目標として議論されるようになってきた。欧州委員会は、2019年の
"Green Deal"で掲げた、50〜55％という温室効果ガス削減目標（1990年比）を、
コロナ禍の2020年9月に55％以上へと再度強化した。2020年9月には中国が、
2060年までのカーボン・ニュートラルを発表した。近年の異常気象を見ても、エ
ネルギー転換は不可避と考える人が、多数派になってきている。

　それでもエネルギー転換の速度は決して十分ではない。未だ世界全体で見れば、
二酸化炭素の排出量もエネルギー消費量も増え続けている。現状では、エネルギ
ーの80％を依存している化石燃料から脱却することは、非現実的に見える。また、
エネルギー転換の不確実性が高いのも事実である。それは、「経済、産業、生
産・消費、大規模インフラ、輸送、食料・農業」など、経済社会全般にわたるエ
ネルギーの「構造転換：transformational change」（European Commission 2019:
4）なのであり、2050年の未来が不確実なのは、当然と言えば当然である。

　エネルギー転換の実現性の評価は、現状からの積み上げのフォーキャストか、
将来必要な姿から逆算するバックキャストか、という姿勢にも関わるだろう。現
状を大きく変えられるか否かの議論は、国際政治学のリアリストとリベラリスト
の対立に通じるものがある。本書の第5章では、エネルギーシステムの構造改革

の様々な予兆を取り上げたつもりである。セクターカップリングや電化という未来像、脱石炭火力へ向けた国家政府や国際機関、NGO の取り組み、ESG 投資やRE100という多国籍企業の行動も示した。エネルギー転換は現実に起き、着実に進展している、「好都合な真実」なのである。

エネルギー転換時代の世界の行方

　第6章で展望した通り、エネルギー転換時代が訪れれば、国際政治経済関係は抜本的に変わる。各国に遍在する再エネの自給が中心となる結果、国際経済から化石燃料の貿易がなくなれば、運輸産業も国際取引市場も変わらざるを得ない。売り物がなくなり、タンカーもパイプラインも不要になる。既にダイベストメントが起きており、直接石炭を扱う企業だけでなく、あらゆる化石燃料関連の産業が市場からの撤退を求められる。だからこそそれら産業は、CCS の可能性を強調する。

　その影響は、国際政治にも波及する。産油国の貿易収支は大幅に悪化し、中東などの権威主義体制は動揺する。エネルギーは、稀少性が下がった結果、安全保障の対象でなくなる。産油国はこれを経済的手段として行使できなくなる一方で、消費国はコストをかけて確保する必要がなくなる。資源外交もシーレーン防衛も不要になる。各国はエネルギーを巡って対等になり、対立や紛争はなくなる。

　一次エネルギーとしての再エネは貿易の対象にならないが、電力は異なる。電力の輸出入は、エネルギーシステムの再エネ化・電化の結果、今後何倍にも拡大する。そのインフラとしての国際送電網が各地に建設される。その際、電力貿易は原理的に双方向であり、変動対策としても必要なことから、相互依存関係を協調的な形で深めるだろう。これが、リベラリズムのエネルギー転換論である。

　エネルギー転換自体の可否や時間軸に論争があるのだから、その国際関係への影響についての検討は始まったばかりである。それでも IRENA（2019a）の「新たなる世界」のように、国際政治経済の構造変化への関心は高まりつつある。エネルギー安全保障の概念が消滅する可能性が高いからである。特に化石燃料時代に不利な立場にいた欧州は、その未来を先取りしようと積極的に動き出している。単に地球環境保護のためだけでなく、経済安全保障のためでもあり、自国経済を潤す産業政策としても、エネルギー転換は政策的な意義が極めて大きい。中国もこれに追随し、米国は立ち止まっていたが、急速に方針転換するだろう。

エネルギー転換時代の日本の行方

　残念ながら、日本政府は2020年段階でエネルギー転換を選択していない。先進国の中でもエネルギー自給率が極めて低い中で、気候変動対策にも積極的でなく、20世紀のエネルギーシステムを維持しようと腐心している。原発の拡大による気候変動対策を考えていたが、2011年の福島原発事故によってこれが困難になった。急遽エネルギー問題は国民的課題になったが、元々極めて閉鎖的な政策環境だったこともあり、国民的合意を得た大胆な政策転換を行うことはできなかった。このため短期的には、原発の再稼働と石炭火発の新増設で凌ごうとしてきたものの、上手く進んでおらず、長期的展望も示せていない。これが、第7章で確認した日本の現実である。

　日本は化石燃料もウランも有していないが、再エネは十分に有している。原発をゼロにするかどうかはともかく、再エネを最優先で導入することが、安全保障上の国益になることは間違いない。経済効率性の上から多少の負担がかかったとしても、再エネの大量導入は気候変動対策にも寄与し、少なくとも長期的には大きな経済的利益をもたらすだろう。日本ほどエネルギー転換から便益を受ける国は、他にない。

　福島原発事故から10年が経過しようとしている。世界のエネルギー転換がここまで進展し、気候危機がここまで顕在化している現在、政策転換が待ったなしの状況になっている。折しもエネルギー基本計画の改定の議論が進行中で、2021年中には決定されるはずである。既に欧州との格差は大きく開いているが、エネルギー転換について少しでも取り返す最後のチャンスだろう。

ポスト・コロナのエネルギー情勢

　2020年12月現在、日本も世界もコロナ禍に覆われている。新型感染症の大流行により、経済社会のあり方は根底から変わってしまった。本書の構想段階にはなかったこの大きな環境変化は、エネルギー転換と国際関係にどのような影響を与えるだろうか。

　IEA（2020）は、「Covid-19危機の世界的影響」を分析している。これによれば、世界のエネルギー消費はかつてないほど急減し、2020年は前年比6％減になると予測されている。これをエネルギー源別に見れば、石油や石炭は6％を上回

る減少幅になるが、唯一再エネのみ１％弱であるが増加するという。そして二酸化炭素排出量は、前年比８％減になる。電力についても、消費量は５％減となる。これは世界大恐慌以来の減少幅だが、やはり再エネ電力は増える。これも、再エネの限界費用が低いからである。

　二酸化炭素排出量が減ったのは良いが、ロックダウン（都市封鎖）など緊急時の強制的な措置の結果である。このような「無理な省エネ」の状況が、持続可能とは思われない。そこで今EUが提唱しているのが、「グリーン・リカバリー」である。即ち、EUで初の共同債によって7,500億ユーロ（約90兆円）に上る欧州復興基金（Next Generation EU）を創設し、このうち5,600億ユーロをエネルギー転換分野やデジタル分野の投資や改革に使おうという[1]。このエネルギー転換分野の投資対象とは、（新興型）再エネ、水素、EVなどの運輸、建物の断熱改修などである。旧来型の社会に戻すのでなく、気候変動に対処しつつ、このためにも必要な社会のデジタル化を進めようという、まさに次世代のための「緑の復興」を意図している。

　日本も、新型コロナ対策として総額60兆円に迫る補正予算を計上した。しかしその内容は対症療法的で、グリーン・リカバリー的な指向性があるものは、ほとんどない[2]。巨額の補正予算の計上において、総理官邸に影響力を持つ経産省が主導したと言われているのにこれであるから、やはり日本政府、即ちエネルギー政策を所管する経産省は、エネルギー転換に関心が薄いと思わざるを得ない。

　2021年あるいは５年後に、新型コロナの状況がどうなっているか、筆者には予測できない。ただ、エネルギー転換にとってマイナスにはならないだろう。短期的にエネルギー消費が減り、二酸化炭素排出量が減るのは間違いないが、それらがただ元に戻っては意味がない。復興のための投資を少しでもエネルギー転換の推進に振り向ける政策的配慮をすれば、プラスの方向に働く。それを意図的に先

1）欧州委員会ウェブサイト（2020年５月27日）、Europe's moment: Repair and prepare for the next generation. https://ec.europa.eu/commission/presscorner/detail/en/ip_20_940

2）第一次補正予算では、「給付金」に12.9兆円、「中小・小規模事業者等の資金繰り対策」に3.8兆円、「"Go To"キャンペーン事業」に1.8兆円など。第二次補正予算では、企業の「資金繰り対応の強化」に11.6兆円、「医療提供体制等の強化」に３兆円、「家賃支援給付金の創設」に２兆円、「新型コロナウィルス感染症対応地方創生臨時交付金の拡充」に２兆円など。財務省資料「令和２年度補正予算概要」。

導しているのが欧州であり、米国のバイデン新大統領もこれに近い。これに中国を加えて、エネルギー転換時代の主導権争いと見て取れるだろう。日本は、これに加わらないわけにはいかない。

本書の課題と展望

本書は、筆者の知る限り、日本において再エネを柱としたエネルギー転換を国際政治経済学の立場から包括的に分析した、初めての書籍である。本書で議論してきた通り、エネルギー問題は国際政治経済学の視座から議論すべきであるし、国際政治経済学はエネルギー問題の国際政治への影響にもっと注意を払うべきだろう。これが、特に日本において必ずしも同意を得ていない、本書の出発点となる筆者の問題意識であった。一方で、初めての試みであることもあり、いくつかの課題がある。

第1に、国際政治経済学的な分析を更に深める余地があろう。本書は、エネルギー政策論と国際政治経済学を融合させる学際的な試みであるが、エネルギー転換自体がまだ日本で十分に知られていないこともあり、この紹介にかなりの紙幅を割いた。その結果、エネルギー転換の覇権への影響、今後の国際レジームのあり方など、国際政治経済学的分析が不十分と感じる読者がいるかもしれない。これらは、エネルギー転換の進行とともに明らかになってくる部分も多く、今後の課題とさせてもらいたい。

第2に、30年後の未来予想であるための不確実性は認めざるを得ない。学問研究は本質的に未来予測に慎重であるべきと、筆者は考えているが、今回は敢えてその禁を破って本書を執筆した。その限界を少しでも克服すべく、様々なデータや予測を示した積もりではあるが、将来のエネルギーの貿易量や金額などについては、粗い想定とならざるを得なかった。今後は更にデータや論拠を拡充することで、精緻化を図っていきたい。

その上で本書は、エネルギー転換による国際政治経済関係への将来的な影響を考察する試みの出発点にすぎない。これまで国際政治（経済）学者によるエネルギー問題の研究は少なかったが、それも化石燃料に関するものが中心であった[3]。特にこれまで日本では、政府も研究者も、エネルギー安全保障への関心が余りに

3）例えば、福富（2015）は、シェール革命の国際政治への影響を分析している。

も低かったのではないか。先進国の中で異例にエネルギー自給率が低いにも関わらず、これへの抜本的な対策がなされず、マスメディアが取り上げることも少なかった。

　本書で議論した通り、特に日本はエネルギー転換からの恩恵が大きい。エネルギーの研究者や国際政治経済学者、あるいは外交やエネルギー政策の実務家など、様々な分野の専門家による、エネルギー転換時代の国際政治経済関係に関する議論の活性化を期待したい。筆者がその議論に加わる覚悟であることは、言うまでもない。

あとがき

　筆者がエネルギー政策の研究を始めてから、11年が経過した。この間、欧州などの最先端の政策状況を調査し、それと比較する形で日本のあり方を追究してきた。それは、比較政策的アプローチであるとともに、あくまで軸足は日本にあった。特に福島原発事故後の国内のエネルギー問題をどう解決するか、電力システム改革や再エネ導入をどう進めるかを、提案したいとの動機からであった。このようなエネルギー転換を巡る比較政策研究は、今後も続ける所存である。しかし今回大きく異なるのは、国際関係自体を研究対象にしたことだ。

　かねてより筆者は、日本に軸足を置いた政策研究というミクロなテーマを、国際関係というマクロなテーマへと発展させたいという、個人的な想いがあった。それは、筆者が修士課程まで国際政治学を専攻してきたことと無縁でない。以前から、いずれ国際政治学の研究にも再挑戦してみたいと考えていた。エネルギー問題×国際政治学というテーマは、2015年に現任の都留文科大学に移った頃から常に意識してきた。

　そもそもエネルギー問題は極めて国際的である。3E の１つはエネルギー安全保障であり、もう１つの環境適合性の柱は気候変動問題である。にも関わらず、私も含めてエネルギー問題を研究する学者による、国際政治学の観点からのアプローチは少ない。中東に詳しいシンクタンクの研究者やジャーナリストが、地政学的な観点から国際関係を論じることはあるが、それらは基本的に化石燃料に関するものであり、エネルギー転換や再エネに関する未来志向のものは皆無であった。

　特に、化石燃料のほとんどを海外に依存している日本の政府が、再エネに極めて消極的であるという謎は、「再エネの安全保障論」という本書のテーマを後押しした。再エネの地質学的・産業的基盤を持つ日本が本気で再エネを導入すれば、エネルギー安全保障問題のかなりの部分は解消されるはずなのにという、口惜しい気持ちが本書の出発点となった。

　一方で海外に目を向ければ、エネルギー転換と国際関係を結びつける研究は現

れ始めていた。その代表例が、第6章第2節で紹介したIRENAの「新たなる世界」である。これにも触発され、国際政治学理論の応用可能性を探った結果、相互依存論や国際レジーム論との親和性を確信するとともに、エネルギーの国際経済としての規模の大きさを痛感し、国際政治経済学からのアプローチとすることにした。こうして、実際には2019年末から本書の執筆は始まった。

　その後、世界はコロナ禍に襲われた。2020年12月現在も深刻な状況は続いており、心より改善を願うばかりであるが、大変幸いなことに筆者は、自宅を中心に不自由なく執筆作業を続けることができた。この間、自国第一主義や米中対立が強まる中で、「リベラリズムのエネルギー転換論」を今唱えることは、的外れではないかという迷いも生じた。しかし、欧州のグリーン・リカバリー論にむしろ勇気付けられて、本書を世に問いたいと考えたのである。

　本書を執筆する前から、筆者は国際送電に関する研究を続けてきた。欧米では当たり前だが、日本では学問的にも実務的にも全く注目されていない、国際送電と電力貿易について理解を深められたことは、本書の構想に大きな示唆を与えてくれた。アジア国際送電網研究会という場を提供してくれたのは、自然エネルギー財団である。大野輝之常務理事、大林ミカ事務局長を始めとして、他の研究者や事務局の方々には、本書の草稿へのご意見を含め、継続的にお世話になってきた。心より御礼を申し上げたい。

　また、アジア国際送電網研究会でご一緒させて頂いてきた、大山力横浜国立大学教授、田中伸男笹川平和財団会長、橘川武郎国際大学教授、三輪茂基ソフトバンクグループCEOプロジェクト室長、岡本浩東京電力パワーグリッド取締役副社長にも、多くのご示唆を頂いてきたことを感謝申し上げたい。

　本書の草稿は、大島堅一龍谷大学教授が主宰されているエネルギーシステム改革に関する研究会において報告させて頂いた。大島教授の他、高村ゆかり東京大学教授、安田陽京都大学特任教授、竹濱朝美立命館大学教授、上園昌武北海学園大学教授、山下英俊一橋大学教授、林大祐立命館大学准教授、歌川学産業技術総合研究所主任研究員、木村啓二自然エネルギー財団上級研究員らにも、心より御礼を申し上げる。本書は、科研費基盤研究A「炭素制約と市場化の下での電力システム」の研究成果の一部である。

　さらにエネルギー政策の分野では、八田達夫アジア成長研究所理事長・所長、

大田弘子政策研究大学院大学特別教授、松村敏弘東京大学教授、濱崎博デロイトトーマツコンサルティング・シニアスペシャリストリードにも、常々お世話になっており、心より御礼を申し上げたい。

政治学分野でかねてよりご指導下さっているのは、御厨貴東京大学名誉教授、牧原出東京大学教授、玉井克哉東京大学教授、飯尾潤政策研究大学院大学教授、手塚洋輔大阪市立大学教授らである。改めて御礼を申し上げたい。

30年前の話になってしまうが、学部生時代の筆者に国際政治学の手ほどきをして下さったのは、故・鴨武彦東京大学教授であった。鴨先生が授業で"inter-dependence"を連呼されていたことを昨日のことのように覚えている。またその後、米国のフレッチャー・スクールでも国際政治学や国際経済法の研究に没頭した。当時はエネルギー問題に全く興味がなかったが、これらの経験が本書の下敷きになっていると考えると、大変感慨深いものがある。お世話になった方々全てに感謝したい。

現在の職場である都留文科大学の教員、事務員の方々には、日頃より大変お世話になっている。特に大野直樹准教授には、本書の初期段階でアドバイスをいただいた。公共政策論ゼミのゼミ生など学生を含めて全ての関係者に御礼を申し上げたい

日本評論社の斎藤博氏には、構想の初期段階から相談に乗って頂いた上、筆者が何度も脱稿を延期する中、至らない原稿への率直なご指摘を頂いた。辛抱強い斎藤氏なくして本書は完成し得なかったのであり、心より御礼を申し上げたい。

最後に、コロナ禍で毎日自宅にいる筆者を支え続けてくれている、妻智子と長男優希に感謝の気持ちを表すことをお許し頂きたい。

2020年12月

高橋 洋

参考文献一覧

アジア国際送電網研究会（2018）「第 2 次報告書」.

石黒大岳（2017）「サウジアラビア『ビジョン2030』とサルマーン体制の課題」日本国際問題研究所『Middle East Security Report』Vol. 18.

エネオス「石油便覧」 https://www.eneos.co.jp/binran/index.html

太田宏（2017）「米中関係と気候変動問題」『米中関係と米中をめぐる国際関係』日本国際問題研究所、pp. 245-269.

小笠原高雪・栗栖薫子・広瀬佳一・宮坂直史・森川幸一編（2013）『国際関係・安全保障用語辞典』ミネルヴァ書房.

外務省『外交青書』各年版.

外務省外交史料館日本外交史辞典編纂委員会（1992）『新版 日本外交史辞典』山川出版社.

金田重喜（1958）「アメリカ石油産業の発達と国家の役割」『經濟論叢』82巻 6 号、京都大学経済学会、pp. 40-62.

カント著、宇都宮芳明訳（2005）『永遠平和のために』岩波書店.

経済産業省通商政策局編（2011）『2011年版不公正貿易報告書』.

資源エネルギー庁『エネルギー白書』各年版.

島田悦子（2001）「ECSC の成立と欧州統合の発展」『日本 EU 学会年報』2001巻21号、pp. 17-37.

新エネルギー・産業技術総合開発機構（2015）『NEDO 水素エネルギー白書』.

ストレンジ、スーザン、西川潤・佐藤元彦訳（1994）『国際政治経済学入門』東洋経済新報社.

高橋洋（2011）『電力自由化　発送電分離から始まる日本の再生』日本経済新聞出版社.

高橋洋（2016）「地域分散型エネルギーシステムを定義する」植田和弘監修、大島堅一・高橋洋編『地域分散型エネルギーシステム』日本評論社、pp. 17-37.

高橋洋（2017）『エネルギー政策論』岩波書店.

高橋洋（2018）「再生可能エネルギー推進政策の日独比較—日本の課題」『環境情報科学』47巻 2 号、環境情報科学センター、pp. 2-9.

高橋洋（2019a）「エネルギー政策—3E のトリレンマを超えて」松田憲忠・三田妃路

佳編『対立軸でみる公共政策入門』法律文化社、pp. 110-127.

高橋洋（2019b）「民主党政権の脱原発を巡る政策過程」御厨貴編『オーラル・ヒストリーに何ができるか』岩波書店、pp. 173-190.

高橋洋（近刊）「セクターカップリングのエネルギー政策論～電力システム改革からエネルギーシステム改革へ～」大島堅一・高村ゆかり編『炭素排出ゼロ時代の環境・エネルギー戦略～地域分散型エネルギーシステムに向けて』日本評論社.

田所昌幸（2008）『国際政治経済学』名古屋大学出版会.

チャーチル、ウィンストン（1951）『第二次世界大戦回顧録』毎日新聞社.

中央環境審議会地球環境部会気候変動に関する国際戦略専門委員会（2007）「気候安全保障（Climate Security）に関する報告」.

塚越康記（2015）「日本のレアアース政策と WTO 提訴―中国の輸出規制問題に対する意思決定の変遷―」『海幹校戦略研究』5 巻 2 号、海上自衛隊幹部学校、pp. 91-123.

日本石油精製株式会社社史編纂室編（1988）『日本石油百年史』日本石油株式会社.

日本貿易振興機構アジア経済研究所（2009）「アフリカにおける中国―戦略的な概観」.

野林健・大芝亮・納家政嗣・山田敦・長尾悟（2007）『国際政治経済学・入門　第 3 版』有斐閣.

長谷川将規（2013）『経済安全保障―経済は安全保障にどのように利用されているのか』日本経済評論社.

廿日出芳郎（1977）「戦前の国際石油産業の構造と運営」電力中央研究所『電力経済研究』No.11、pp. 51-65.

福富満久（2015）『G ゼロ時代のエネルギー地政学―シェール革命と米国の新秩序構想』岩波書店.

フリント、コーリン、高木彰彦編訳（2014）『現代地政学　グローバル時代の新しいアプローチ』原書房.

升味準之輔（1988）『日本政治史 3　政党の凋落．総力戦体制』東京大学出版会.

三田廣行（2008）「資源消費大国中国とその資源外交」『レファレンス』平成20年 7 月号.

源川真希（2017）『日本近代の歴史 6　総力戦のなかの日本政治』吉川弘文堂.

本村眞澄（2009）「繰り返されたロシア・ウクライナ天然ガス紛争」『石油・天然ガスレビュー』Vol. 43 No.2、pp. 1-14.

ヤーギン、ダニエル、日高義樹・持田直武訳（1991）『石油の世紀―支配者たちの興亡』上・下、日本放送出版協会.

ヤーギン、ダニエル、伏見威蕃訳（2012）『探求―エネルギーの世紀』上・下、日本

経済新聞出版社.

安田喜憲（1995）『森と文明の物語—環境考古学は語る』ちくま新書.

ローズ、リチャード（2019）『エネルギー400年史』草思社.

Auty, Richard M. (1993) *Sustaining Development in Mineral Economies: The Resource Curse Thesis*, Routledge.

Azzuni, Abdelrahman and Christian Breyer (2018) Definitions and dimensions of energy security: a literature review, *WIREs Energy and Environment* 7.

Bartuška, Václav, Petr Lang, and Andrej Nosko (2019) The Geopolitics of Energy Security in Europe, New Perspectives on Shared Security: NATO's Next 70 Years, Carnegie Europe.

Canadian Electricity Association (2016) The North American Grid.

Commission of the European Communities (1995) Green Paper for a European Union Energy Policy.

Creutzig, F., J. C. Goldschmidt, P. Lehmann, E. Schmid, F. von Blücher, C. Breyer, B. Fernandez, M. Jakob, B. Knopf, S. Lohrey, T. Susca, and K. Wiegandt (2014) Catching Two European Birds with One Renewable Stone: Mitigating Climate Change and Eurozone Crisis by an Energy Transition, *Renewable and Sustainable Energy Reviews* 38, pp. 1015-1028.

Delucchi, M. A. and J. J. Murphy (2008) US Military Expenditures to Protect the Use of Persian Gulf Oil for Motor Vehicles, *Energy Policy* 36(6), pp. 2253-2264.

Dreyer, Iana and Gerald Stang (2013) What energy security for the EU, European Union Institute for Security Studies.

Eurelectric (2019) Sector Coupling, The electricity industry perspective, 32nd European Regulatory Gas Forum.

European Commission (2018) A Clean Planet for all.

European Commission (2019) The European Green Deal.

Federal Ministry for Economic Affiars and Energy (2018) Renewable Energy Sources in Figures 2018.

Federal Ministry for Economic Affairs and Energy (2020) The National Hydrogen Strategy.

Gelpi, Christopher and Joseph M. Grieco (2003) Economic Interdependence, the Democratic State, and the Liberal Peace, in Mansfield and Pollins eds., *Economic Interdependence and International Conflict*, pp. 44-59.

Global Sustainable Investment Alliance (2018) Global Sustainable Investment Review.

Harvey, David (2003) *The New Imperialism*, Oxford University Press.

Heshmati, Almas and Shahrouz Abolhosseini (2017) European Energy Security, Douglas Arent, Channing Arndt, Mackay Miller, Finn Tarp, and Owen Zinamn eds., *The Political Economy of Clean Enery Transitions*, pp. 293-310.

IAEA (2019) Nuclear Power Reactors in the World. 2019 Edition.

IEA (2019a) Coal Information 2019.

IEA (2019b) CO_2 emissions from fuel combustion 2019.

IEA (2019c) Electricity Information 2019.

IEA (2019d) Energy Prices and Taxes 2019.

IEA (2019e) Natural Gas Information 2019.

IEA (2019f) Oil Information 2019.

IEA (2019g) World Energy Balances 2019.

IEA (2019h) World Energy Outlook 2019.

IEA (2020) Global Energy Review 2020-The impacts of the Covid-19 crisis on global energy demand and CO_2 emissions.

IPCC (2018) Special Report on the impacts of global warming of 1.5℃, Summary for Policy Makers.

IRENA (2019a) A New World: The Geopolitics of the Energy Transformation.

IRENA (2019b) Off-grid renewable energy solutions to expand electricity access: An opportunity not to be missed.

IRENA (2020a) Global Renewables Outlook: Energy Transformation 2050.

IRENA (2020b) Renewable Power Generation Costs in 2019.

Jiang, Julie, and Jonathan Sinton (2011) Overseas Investments by Chinese National Oil Companies, IEA.

Johansson, Bengt (2013a) A Broadened Typology on energy and security, *Energy* 53, pp. 199-205.

Johansson, Bengt (2013b) Security aspects of future renewable energy systems—A short overview, *Energy* 61, pp. 598-605.

Kingdom of Saudi Arabia (2016) Vision 2030.

Krasner, Stephen D. (1983) *International Regimes*, Cornell University Press.

Le Billon, Philippe (2001) The Political Ecology of War: Natural Resources and Armed Conflicts, *Political Geography* 20, pp. 561-584.

Mearsheimer, John J. (1990) Back to the Future: Instability in Europe after the Cold War, *International Security*, Vol 15, No.1, pp. 5-56.

O'Sullivan, Meghan, Indra Overland, and David Sandalow (2017) The Geopolitics of Renewable Energy, Center on Global Energy Policy, Columbia University, and the Geopolitics of Energy Project, Belfer Center for Science and International Affairs, Harvard Kennedy School.

Overland, Indra (2019) The Geopolitics of Renewable Energy: Debunking four emerging myths, *Energy Research and Social Science* 49, pp. 36-40.

Overland, Indra, Morgan Bazilian, Talgat Ilimbek Uulu, Roman Vakulchuk, Kirsten Westphal (2019) The GeGaLo index: Geopolitical gains and losses after energy transition, *Energy Strategy Reviews* 26, pp. 1-16.

Ölz, Samantha, Ralpf Sims, and Nicolai Kirchner (2007) Contribution of Renewables to Energy Security, IEA Information Paper.

Ross, Michael L. (2001) Does Oil Hinder Democracy? *World Politics*, Vol. 53, No.3, Cambridge University Press, pp. 325-361.

Russett, Bruce, and John Oneal (2000) *Triangulating Peace: Democracy, Interdependence, and International Organizations*, W.W. Norton & Company.

Sachs, Jeffrey D. and Andrew M. Warner (1995) Natural Resource Abundance and Economic Growth, NBER Working Paper 5398.

Smith Stegen, Karen (2011) Deconstructing the "energy weapon": Russia's threat to Europe as case study, *Energy Policy* 39, pp. 6505-6513.

Sovacool, Benjamin K. (2017) The History and Politics of Energy Transitions: Comparing Contested Views and Finding Common Ground, Douglas Arent, Channing Arndt, Mackay Miller, Finn Tarp, and Owen Zinaman eds., *The Political Economy of Clean Energy Transitions*, Oxford University Press, pp. 16-38.

Unger, Richard W. eds. (2013) Energy Transitions in History, Richard Carson Center.

United States Geologocal Survey (2020) Mineral Commodity Summaries 2020.

United States Government Accountability Office (2010) Rare Earth Materials in the Defense Supply Chain.

Waltz, Kenneth (1965) Contention and Management in International Relations, *World Politics*, Vol. 17, No.4, pp. 720-744.

The World Bank (2020) Global Photovoltaic Power Potential By Country.

WTO (2019) World Trade Statistical Review 2019.

図表一覧

序　章

図1　日本の化石燃料の輸入額　2

図2　世界の一次エネルギー供給量の将来予測　2

図3　OECD 諸国の電源別発電設備容量の推移　4

図4　本書の問題意識：エネルギー転換による国際政治経済関係の構造変化　7

第1章

図5　世界の一次エネルギー供給量と国内総生産の推移　12

表1　エネルギーと水資源、食料　13

図6　エネルギーの分類　14

図7　主要国のエネルギーミックス（2017年）　16

図8　世界のエネルギー源別一次エネルギー供給量と化石燃料比率の推移　17

図9　世界の一次エネルギー供給量と化石燃料起源二酸化炭素排出量の推移　18

表2　再生可能エネルギー、化石燃料、原子力の特徴　22

表3　再生可能エネルギーの系譜　27

図10　主要国のエネルギー経済効率の推移　30

第2章

表4　国際政治経済における経済安全保障　39

図11　主要国のエネルギー自給率の推移　48

図12　日本の化石燃料の輸入元上位5カ国（2017年）　49

図13　原油の生産量と消費量（2017年）　52

図14　天然ガスの生産量と消費量（2017年）　52

図15　石炭の生産量と消費量（2017年）　53

図16　原油の輸出量と輸入量（2017年）　54

図17　天然ガスの輸出量と輸入量（2017年）　54

図18　石炭の輸出量と輸入量（2017年）　55

図19　主要国の燃料の輸入額とその割合（2019年）　56

図20　主要国の燃料の輸出額とその割合（2019年）　56

図21　日本の海上出入貨物量（2018年）　57

第3章

表5　エネルギーを巡る国際政治経済年表　60

図22　米国のエネルギー源別一次エネルギー消費量の推移（1775〜2009年）　68

図23　米国における石油の年間生産量と消費量、輸入量の推移　69

図24　米国の石油純輸入量と OPEC 依存度の推移　69

図25　資本主義世界の地域別石油採掘量とセブン・シスターズのシェア　70

図26　米国の原油輸入価格の推移　73

図27　新興国の原油輸入量の推移　76

図28　中国の原油の輸出入量の推移　78

図29　中国の石炭の輸出入量の推移　78

図30　米国の化石燃料の実質最終小売価格指標の推移（2010年＝100）　82

図31　米国の天然ガスの輸出入量と輸出価格の推移　82

図32　米国の原油の国内生産量と純輸入量の推移　83

図33　主要天然ガス輸出国の天然ガス輸出量の推移　88

図34　欧州主要国の天然ガス消費量とロシア依存度　88

第4章

図35　世界の地域別二酸化炭素排出量の推移　96

図36　世界の二酸化炭素排出上位12カ国（2017年）　97

図37　主要国の人口当たり二酸化炭素排出量（2017年）　98

図38　世界の消費部門別二酸化炭素排出量の割合（2017年）　99

図39　主要国のエネルギー源別二酸化炭素排出量の割合（2017年）　99

表6　ドイツの Energy Concept（2010年）における数値目標　107

図40　世界の原子力発電の開発状況（2020年1月1日時点）　114

第5章

図41　主要国の風力発電の累積設備容量の推移　118

図42　主要国の太陽光発電の累積設備容量の推移　119

図43　OECD 諸国の電源別発電電力量の推移　119

図44　再生可能エネルギーの均等化発電単価　120

図45　ドイツの再エネ電力の導入量と導入率の推移　123

表7　主要国・地域の電源ミックス目標値　123

図46　ドイツにおける消費部門別の再エネ導入率の推移　126

図47　世界の ESG 市場（社会的責任投資）の推移　132

図48　米国の化石燃料起源別の二酸化炭素排出量の推移　136

図49　中国・米国・欧州・日本の 1 次エネルギー供給量の推移　138

図50　主要石油輸出国の原油輸出量の推移　141

第 6 章

表 8　IRENA による2050年の世界のエネルギー需給の予測　144

図51　Eurelectric による2050年の消費電力量の予測　145

図52　世界の分野別エネルギー投資額（2016年から2050年の累計額）　146

図53　世界のエネルギー輸出額の推移　152

表 9　2050年のエネルギー輸出額の試算値　152

図54　レアアースの世界生産量の推移　156

図55　主要国の電力輸出率・輸入率（2017年）　159

図56　OECD 欧州の電力輸出入の推移　160

図57　エネルギー転換における各国の立場　165

第 7 章

図58　日本の一次エネルギー供給量の推移　177

図59　日本の電源ミックスとエネルギー自給率の推移　181

図60　日本の化石燃料輸入額と二酸化炭素排出量の推移　181

図61　主要先進国の石炭火力の電源ミックスの推移　185

図62　固定価格買取制度下の再生可能エネルギー発電の累積設備容量の推移　187

図63　脱原発と脱石炭火力に対する主要先進国・地域の姿勢　190

図64　2050年の日本のエネルギーミックスの想定　192

索　引

欧　字

AIIB　79
CCS　111, 115, 116, 120, 127
COP　101, 166, 186
ECSC（欧州石炭鉄鋼共同体）　85
ESG 投資　131-134, 199
OPEC　69, 72, 74, 75, 81, 87, 149
Power-to-X（PtX）　126, 127
RE100　133, 199
SDGs　132, 133

あ　行

一帯一路　79, 195
1.5度目標　102, 103, 105, 144, 198
エネルギー安全保障　6, 7, 15, 19, 20, 21,
　　23-25, 33, 41-47, 49, 50, 52, 56, 63, 75-77,
　　84-88, 90, 91, 96, 103, 106, 107, 112, 121,
　　128-130, 137, 147-151, 159, 161, 163, 167,
　　171, 176-180, 183, 188, 189, 192-194, 196,
　　199, 203, 205
エネルギー基本計画　178, 179
エネルギー憲章条約　87
エネルギー効率　3, 4, 29-31, 62, 116, 125,
　　128, 146, 182
エネルギー自給率　29, 42, 47-50, 56, 83, 107,
　　121, 128, 165, 175, 176, 179-183, 186, 194,
　　200, 203
エネルギー転換　1, 3-9, 11, 21, 25, 27, 32, 33,
　　36, 45, 93, 103, 105-112, 115, 117, 122,
　　123, 127-129, 133, 136, 137, 140-143, 146,
　　147, 149, 150, 155, 158-175, 179, 182, 184,
　　187-194, 197, 198, 200-203
エネルギーミックス　15-17, 22, 85, 135, 143,
　　162, 163, 192, 193

エネルギー密度　18, 22, 25, 60-62, 189
温室効果ガス　94, 101, 102, 128, 133, 179,
　　182-184, 191, 198

か　行

カーボン・ニュートラル　5, 102
核不拡散　113, 178
環境適合性　15, 16, 21, 23, 24, 84, 172, 178,
　　179, 205
気候安全保障　95, 135, 167, 171
気候危機　8, 93-95, 105, 167, 169, 170, 193,
　　198, 200
気候変動問題　3, 5, 16, 21, 93-97, 104, 106,
　　112, 128, 135, 136, 140, 164, 172, 177, 178,
　　205
気候変動枠組条約　5, 100, 101, 128, 167, 191
京都議定書　101, 102, 128
禁輸措置　41, 43, 47, 63, 65, 197
グリーン水素　127, 144, 162, 163
経済安全保障　13, 38-42, 65, 95, 96, 114, 155,
　　156, 160, 163, 169, 199
経済効率性　15, 16, 24, 41, 84, 121, 157, 179,
　　200
限界費用　23, 24, 121, 122, 154, 201
広域運用　121, 124, 157, 158, 160
公共財　13, 15, 39, 45
国際エネルギー機関（International Energy
　　Agency: IEA）　3, 4, 74, 116, 200
国際再生可能エネルギー機関（International
　　Renewable Energy Agency: IRENA）　3,
　　143, 145, 148, 149
国際石油カルテル　67, 72
国際送電　158, 160, 167, 169, 192, 195-196,
　　206
国際レジーム　35, 36, 72, 79, 88, 100, 101,

113, 128, 167, 168, 178, 202, 206
固定価格買取制度　5, 120, 122, 123, 136, 138

さ　行

座礁資産　133, 134, 151, 153
産業革命　6, 59, 61, 62, 96, 101, 110
シェール革命　47, 83, 84, 91, 135, 137, 139, 141
シェールガス　80, 81, 84, 90
資源外交　21, 74, 77, 79, 91, 109, 137, 178, 194, 197-199
資源獲得競争　43, 76, 171, 172, 177
資源ナショナリズム　71, 72
資源の呪い　46, 167
自国第一主義　169, 170, 206
私的財　13, 20, 35, 36, 40, 43, 50, 66
柔軟性　121, 124, 125, 127, 144
食料安全保障　12, 40, 57, 96
スタンダード・オイル　66, 67
スマート化　31, 108, 110, 111
スマートメーター　110, 154
石油危機　1, 6, 29, 35, 40, 49, 71, 73, 74, 80, 84, 91, 112, 164, 176, 178, 180, 197
石油メジャー　66-68, 71, 72, 75, 77, 85, 109, 150
セクターカップリング　9, 99, 122, 124, 125, 139, 143-147, 154, 160, 170, 191, 192, 199
設備利用率　25, 118, 120, 124
ゼロ・サム　34, 85, 91, 149, 168
相互依存論　36, 37, 65, 91, 168, 206

た　行

ダイベストメント　133, 134

脱石炭火力（政策）　4, 9, 106, 108, 128-130, 134, 143, 150, 165, 184, 189, 190, 194, 199
炭素税　104
地政学　43-46, 48, 51, 148, 164, 168, 205
デマンドレスポンス　108, 111, 121, 153, 154
電化　125-128, 139, 154, 158, 160, 162, 199
電源ミックス　16, 112, 123, 129, 137, 139, 143, 144, 148, 161, 178-183, 185-188, 191-194

な　行

2度目標　102, 103, 171
ノルド・ストリーム　89, 90, 161

は　行

排出権取引制度　5, 104
覇権安定論　35, 36, 170
発送電分離　122
パリ協定　2, 84, 100-103, 128, 130, 184, 198
プラス・サム　34, 36, 37, 91, 168, 169
ブルー水素　127, 144, 162, 163
ベースロード電源　121, 122, 180, 183, 184

ま　行

モータリゼーション　62

ら　行

リアリズム　33-35, 37, 148, 149, 169, 170, 196
リベラリズム　33-36, 168, 169, 199, 206
レアメタル　153, 155, 156, 169, 172

●著者紹介

高橋 洋（たかはし・ひろし）

1969年生まれ。1993年東京大学法学部卒業、同年ソニー入社。内閣官房IT担当室主幹を経て、2007年東京大学大学院工学系研究科博士課程修了、同年東京大学先端科学技術研究センター特任助教。2009年富士通総研経済研究所主任研究員、2015年都留文科大学社会学科教授、2018年より同大学地域社会学科教授。博士（学術）。専門は公共政策論、エネルギー政策。経済産業省、農林水産省、外務省、内閣府、大阪府・市などの審議会委員を歴任。主な著作に、『イノベーションと政治学』（勁草書房、2009年）、『電力自由化』（日本経済新聞出版社、2011年）、『地域分散型エネルギーシステム』（共編著、日本評論社、2016年）、『エネルギー政策論』（岩波書店、2017年）など。

エネルギー転換の国際政治経済学

2021年1月31日　第1版第1刷発行

著　者——高橋 洋
発行所——株式会社日本評論社
　　　　　〒170-8474　東京都豊島区南大塚3-12-4　電話 03-3987-8621（販売）、8595（編集）
　　　　　振替　00100-3-16
印　刷——精文堂印刷株式会社
製　本——井上製本所
装　幀——林健造
検印省略　©　H. Takahashi, 2021
Printed in Japan
ISBN978-4-535-55964-6